N잡러 자동부업 수익창출

IT 비전공자를 위한 돈 버는 파이썬 코딩

비현코 저

YouTube
『비현코 자동화 연구소』

DIGITAL BOOKS
디지털북스

| **만든 사람들** |

기획 IT·CG기획부 | 진행 양종엽 | 집필 비현코 | 삽화 장우성
표지 디자인 김진 · D.J.I books design studio | 편집 디자인 이기숙 · 디자인숲

| **책 내용 문의** |

도서 내용에 대해 궁금한 사항이 있으시면
저자의 홈페이지나 디지털북스 홈페이지의 게시판을 통해서 해결하실 수 있습니다.
디지털북스 홈페이지 digitalbooks.co.kr
디지털북스 페이스북 facebook.com/ithinkbook
디지털북스 인스타그램 instagram.com/digitalbooks1999
디지털북스 유튜브 유튜브에서 [디지털북스] 검색
디지털북스 이메일 djibooks@naver.com
저자 이메일 bhyunco@gmail.com
저자 유튜브 유튜브에서 [비현코] 검색

| **각종 문의** |

영업관련 dji_digitalbooks@naver.com
기획관련 djibooks@naver.com
전화번호 (02) 447-3157~8

※ 잘못된 책은 구입하신 서점에서 교환해 드립니다.
※ 이 책의 일부 혹은 전체 내용에 대한 무단 복사, 복제, 전재는 저작권법에 저촉됩니다.
※ 유튜브 [디지털북스] 채널에 오시면 저자 인터뷰 및 도서 소개 영상을 감상하실 수 있습니다.

N잡러 자동부업 수익창출

IT 비전공자를 위한 돈 버는 파이썬 코딩

머리말

"아…. 몸이 몇 개 더 있었으면 좋겠다."
저녁 8시를 약간 넘긴 시간, 퇴근 후 피곤한 몸을 이끌고 터벅터벅 걸어가는 평범한 회사원이 있었습니다. 그는 지금까지 살아온 과거를 회상합니다.

그는 항상 "나 정도면 괜찮지"라고 생각하면서 살았습니다. 대학입시, 취업 모두 상위권을 유지하면서 살아왔고 그 근거가 그의 성실성이었기 때문에 '열심히 하면 다 되겠지'라는 자신감을 가지면서 살아왔습니다. 앞으로도 그렇게 성실히 달려나가면 많은 인생의 문제들이 해결될 거라 굳게 믿었습니다. 아니 그렇게 될 것이라고 착각하면서 살아왔습니다.
어느 날이었습니다. 회사에서 그가 팀장으로 모시던, 40대 중반의 팀장이 회사에서 아무 이유 없이 팀장의 직위가 해제됩니다. 그리고 어제까지 팀장이었던 그 사람은, 오늘에는 바로 옆에 앉아서 그와 같은 종류의 업무를 하고 그와 같은 직위를 가진 팀원으로 변해버렸습니다. 사무실 전체에 퍼져 있는 묘한 분위기, 무언의 퇴사압박이라는 것을 그를 포함한 모두가 알고 있습니다. 그리고, '옛' 팀장을 보며 그는 무언가를 생각합니다.
30대 중반까지 아무 대책 없이 하루하루 열심히만 살아온 그저 그런 삶을 회의감 그리고 그런 태도로는 더는 앞으로 나아가지 못할 것이라는 위기감. 그렇게 그는 결심합니다.
새로운 삶을 살아보겠다고. 그리고 나의 길을 내가 만들어가야겠다고. 회사에 속해 있는 내가 아닌, 나 자체로서 내 능력으로 나의 삶을 개척해 나가야겠다고.

그렇게 그는 회사에 다니면서 수입을 만들 방법을 알아봅니다. 큰 사업을 갑자기 하기에는 가진 것이 없고 먹여 살릴 처자식이 있어서 너무 위험합니다. 퇴근 후 오프라인 부업을 하기에는 체력이 부족합니다. 인터넷을 활용한 다른 부업들은 제한된 시간과 경제적 자원의 한계로 작은 결과를 만들기도 벅찹니다. 하지만 포기하지 않습니다.
회상을 마친 그는, 퇴근길 지하철에서 인터넷 서핑을 합니다. 그런 그에게 하나의 단어가 보입니다.

"'자동화' 당신도 할 수 있다."

궁금해서 그것을 클릭하고 영상을 봅니다. 처음 보는 단어가 있습니다.

"파이썬 코딩"

코딩은 지금까지 살면서 단 한 번도 해보지 않았습니다. 하지만 자동화라는 매력적인 단어에 이끌렸기에 일단 죽이 되든 밥이 되든 시작해보겠다고 다짐합니다.

지금까지가 2020년 3월에 직접 겪었던 필자의 이야기였습니다.

저는 그렇게 지금으로부터 딱 1년 3개월 전 파이썬 코딩 공부를 시작했습니다. 아침에 1시간 일찍 출근해서, 30분 정도 꾸준히 공부해나갔습니다. 그렇게 몇 개월 하다 보니 몇 가지 업무를 자동화하고 싶다는 생각을 하게 되었고, 실행으로 옮겼을 때 그 결과는 생각보다 효과가 좋았습니다.

부업으로 돈을 벌기 위해서 코딩 관련 유튜브도 찍기 시작했습니다. 그 순간에도 바쁘지만 내 삶이 조금씩 변화될 수 있다는 희망을 품고 공부는 멈추지 않았습니다. 그렇게 시간이 흘러, 어느새 '클래스 101', '마이비스킷'에서 파이썬 강의도 하고 있고, 블로그 관련 프로그램도 개발/판매를 통해 돈도 벌고, 다양한 인터넷 부업에도 조금씩 자동화가 적용해 오고 있습니다. 그렇게 자동화를 통하여 하나씩 미래의 막연한 불안감을 해소해 나가고 있는 저를 발견하였습니다. 그리고 오늘 독자님들 앞에 섰습니다.

많은 개발자가 이야기합니다. 파이썬 언어는 단순해서 배우기 쉽다고 말이죠. 하지만 제가 배웠던 파이썬 코딩은 그렇지 않았습니다. 매우 어려웠습니다. 너무 어려워서 속이 답답해지고 물어볼 곳도 마땅치 않았지만 포기하고 싶기도 했습니다. 하지만 결국에는 어느 시점이 지나고 나서 다시 파이썬 언어를 다른 언어와 비교해봤습니다. 개발자들의 말이 맞았습니다. 파이썬 언어는 배우기 쉬웠습니다. 다른 언어에 비교해서 말이죠. 하지만 그 사실만 가지고 IT 비전공자들이 코딩을 배우기 쉽다고 가정해서는 안 되는 것이었습니다.
IT 비전공자에게 있어서, 코딩은 쉽게 넘을 수 있는 산이 아닙니다. 파이썬이 아무리 쉽다고 해도 어쩔 수 없습니다. 저는 제가 그 산을 넘으면서 겪었던 어려움을 너무나도 잘 알기에 이 책에서 독자분들이 그런 감정을 느끼지 않을 수 있도록 매우 신경을 써서 책의 내용을 썼습니다. 저는 코딩의 시작이라는 큰 산을 넘어섰을 때 내 삶을 나의 것으로 만들 수 있는 새로운 가능성을 찾아냈습니다. 이 책을 통해서 저와 같은 IT 비전공자분들이 코딩의 첫 번째 산을 넘을 수 있었으면 좋겠습니다. 그리고 여러분 또한 여러분만의 새로운 가능성을 찾아낼 수 있게 될 것입니다.

코딩은 도구일 뿐입니다. 이 책을 읽고 계시는 독자분들께서 살아온 경험, 다른 사람에게는 없고 여러분만이 가지고 있는 삶의 경험이 하나쯤은 있으실 것입니다. 그리고 여러분이 배우게 될 파이썬 코딩이 그것과 합쳐졌을 때, 정말 누구도 당신을 따라오지 못할 하나의 작품이 만들어질 것입니다. 저는 그 작품을 만들어가는 여정의 안내자가 되겠습니다. 잘 부탁드립니다.

- 2021년 IT비전공자 코딩기반 N잡러 비현코

들어가기 앞서_컴퓨터가 처음 나타났을 때, 엑셀이 처음 나타났을 때 그리고 파이썬이 처음 나타났을 때

예로부터 인류는 역사의 중요한 변화가 생길 때, 그들이 지금까지 겪어보지 못한 사건들을 경험하게 되고, 그로 인해 갑자기 변해버린 새로운 환경에 적응해 왔습니다.

컴퓨터가 우리의 삶에 들어왔을 때

우리의 삶에 개인 컴퓨터가 들어오게 된 시기가 언제였을까요? 개인 차이가 있겠지만, 빠르면 80년대 후반, 90년대 초중반까지일 것입니다. 저는 집에 컴퓨터가 없어, 친구 집에 가서 '페르시아의 왕자' '갤러그' '고인돌'과 같은 게임을 하면서 놀았습니다. 친구는 그 게임을 얼마나 자주 했는지, 어디에서 어떤 장애물이 나오고 어느 부분에서 버그가 발생하는지도 다 알고 있었습니다. 덕분에 주위 친구들의 환호성을 항상 그 친구의 것이었습니다. 저는 그 친구가 참 대단해 보였습니다. 마치 그 게임을 만든 사람이 아닐까 하는 생각이 들 정도였으니깐 말이죠.

하지만 정말 저의 생각대로 그 친구는 게임을 만든 사람처럼 그 게임의 구동 방식을 이해하고 있었을까요? 그렇지 않습니다. 하지만 그때 여러 가지 상황들을 경험하면서 컴퓨터에 대해 매우 박식해졌던 그 친구는 어느 순간부터는 주위 사람들의 컴퓨터에 관련된 문제를 해결하기 시작해 주었습니다. 시간이 흘러, 지금은 매우 인정받는 개발자이자 한 스타트업의 대표로 성장하였고 의미 있는 서비스를 운영하고 있습니다. 돌이켜 보면 게임을 잘 하고 싶다는 하나의 작은 동기가 한 명의 코흘리개 아이의 삶을 바꿀 수 있는 열쇠가 되었던 것 같습니다.

엑셀이 우리의 삶에 들어왔을 때

엑셀은 1985년에 처음으로 MS사에서 매킨토시용으로 만들어서 출시된 이후로 개인의 삶에 자리 잡기까지는 많은 일이 있었습니다. 하지만 딱딱한 역사 이야기보다는 우리나라의 현업/사무에서 엑셀을 활용하기 시작한 시점에 관한 이야기를 해보겠습니다. 1990년대 초의 신문 기사들을 보면, 다양한 소프트웨어들을 현업/사무에 사용한 기록들이 있습니다. 과거 수기로 기록하던 데이터 관리를 컴퓨터로 한다는 것 자체가 매우 센세이션했을 것이고, 그때부터 2020년까지 30년 가까이 엑셀은 데이터 관리 도구로 지속적인 발전을 해왔습니다. 아직도 기본적인 데이터 관리 업무는 엑셀을 활용해서 많이 하고 있고, 앞으로도 엑셀을 배우고자 하는 사람이 많습니다.

지금이야 누구나 아는 그런 지식이지만, 1990년대 초 엑셀이 처음 나타났을 때도 시대의 변화를 빠르게 받아들인 사람들은 그들의 삶이 긍정적으로 변화하는 것을 경험했을 것입니다. 회사 내의 작은 성공일수도, 남들이 잘 못 해내는 자료저장을 잘 해내, 개인의 이득이 늘어나거나 사업화해서 성공한 사람도 있을 수 있을 것입니다.

여기서 중요한 사실은, 그들 또한 엑셀의 원리를 알고 그 기술을 배워서 그런 결과를 낸 것이 아니라는 점입니다.

파이썬이 우리의 삶에 들어오고 있습니다.

들어보지 못했던 단어인, 파이썬이라는 것이 나타났습니다.
물론 1991년 '귀도반로썸'이라는 프로그래머가 발표했을 때부터 시간이 흐름에 따라 개발자들 사이에서는 많이 회자되어 온 기술이겠지만, 이 책을 읽고 있는 저와 같은 비전공자들에게 있어서 파이썬이라는 단어는 들어본 지 몇 년 안 된 새로운 기술임은 틀림없습니다.

아래의 그림은 최근 개발언어의 관심도가 나타나 있는 통계치입니다. 그래프만 봐도, 최근 2년 사이 비약적인 상승을 보여주는 것이 보입니다. 왜 사람들은 전 세계적으로 파이썬에 관심을 집중하고 있는 것일까요?

결론부터 말씀드리자면 이 기술에는 컴퓨터와 엑셀이 그러했듯이 우리의 삶의 큰 부분을 변화시킬 수 있는 해답이 있기 때문이라고 생각합니다.

이 책은 그 해답에 관한 이야기를 이야기해나가는 책이 될 것입니다.

직장을 다니는 사람도.
사업을 하는 사람도.
부업을 하는 사람도,
그리고 그 외에 다양한 모든 사람에게 파이썬은 매우 필요합니다.
파이썬으로 우리가 상상하는 거의 모든 것을 할 수 있기 때문입니다.

자 그럼, 저와 함께 변화의 중심에서 파이썬을 외칠 준비가 되셨나요? 지금부터 출발해보겠습니다.

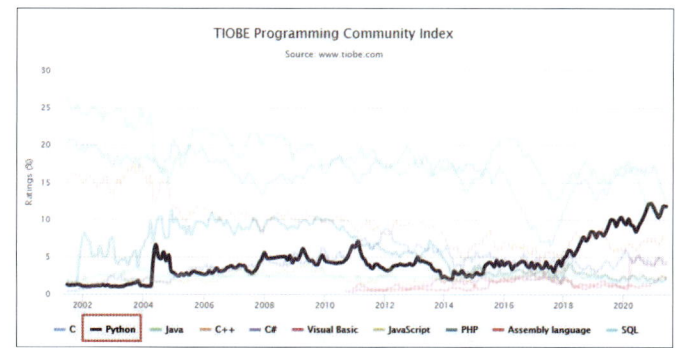

▲ 출처 – https://www.tiobe.com/tiobe-index/

CONTENTS

머리말 · 04
들어가기에 앞서 · 06

코딩이 우리의 인생을 어떻게 바꾸게 될 것인가? · 10

Section 01. 코알못 10년 차 직장인 아재에게 다가온 파이썬 코딩 · 10
Section 02. 파이썬으로 필자가 해낸 것, 그리고 해낼 것 · 12
Section 03. 무엇을 상상하든 파이썬으로 자동화가 가능하다. · 14
Section 04. 코딩을 배우는 것이 절대 늦지 않은 이유 · 21
Section 05. 파이썬 부업/투자 활용 10분 만에 맛보기 · 24

파이썬 코딩을 하기 위한 최소한의 기초지식 · 28

Section 01. 파이썬 기초를 쉽게 학습할 수 있는 비밀 3가지 · 30
Section 02. 나의 프로그램을 만들기 위한 환경설정 · 34
    Unit 01. Window 환경설정 · 36
    Unit 02. Mac 환경설정 · 45
    Unit 03. 실습에 앞서 알아야 할 것들 · 57
Section 03. 1시간 만에 배우는 파이썬 구동을 위한 최소한의 지식 · 63
    Unit 01. 쥬피터노트북 사용법 · 64
    Unit 02. 기본 연산 · 72
    Unit 03. 변수와 자료형(기본 자료형) · 78
    Unit 04. 변수와 자료형(인덱싱-indexing, 슬라이싱-slicing) · 82
    Unit 05. 자료 구조란? · 85
    Unit 06. 자료 구조_리스트 · 86
    Unit 07. 자료 구조_딕셔너리(dictionary) · 91
    Unit 08. 자료 구조_range · 96
    Unit 09. 조건문/반복문 · 97

현업에 바로 적용하기 · 111

Section 01. 우리가 회사에서 파이썬을 필요로 하는 상황 예시 · 113
Section 02. 인터넷에서 내가 원하는 정보 자동으로 가져오기 · 115
Section 03. 엑셀 자동화 및 워드 클라우드 자동 생성 · 131
Section 04. 이메일 자동화 · 137
Section 05. 시황보고서 자동 제작 프로그램 제작 실습 · 144

부업에 바로 적용하기 · 146

Section 01. 쿠팡파트너스 API 활용 프로그램 · 146
- Unit 01. 해당 프로그램 개발 목적 및 기능 · 149
- Unit 02. 실습 · 151

Section 02. 블로그 황금키워드 추출 프로그램 제작 · 160
- Unit 01. 해당 프로그램 개발 목적 및 기능 · 160
- Unit 02. 실습 · 162

Section 03. 물리적 자동화 · 179
- Unit 01. 해당 프로그램 개발 목적 및 기능 · 179
- Unit 02. 실습 · 181

Section 04. 기타 활용 가능한 다양한 방법 소개 · 187
- Unit 01. 시각화 라이브러리 – Seaborn & matplotlib · 188
- Unit 02. 데이터 관리 라이브러리 – pandas · 191
- Unit 03. 이미지 텍스트 분석 라이브러리 – pytesseract · 193
- Unit 04. 동영상 편집 라이브러리 – MaviePy · 195

투자에 바로 적용하기 · 198

Section 01. 가상화폐(업비트) 자동 투자하기 · 198
- Unit 01. 해당 프로그램 개발 목적 및 기능 · 198
- Unit 02. 가상화폐 시세/잔액조회 · 205
- Unit 03. 가상화폐 구매/판매 · 222
- Unit 04. 투자 아이디어 설정 · 235
- Unit 05. 투자 아이디어 프로그램 제작 · 236
- Unit 06. 서버에 자동연동(24시간 진행 가능) · 245

Outro · 261

코딩이 우리의 인생을 어떻게 바꾸게 될 것인가?

CHAPTER 01

필자는 감히 말씀드립니다. 코딩을 할 줄 알게 되면, 당신의 인생을 바뀌게 될 겁니다.
우리는 프로그래머가 아닙니다. 그런데, 코딩이 뭐라고 우리의 인생을 바꿀 수 있다는 걸까요? 애당초 그것이 가능한 일일까요?
만약에, 우리가 코딩 공부를 해서 프로그래머로서의 업을 가지는 것은 시간이 오래 걸릴 수 있습니다. 하지만, 그런 방법이 아닐지라도, 코딩을 통해서 우리 삶 곳곳에 변화를 만들 수 있다면 어떨까요? 하루에 몇 시간씩 반복하는 일들을 코딩이 해준다면 어떨까요?

그렇게 되기 위해선 하나의 전제가 붙습니다. 그것은 바로, 우리의 프로그래밍의 목적은 단순 공부가 아닌, 시간을 아끼는 것에 목적을 두어야 합니다. 다른 소프트웨어들이 많습니다. 우리를 도와주는 소프트웨어 말이죠. 저는, 엑셀이나 파워포인트, 프리미어 등 다양한 우리의 일을 도와주는 소프트웨어들을 비하하거나, '파이썬이 최고입니다'라고 하는 것이 아닙니다. 나에게 가장 효율적인 방식으로 각 소프트웨어를 사용할 수 있다는 것이 중요합니다. 필자에게 다가왔던 파이썬 코딩이 제 인생을 어떻게 바꿨고 바꾸어나가고 있는지 이야기해볼까 합니다.

코알못 10년 차 직장인 아재에게 다가온 파이썬 코딩   Section. 01

필자가 처음 회사에 입사했을 때는 2010년 경이였습니다. 이때 처음 회사에 들어온 이후로 많은 배움을 얻었지만, 돌이켜보면 개인의 업무 능력이나, 시간을 아낄 수 있었던 기술적인 배움은 바로 '엑셀' 프로그램을 배우게 된 것이었습니다. 물론, 대학을 다닐 때, 종종 읽었던 책을 정리해야 하거나, 친구들끼리 스터디할 때 회비를 관리하는 기록들을 처리할 때, 엑셀을 처음 접해보긴 했었지만, 회사에서는 그 활용도가 무궁무진했습니다.
수백 개의 업체를 관리할 때, 필요한 여러 가지 정보(회사명, 매출, 대표, 전화번호 등)를 정리하고, 거기에서 특정 조건에 맞는 거래처를 찾는데 이용했고, 재고관리 할 때, 부족한 재고의 판단, 수천 개의 데이터에서 내가 원하는 정보 찾기, 그리고 그래프의 시각화 등 지금까지 겪어보지 못한 새로운 세상을 접하게 되었습니다.
그렇게 엑셀을 많이 활용하고 배우다 보니 다른 사람들 수준만큼 엑셀을 다룰 수 있게 되었습니다. 자연스럽게 업무 능력이 많이 향상되었습니다.

그런데, 어느 정도 시간이 지나다 보니 이 소프트웨어의 활용도에도 한계점이 생기게 되었습니다. 그래서 딱 그 정도 활용하는 거로 직장생활의 많은 업무량을 모두 소화했습니다. 그렇게 특별하지도 뒤처지지도 않는 직장인으로 하루하루 회사 일을 해나가면서 지내던 어느 날이었습니다.

회사 업무향상 TFT(Task Force Team)에서 선정한 업무개선 주제를 찾고 있었는데, 필자가 예전부터 생각해 오던 효율화 보고서를 제출했고, 그것으로 인해 필자의 업무개선 주제가 선정되었습니다. 업무 내용에 대해서 깊게 이야기하기는 너무 복잡하지만, 간단히 이야기해서 월 마감을 하는데, 10명의 직원이 모두 붙어서 일주일씩 해야만 수많은 거래처의 매입/매출 부분을 모두 정리할 수 있었습니다. TFT에서 보기에도 이 일에 너무 많은 인력이 투여된다고 판단했던 것 같습니다. 이런 업무 프로세스도 필자가 많이 알고 있었던 터라, 해당 개선 업무의 총괄책임자로 선정되어, 업무 프로세스 개선 역할을 책임지게 되었습니다.

그때, 정말 놀라운 세상이 펼쳐졌습니다. 이 개선 업무를 하기 위해서 회사에서 지정해준 개발자 직원분들과 같이 대화를 하는데 필자가 상상한 그림을 잘 설명해드리니 그런 시스템을 개발하여 만들어 내주는 것이었죠. 물론 이 부분에서 의사소통이 어려운 부분이 있었습니다만, (업무 내용이 워낙 복잡하다 보니, 개발자분들이 이해하기는 어려웠습니다.) 그 의사소통을 모두 해내고 나니, 지금까지 겪어보지 못했던 새로운 업무 해결 세상이 찾아왔습니다.

10명이 붙어서 일주일 동안 할 일이 2명이 하루 만에 끝낼 수 있는 형태로 변경된 것입니다.

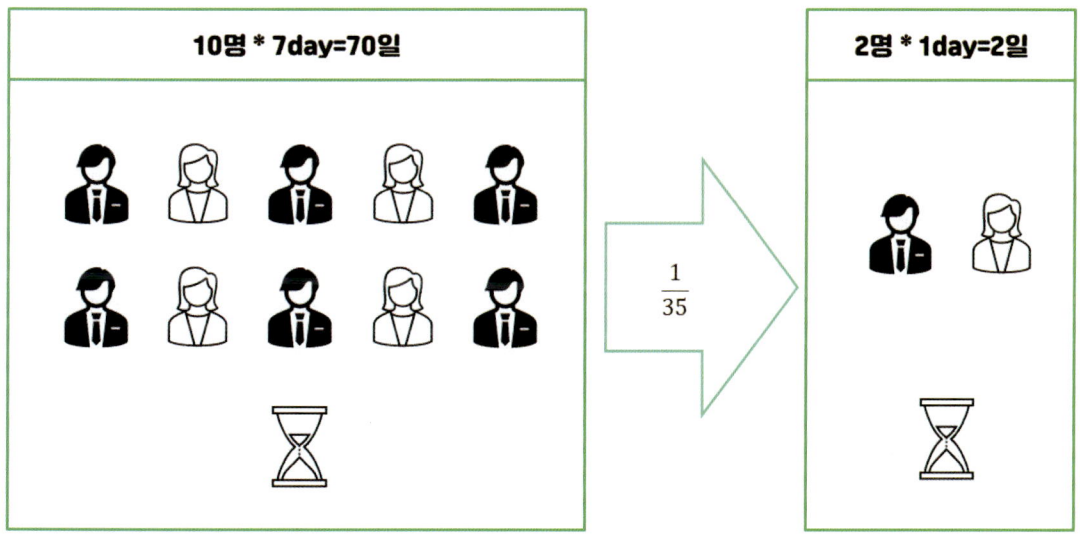

물론 이 시스템 구축에 있어, 아이디어와 설계는 필자가 했지만, 그것을 구현해낸 개발자분들에 대한 경외심이 들기 시작했습니다. 바로 이때부터 자동화에 대해 동경을 가지게 되었습니다.

그렇다고 "나도 개발을 하고 싶다"라는 개념을 가지게 된 것은 아닙니다. 단지, '내가 하는 여러 가지 일들을 좀 더 효율적으로 설계하고 자동으로 진행될 수 있도록 만들고 싶다'는 생각을 하게 되었습니다. 그렇게 첫 코딩 공부를 하기 위해서 입문하였습니다.

처음에는 무엇을 공부할지 몰랐고, 고등학생 때 잠깐 기술시간에 해봤던, HTML에 관한 공부부터 시작해보았으나, 당장 필자의 업무에 적용할 수 없다는 것을 느끼고 얼마 안 되어 포기하였습니다. 그 이후에도 사실 코딩을 공부해보려고 여러 번 시도했으나, 가장 막막한 것은 어디에서부터 무엇을 해야 하는지 모른다는 것이었습니다. 직장인 대부분이 그렇듯이 '해야지…. 해야지' 하다가 또 시간이 훌쩍 지내가 버렸습니다.

그렇게 시간이 흘러 2020년 어느 날, 우연히 SNS로 "파이썬으로 업무자동화"와 관련된 광고를 보게 되었습니다. 그리고 계속되는 그런 광고를 보고 강의를 찾아보게 되었습니다. 무작정 강의를 신청해서 원데이로 파이썬 기본 강의를 듣게 되었는데, 파이썬이 뭐고, 문법이 뭐고 이야기를 해주는 기본 강의였습니다. 필자는 필자대로 열심히 그 강의를 듣고 바로 업무에 적용해보기 위해서 이런저런 노력을 해보았지만 쉽지 않았습니다. 그 이후로도 이런저런 시행착오를 겪게 되었습니다만, 결국 어느 시점이 되니 무료든, 유료든 파이썬 공부를 할 방법은 정말 많이 있다는 것을 알게 되었습니다.

하지만…. 과거의 경험을 통해 포기하지 않을 방법을 찾아야 했습니다. 그것이 바로 부업에 활용해보겠다는 생각이었습니다. 여기서 부업에 관한 이야기를 잠시 드리면, 모든 직장인이 그렇듯이 추가적인 부수입을 얻고 싶다는 생각을 많이 하면서 살아갑니다. 혹은, 지금 다니고 있는 직장을 넘어서 새로운 업으로(혹은 내가 좋아하는 일) 넘어가기 위해서 이런저런 준비를 합니다. 그 방향으로 넘어갈 수 있으려면 내가 하는 부업(이라고 총칭하겠습니다)이 나에게 돈이 되어야 합니다. 필자는 그런 일이 있었기에, 그 부업을 도와줄 수 있는 방향의 프로그램 개발 목적을 정했습니다. 그때부터 파이썬 코딩을 대하는 필자의 태도가 바뀌기 시작하였습니다. 모든 것을 공부할 필요가 없었고, 내가 자동화하고 싶은 일에 집중해서 그 기능을 만드는 것에만 집중하다 보니, 공부를 꾸준히 해나가게 되었습니다. 그 생각의 작은 변화가 인생을 바꾸게 될 줄은 그때는 몰랐습니다.

파이썬으로 필자가 해낸 것, 그리고 해낼 것 　　　　　　Section. 02

그렇게 시작된 작은 변화는 많은 것을 바꾸어나가기 시작했습니다.
가장 최초에 해결했던 일은 제가 참여하는 경제 스터디에서 총무의 역할을 맡고 있었는데, 경제 스터디에 올라온 여러 가지 글에 댓글을 빠르게 많이 다는 사람들에게 활동비 명목으로 스터디룸 비용을 할인해줬습니다. 지금까지는 일주일에 한 번씩 카페에 올라온 글들을 보고 댓글을 많이, 그리고 빨리 단 사람들을 선착순으로 하여 명단을 매번 만들어냈었는데, 파이썬을 활용하여 일주일 한 번씩 프로그램을 돌리면, 그 할인명단이 바로바로 나오게 했습니다.

사람이 하면 금방 하는 일이기도 하고, 오래 걸리는 것은 아니지만 귀찮은 반복 작업이 줄어드는 것이었습니다. 주위 사람들은 눈치채지 못했습니다. 그냥 열심히 활동하는 스터디원으로 필자를 생각했을 것 같습니다. 그렇게 필자의 시간을 아껴나가기 시작하였습니다.

회사 업무에서도 반복적인 작업을 해결해나가기 시작했습니다. 업무 중에 필자를 매우 힘들게 하던 업무가 있었습니다. 일주일에 한 번씩이긴 하지만, 100개의 엑셀을 편집해서, 하나의 엑셀로 만들고 그것을 통해 데이터통계를 내는 일이었습니다. 이 또한 시간이 오래 걸리는 일이지만, 데이터를 꾸준히 봐야지 시장의 흐름을 파악할 수 있었기 때문에 그만둘 수 없는 업무였기에, 이 또한 Pandas 라이브러리와 Seaborn 라이브러리를 통해서 자동화하였습니다. 매주 2~3시간씩 해야 하는 업무가 줄어들자, 조금 더 회사에서 하는 야근이 줄어들게 되었습니다.

이제 본격적으로 부업에 활용해봐야겠다라는 생각이 들게 되었습니다. 먼저 오랜 기간 운영해오던 블로그가 있었습니다. 종종 아는 사람의 홍보를 해주기도 하고, 그걸로 소소한 벌이도 했지만, 투자하는 시간 대비 좀 더 높은 비용을 받기 위해서는 제가 관리하는 블로그가 좀 더 많은 사람이 찾아서, 블로그 파워를 높일 필요가 있었습니다.

[비현코 운영 블로그 조회 수 상승 표]

기간	전체	피이웃	서로이웃	기타
2021.04. 월간	14,457	33	36	14,388
2021.03. 월간	13,703	35	48	13,620
2021.03. 월간	11,318	13	8	11,297
2021.01. 월간	15,587	20	53	15,514
2020.12. 월간	4,498	34	20	4,444
2020.11. 월간	4,797	30	51	4,716
2020.10. 월간	4,557	30	25	4,502
2020.09. 월간	4,640	25	17	4,598

이 힘을 가지려면 결국 더 많은 사람을 유입시켜야 했는데, 그 유입시키는 방법의 하나는 좋은 키워드를 사용하는 겁니다. 시간은 좀 들지만, 좋은 키워드를 찾아내면 블로그를 키우는 데 큰 역할을 할 수 있습니다. 이 내용은 이 책의 중반부에서 다루도록 하겠습니다. 아무튼, 이를 통해 하루 50~100명 들어오던 블로그에 500~1000명이 들어오는 블로그로 짧은 시간에 키우게 되었고, 이를 통해 시간 대비 부수입이 늘게 되었습니다.

사실, 지금도 더 많은 아이디어를 프로그램으로 개발하여 활용하고 있습니다. 외주도 종종 하고 있고, 스마트스토어 관련 강의를 하시는 분과 새로운 프로그램을 만들어서 운영하고 있으며, 그 외에 정말 많은 일을 해내고 있습니다.

나열하면 정말 많지만 하나 확실한 변화는, 혼자 세상을 살아가던 비현코에게 수많은 비현코가 나타났다는 것입니다. 나의 일을 해줄 수 있는 사람들 말이죠.

앞으로는 정말 자동수익을 만들어낼 수 있도록 하나씩 하나씩 만들어 나가볼 생각입니다. 이 책이 마지막까지 읽으실 경우, 독자분들도 마찬가지로 저와 같은 상상을 하게 되실 것을 확신합니다.

무엇을 상상하든 파이썬으로 자동화가 가능하다.   Section. 03

'파이썬으로 제가 직접 해낸 몇가지를 앞에서 보여드렸습니다. 어떠신가요? 파이썬 학습의 효과성과 현업 적용 가능성이 보이시나요?' 그렇다면, 우리는 파이썬으로 무엇을 할 수 있을까요?
코딩은 많은 역할을 하지만, 핵심은 딱 2가지라고 생각합니다.

- **첫째. 의사결정**
- **둘째. 반복행동**

이 2가지를 합쳐서 우리는 자동화라고 명명할 수 있습니다.

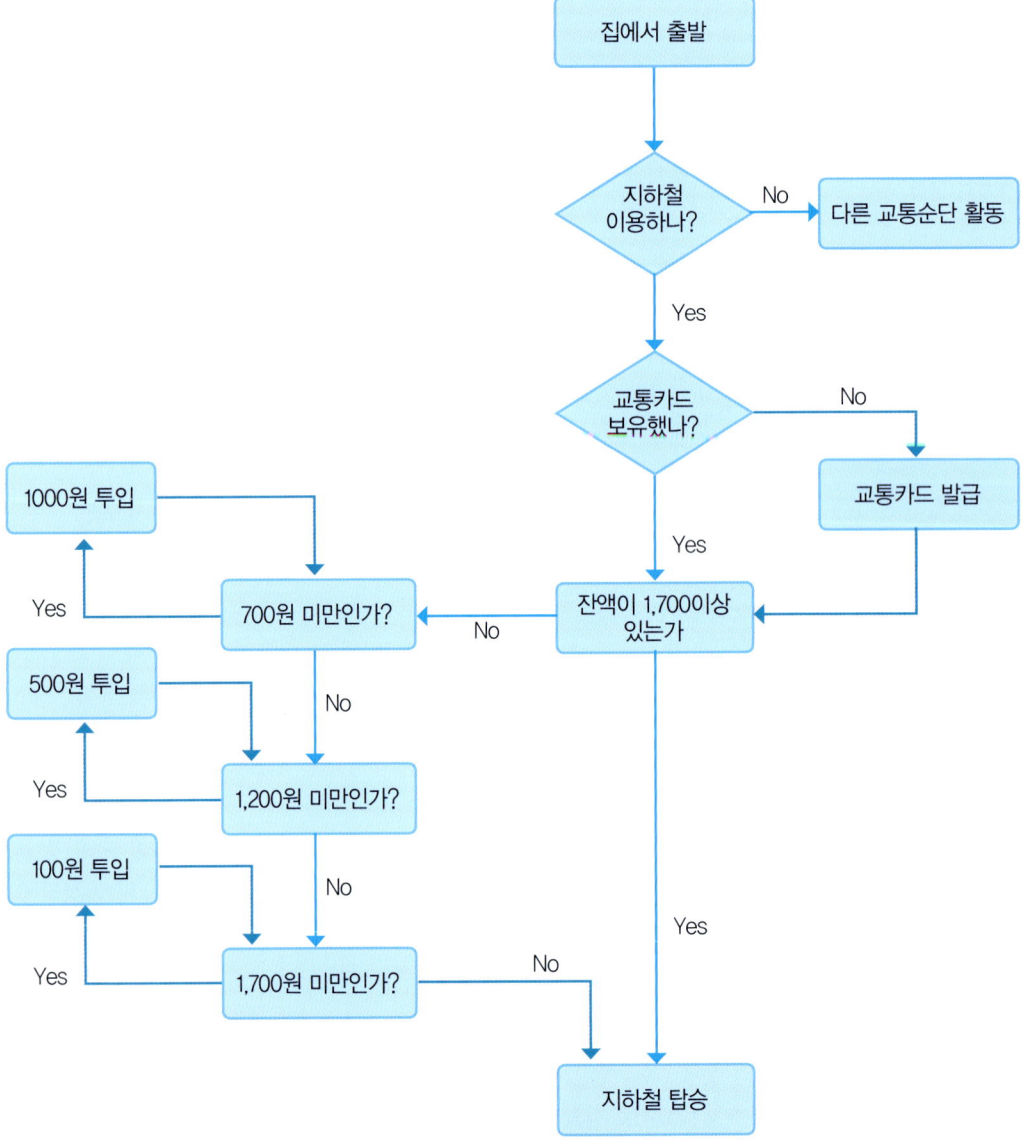

단순히 우리 삶에 대한 하나의 예시를 들어볼까요?

지하철을 타러 갔다는 상상을 해보겠습니다. 교통카드가 없어서, 일회용 교통카드를 사야 하는 상황에 놓여있습니다. 일회용 교통카드의 가격은 1,700원이고, 우리는 천 원짜리와 오백원짜리, 백 원짜리를 가지고 있습니다.

- **의사결정 1**: 교통카드가 없다 → 교통카드를 사야 한다.
- **의사결정 2**: 교통카드에 잔액이 1700원 이상 있는가?
- **반복행동**: 1700원이 될 때까지 천원, 오백 원, 백 원을 반복적으로 투입한다.

매우 단순한 행동이지요?

그런데 잘 생각해보면 모든 우리의 삶은 이렇게 구성되어 있습니다. 일할 때도, 사람을 만날 때도, 이동할 때도 인간은 크고 작은 의사결정과 그 의사결정에 따른 행동을 반복적으로 하며 살아가고 있습니다.

만약 이런 의사결정과 반복적인 행동을 누군가 해줄 수 있다면? 그것이 바로 자동화가 되는 것입니다. 뒤에서 배우겠지만, 파이썬 코딩의 의사결정은 "If 문" 반복행동은 "For 문"이 우리의 역할을 대신하게 될 것입니다. 당신이 상상하는 무엇이든 자동화가 가능합니다.

그럼 몇 가지를 알아보겠습니다. 그리고 이번 장에서는 파이썬의 실용 가능성을 보여드리는 것이기 때문에 보여드리는 코드에 대해서는 이해하실 필요가 없습니다. 그러므로 이번 장의 내용은, 마음 편히 가능성을 이해하는 것에만 초점을 두시길 바랍니다.

▆ Excel

엑셀이야말로, 정말 우리의 삶에서 정말 많은 역할을 해내고 있는 소프트웨어입니다. 잘 쓰는 분들의 경우 정말 최고의 기량을 뽐내며, 많은 활용을 하고 있습니다. 하지만, 엑셀을 사용할 때 파이썬 코딩이 합쳐진다면, 그 기량의 10배 아니 100배 이상의 업무를 단시간에 해낼 수 있습니다. 어떤 활용방법이 있는지 한번 체험해볼까요?

[엑셀 활용]

- **상황예시**: 여러 개의 엑셀 파일이 있고, 그 시트들을 하나의 파일로 모아야 한다.

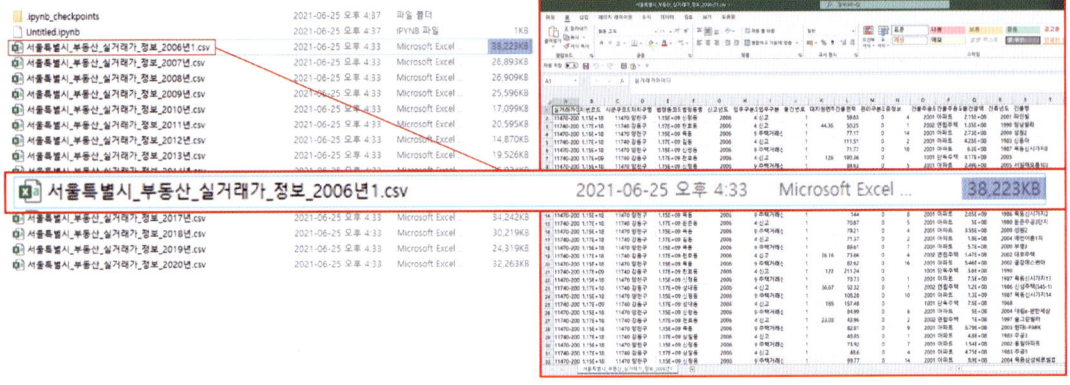

위에서 보이는 엑셀 데이터는 서울시 공공데이터 – 부동산 실거래가 정보입니다. 2006년부터 2020년까지의 15개의 엑셀 시트가 있는데 이것들을 하나의 파일로 만드는 명령어를 아래와 같이 실행하면,

```
In [2]: import os
        os.listdir()
        folders = os.listdir()[2:]

In [7]: df= pd.read_csv(folders[0], engine='python')

In [13]: df.shape  #파일 한개당 행 수 약 17만개
Out[13]: (176001, 19)

In [9]: import pandas as pd
        df_all = pd.DataFrame()
        for files in folders:
            df= pd.read_csv(files, engine='python')
            df_all = pd.concat([df_all, df])

In [10]: df_all.to_csv("서울특별시_부동산_실거래가_정보_2006-2020.csv")

In [14]: df_all.shape  #통합파일 행 수 약 226만개
Out[14]: (2261710, 20)
```

한 번에 합쳐지는 것을 알 수 있습니다. 이 방법은 엑셀을 실무에 활용하는 사람들에게는 매우 유용한 사용법입니다.

■ 영상제작

얼마 전 휴대폰 통신사로부터 영상을 하나 받았는데 매우 놀랐습니다. 이유는 영상이 하나 나오는데 그 영상에 필자가 사용한 휴대폰 요금의 분석이 나오게 영상이 제작되어 필자에게 전송되었습니다.

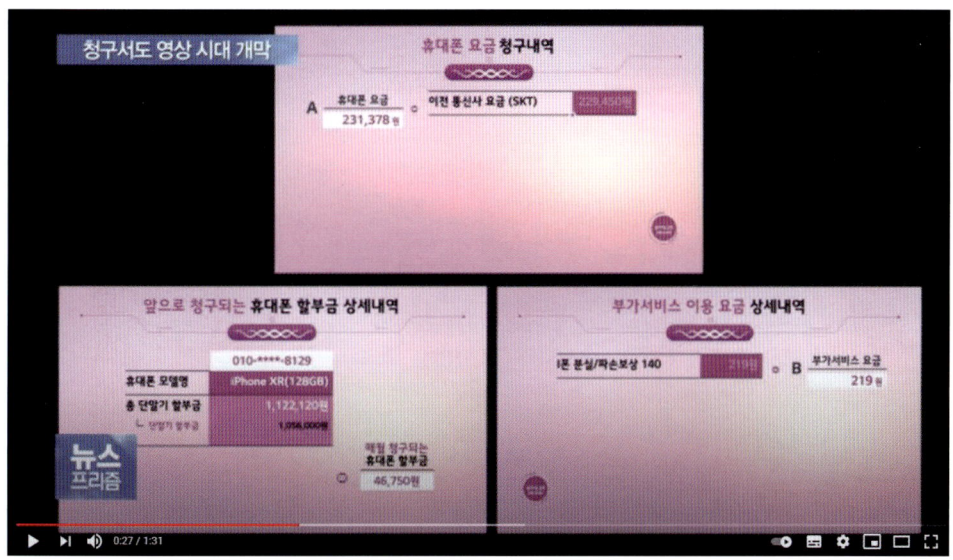

▲ 출처 – https://www.youtube.com/watch?v=qu_MZlltmBc SBS Biz 뉴스 채널 유튜브

우리 주변을 살펴봐도 달라진 세상을 볼 수 있습니다. 우리는 요즘 몇 년 사이에 유튜브, 틱톡, 인스타(릴스) 등을 통해 모든 개인이 영상을 제작하고 활용해야 하는 사회에서 살고 있습니다. 그러다 보니 자연스럽게 영상을 제작하거나 보는 일들이 많아지고 있습니다. 보통 영상을 제작할 때 쓰는 소프트웨어(어도비 프리미어, 베가스, 파이널컷 등)를 활용하거나 모바일로 간단간단하게 영상을 제작하곤 하는데요. 이런 상황에서도 파이썬이 할 수 있는 역할이 매우 많습니다. 4장에서 관련된 라이브러리를 활용하는 실습도 한번 진행해보도록 하겠습니다.

■ 인터넷 활용(검색, 이메일 등)

21세기를 살면서 내가 원하는 정보를 빨리 찾아내는 것은 매우 중요한 역할과 능력으로 발전되어오고 있습니다. 만약, 우리가 원하는 정보를 찾아내는 것을 다른 사람이 대신해주고 그 결과만 정리해서 받을 수 있다면? 네 맞습니다. 파이썬이 어떻게 이런 일을 해줄 수 있는지 한번 알아볼까요.

[수동자료검색+이메일 자동전송]

책에서 다룰 예정이지만, 인터넷 검색을 통해서 받은 데이터를 자동으로 워드 클라우드로 만들고 만든 파일을 이메일로 자동전송도 가능합니다.

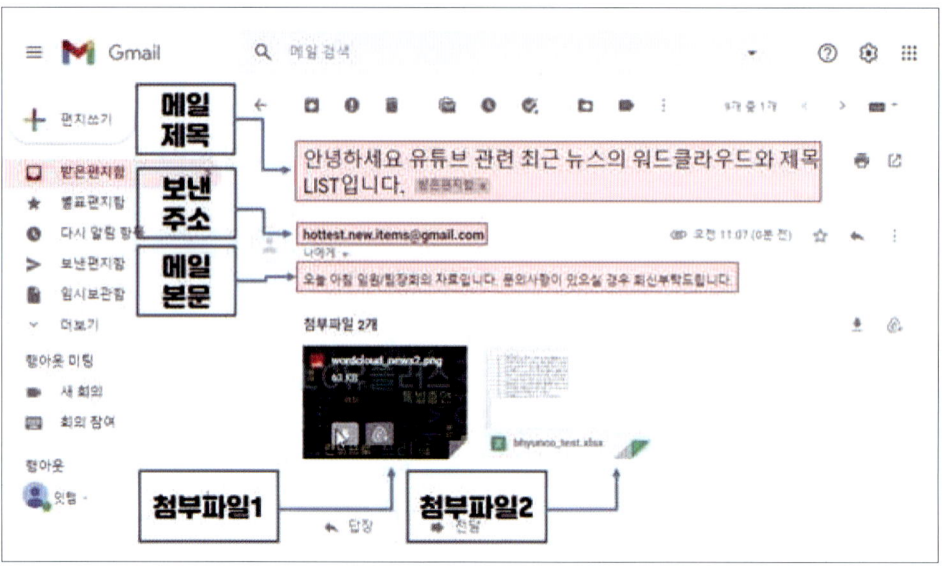

[API 활용자료검색]

Open API란 아래에 적혀 있는 것과 같이 정보를 공개적으로 사용할 수 있도록 허용해준 기능을 의미합니다. 매우 다양한 API 활용을 통해서 수많은 데이터를 쉽게 가져올 수도 있습니다.

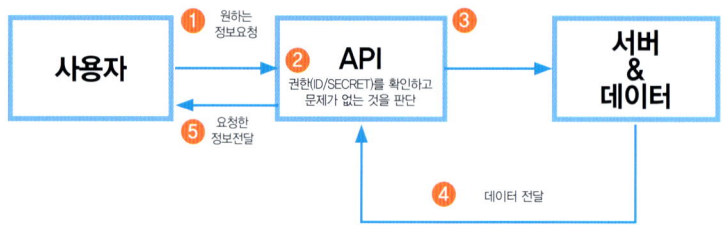

비현코- IT비전공자의 실용주의 파이썬 코딩

- **상황예시 1**: UPBIT API를 활용한 비트코인 시세 캔들 조회

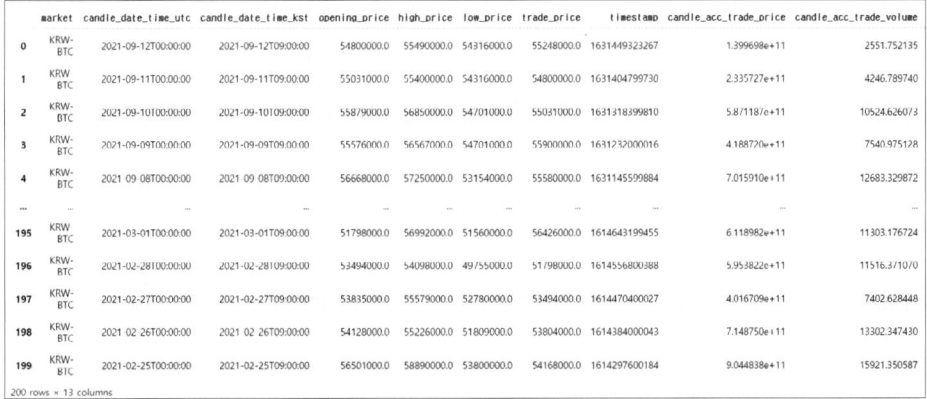

- **상황예시 2**: 쿠팡파트너스 API를 활용한 특정검색어 최저가 조회

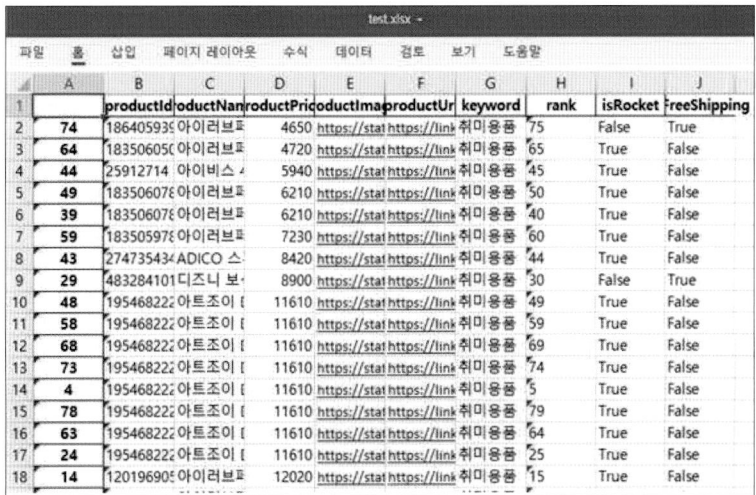

■ 이미지 분석

이미지에 적혀 있는 텍스트도 우리가 원한다면 컴퓨터 데이터로 추출할 수도 있습니다. 이 사용법도 4장에서 간단히 안내해 드릴 예정입니다.

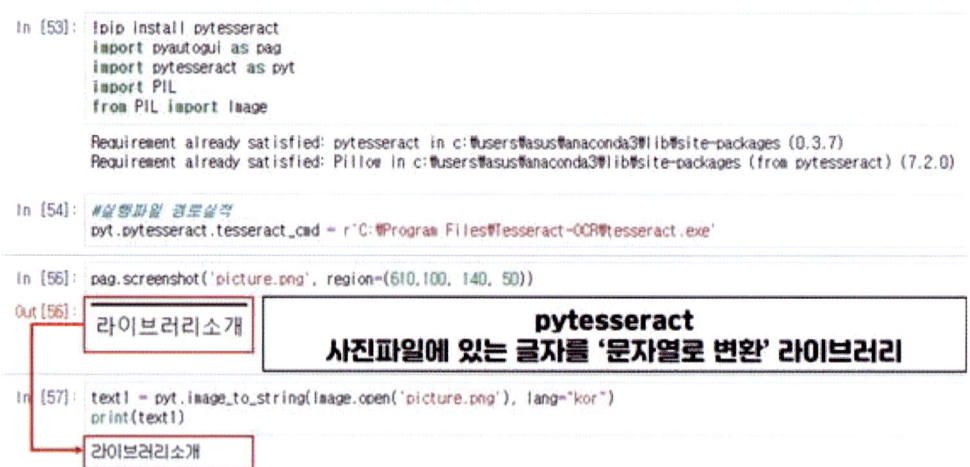

■ 머신러닝

요즘 파이썬과 함께 정말 많이 들리는 단어 머신러닝 또한 파이썬으로 구현할 수 있습니다. 기계학습(머신러닝)을 통한 어떤 데이터들의 유의미성을 찾아내는 역할을 우리가 모든 것을 설계하는 것이 아닌 다른 누군가가 만들어 놓은 라이브러리(ex- skelarn, tensorflow 등)을 활용해서 파이썬으로 해낼 수 있습니다. 사실 이런 부분은 너무나도 많은 활용예시가 있습니다만 우리의 삶에서 우리가 직접 사용하는 상자는 사실 많지 않았습니다. 하지만 이제 약간의 지식과 파이썬 활용을 할 수 있다면, 이미 만들어진 코드묶음(라이브러리)를 이용해서 우리도 머신러닝을 통해 많은 결과를 도출할 수 있습니다. 약간의 컴퓨팅 파워가 확보가 되어야 하지만 그것마저도 그런 작업을 할 수 있는 서비스가 많이 탄생했습니다. 이 책에서는 그 부분을 다루지 않습니다만, 우리가 직접 활용할 수 있다는 것이 먼 미래의 일이 아니라는 것을 꼭 기억해주시길 바랍니다.

코딩을 배우는 것이 절대 늦지 않은 이유   Section. 04

이렇게 다양한 자동화의 방법이 있지만, 반면에 이런 생각을 할 수 있을 것 같습니다. 이 글을 읽고 계시는 독자분들께서는 코딩을 처음 접하시는 분들이 많을 텐데, "기술의 특성상 최근 사용하는 사람들도 많아지므로 나의 경쟁력이 떨어지지 않을까? 지금 배우기에는 너무 늦은 것이 아닐까?"라는 걱정이 되지는 않으신가요?

결론부터 말씀드리면, 절대로 그렇지 않습니다. 그 이유는 무엇일까요? 상식적인 면에서 보면 우리가 늦게 배우게 되면, 그만큼 경쟁에 뒤처질 수도 있는 것인데 말이죠
경쟁에 대해서 한 번 알아보겠습니다. 경쟁이란 무엇일까요? 표준국어대사전에서 정의하고 있는 것을 보면, "같은 목적에 대하여 이기거나 앞서려고 서로 겨룸"을 의미합니다. 여기서 말하는 같은 목적이라는 단어에 집중해 보겠습니다. 큰 의미에서 보면 우리가 코딩을 배우는 목적은 여러 가지가 있겠지만 첫 시작은 '자동화'일 가능성이 큽니다. 그런데 사실 조금 더 살펴보면 각자의 목적이 다릅니다. 누군가는 본인이 운영하는 부업에서 남들보다 앞서는 것을 원할 것이고, 누군가는 회사 업무에서 남들보다 앞서 나가는 것을 원한 것입니다. 그 외에 다양한 목적이 있겠지만 대부분은 특정 분야에서 남들보다 앞서는 것을 원할 것입니다. 그런데, 여러분께서 특정 분야를 정한 이유는 무엇인가요? 아마도, 내가 가지고 있는 여러 아이디어가 어느 정도 있는 상태일 가능성이 크죠.

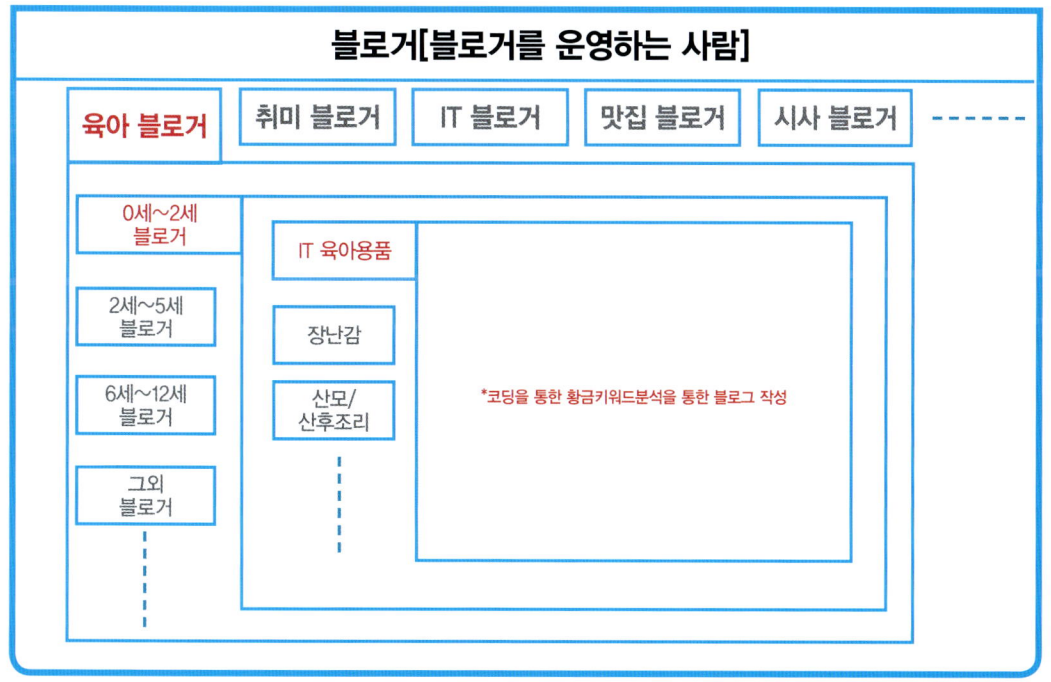

▲ 부업 〉 블로그 〉 육아 〉 육아 IT 〉 키워드추출 등 – 경쟁이라는 것을 좀 더 미시적으로 보면 생각보다 경쟁해야 할 사람들은 줄어들게 됩니다.

예를 한 번 들어보겠습니다. 필자는 오랜 기간 개인 블로그를 운영해왔습니다. 시간이 많을 때는 글을 많이 써서 사람들이 유입될 수 있도록 역할을 잘 해냈지만, 시간이 적을 때는 그렇지 못하곤 합니다. 하지만, 시간만 있다면 한동안 블로그 글을 꾸준히 글을 쓰지 못했을지라도 언제든 다시 검색 상위노출을 할 수 있습니다. 만약, 제가 블로그를 오랫동안 운영하지 않았다면, 그럴 수가 없었을 것입니다. 그 비밀은 필자가 운영하는 블로그의 주제로 어떻게 글을 쓰고 어떻게 노출해야 하는지를 잘 알고 있기 때문입니다. 그런데 블로그를 운영하는 사람들이 전국에 정말 많을 텐데 전업으로 하는 것도 아닌 필자가 어떻게 이런 일들이 가능할까요? 그 이유는 타겟팅의 세분화 때문에 그렇습니다. 블로그에 대한 주제가 있습니다. '육아', 'IT', '과학', '재테크', '부업', '투자', '취미', '맛집' 등등 무수할 정도로 많습니다. 필자는 '육아' 관련 블로그이니 해당 관련 블로그라고 할지라도, 아이의 나잇대에 따라 다양하게 나뉘게 됩니다. 거기에 추가로 'IT'도 종종 운영하는데, 제가 주로 올리는 'IT'는 육아 IT 용품입니다. 이렇게 깊게 들어가다 보면 어느 시점에서는 저와 경쟁하는 블로거가 많이 줄어들게 됩니다. 그렇게 줄어든 경쟁률 안에서, 제가 가지고 있는 아이디어(이번 책에서는 중반부에서 이야기하겠지만, 운영하는 주제와 관련된 황금키워드를 뽑아낼 수 있는 필자만의 방법)를 코딩과 접목하여 운영하게 되면, 특정 키워드의 상위노출을 잘 해낼 수 있는 것이 필자의 비법입니다.

결국, 답은 나와 있습니다. 우리가 파이썬을 배우는 게 늦지 않은 이유는, 우리가 경쟁하는 대상이 전문 프로그래머들이 아닌, 우리가 속해 있는 영역의 비프로그래머들일 가능성이 크기 때문입니다.

그중에서 프로그래밍에 관심이 있는 사람이 많을까요? 나아가 이 책을 보고 있는 사람이 몇 명이나 될까요?

어느 정도 답이 나오시나요? 결국, 지금 우리가 프로그래밍 공부를 시작해서 그것을 나의 상황에 적용하게 된다면 기 시장에서 이 기술을 활용할 수 있는 사람은 매우 적을 것입니다.
그러므로 지금 코딩 공부를 시작해서 나의 일에 적용을 해나간다면 우리는 그 시장에서 정말 소수의 프로그래밍을 다룰 줄 아는 사람이 되어 있을 것입니다.

앞의 예시는 블로그에 대한 예시였지만, 지금 이 글을 읽고 있는 당신 또한 당신만이 알고 있는 내용이 있을 것입니다. 혹은 당신을 포함한 몇 명만 아는 정보도 괜찮습니다. 중요한 건 그 아이디어, 노하우를 나에게 맞게 개인화해서 자동화할 수 있다는 생각으로 시작한 그것만으로 당신은 새로운 세상을 만나게 될 것입니다.

요즘 유행처럼 번지고 있는 '유튜브 알고리즘' 밈에 대해서 알고 계시나요?

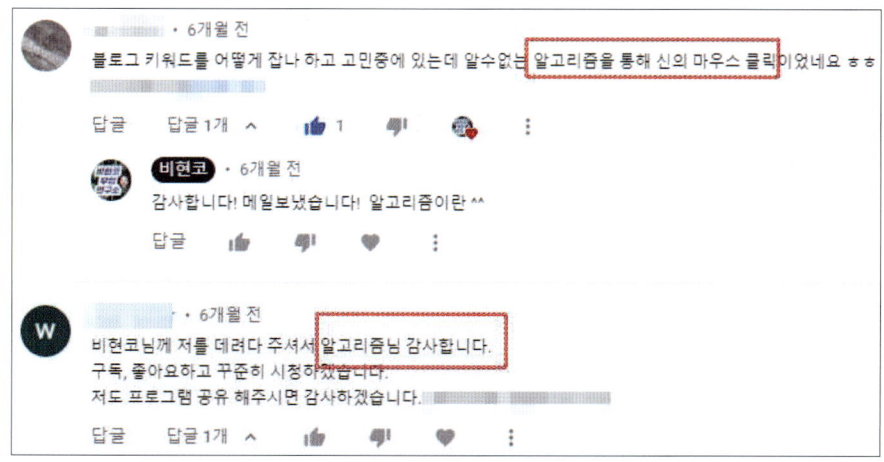

많은 사람이 일상생활에서 사용하고 "알고리즘님"이라는 이 밈은, 사실 초개인화 기술의 결정체입니다. 이 알고리즘을 통해 우리는 정말 개인화된 관심사를 볼 수 있는 환경에 있습니다. 그런데 유튜브만 그럴까요? 현대사회는 점점 더 다양해지고 있습니다. 요즘에는 사람들을 만나도 공통된 관심사를 찾는 게 쉽지가 않습니다. 사람들이 TV나 신문을 통해서 정보를 접할 때와 달리 지금은 다양한 초개인화된 기술이 내가 관심 있는 분야에만 관심을 두게 되는 상황들을 계속 만들어내고 있습니다. 그리고 그와 관련된 인터넷 글, 유튜브 영상들을 언제나 접할 수 있으므로 어떻게 보면 당연한 현상일 것 같습니다. 가끔 그런 경험이 있으신가요? TV를 보는데, 내가 알지도 못하는 사람이 광고모델로 나옵니다. 그 사람을 검색해 보니, 유튜브 100만 구독자를 가지고 있는 뷰티유튜버이거나, 먹방유튜버이거나 하는 경우가 있습니다.

모 유튜버가 했던 말이 있습니다. 단군 이래 가장 개인이 돈 벌기 좋은 시장이다. 이 이야기의 핵심은 소수에게 집중되었던 미디어의 권력이 개인에게 넘어오고 있다는 것을 의미합니다. 미디어는 곧 사람들의 관심사입니다. 당신만이 가지고 있는 생각으로 당신의 꿈을 펼치는데, 파이썬 코딩이 당신을 언제나 도울 것입니다.

필자는 2020년 3월에 코딩 공부를 처음 시작했습니다. 그리고 2021년 1월에 이미 코딩 강사가 되었습니다. 제가 프로그래밍으로 승부한 게 아닌 다른 부업지식을 결합하고 접목했기 때문에 필자만의 독자적인 콘텐츠가 만들어진 것입니다.
당신이 가지고 있는 당신만의 경험, 그 경험이 코딩을 만나 세상에 어디에도 없는 당신만의 실력, 기술, 콘텐츠를 만들어 낼 것입니다.

망설이지 말고 지금 바로 시작하세요. 어렵지 않습니다. 그 짧은 여정에 작은 불꽃을 필자가 함께 만들어드리겠습니다.

파이썬 부업/투자 활용 10분 만에 맛보기　　　　　　　　Section. 05

이렇게 이야기해도 무슨 이야기인지 조금 감이 안 오실 수도 있습니다. 그래 코딩 배워서 그 거대한(?) 일들을 언제 만들건대…? 라는 생각이 들지 않으시나요?. 실제로 제가 처음 코딩 배우는 것을 망설일 때 들었던 생각입니다. 몇 개 유튜브 영상 보니깐 변수가 뭐다 함수가 뭐다 이야기는 많은데 내가 그걸 어느 천년에 다 배우고 바로 일상생활에 접목할 수 있는데? 애초에 그 영역까지 내가 갈 수나 있어? 라는 생각을 할 수 있습니다.

그래서 이번에는 아무 것도 모르는 상태에서 2가지 실습을 따라 하는 것만으로 코딩이 어떤 식으로 작동해서 역할을 할 수 있는지에 대한 이야기를 해보겠습니다.

실습하는 데 필요한 것은 노트북 하나와 크롬 브라우저 하나만 있으면 됩니다.
그리고 아래의 순서대로 따라만 해보세요.

- **1단계:** 크롬인터넷을 키고, 위의 QR코드의 주소를 컴퓨터에서 클릭합니다.
- **2단계:** 플레이 버튼을 클릭합니다.
- **3단계:** 결과를 봅니다.

클릭만으로 코딩을 통해 만들어낼 수 있는 멋진 결과들을 한번 실습해보겠습니다.

■ 실습 1. 인터넷 접속 후 네이버 검색에 "유튜브" 검색 후 기사 제목 가져오기

우리가 업무를 진행할 때 항상 인터넷에 있는 정보를 가져오게 됩니다. 그 내용을 정리하고 유의미한 보고서를 만들 때가 많습니다. 방법은 간단합니다. 네이버를 키고, 유튜브를 검색한 다음 나와 있는 기사들의 제목을 가져오고, 그 기사들의 제목들을 나열해서 프린트해보도록 하겠습니다.
자 그럼, 화면에 나와 있는 검은색 바탕의 흰색플레이 버튼을 클릭해 볼까요?

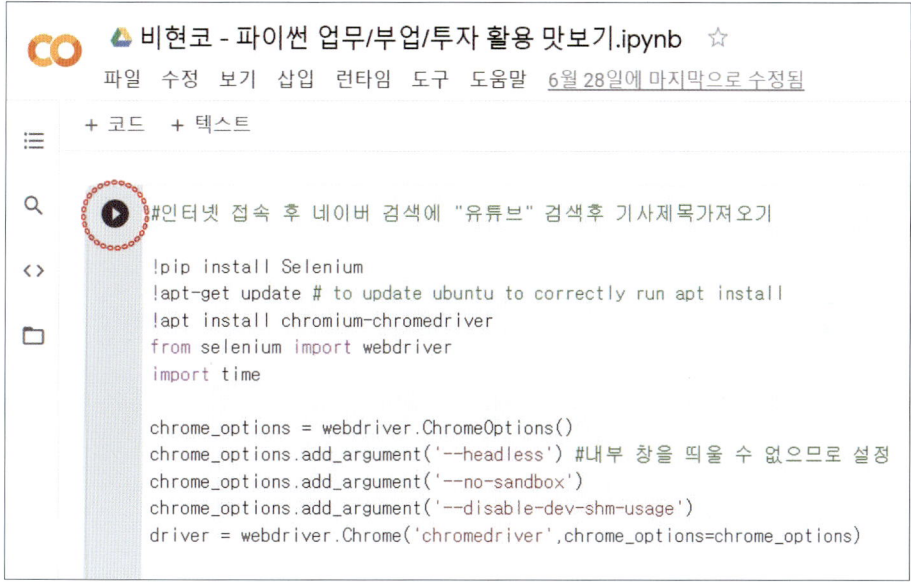

클릭하면 해당 코드가 연산이 이루어지며 구동되기 시작합니다.

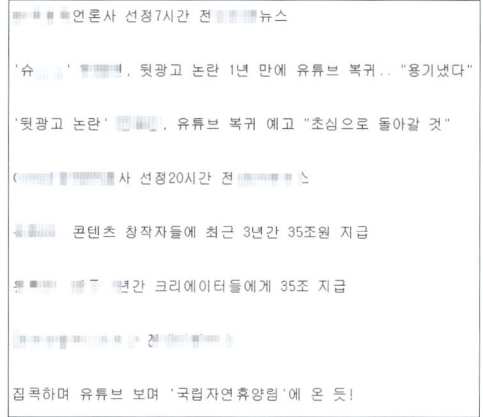

실행하면 뉴스 기사들이 출력됩니다. 물론 지금 책을 쓰는 시점에 검색해서 나오는 결과이기 때문에 당신의 컴퓨터 화면에 나오는 결과는 다를 것입니다.
이처럼 우리가 인터넷에 있는 어떤 정보일지라도 우리는 쉽게 가져올 수 있습니다.

■ 실습 2. 비트코인의 200일간의 시고저종(시가, 고가, 저가, 종가) 한 번에 가져오기

시장은 주식시장과 다르게 24시간 운영되기 때문에 한 번 투자를 시작하면 24시간 휴대폰을 놓지 못하는 경우가 많습니다. 그래서 주식에도 물론 자동화가 필요하지만, 암호화폐에 대한 가격조회/매수/매도를 원칙에 따라 할 수 있는 자동화 프로그램을 만들면 정말 많은 것을 해낼 수 있습니다. 그래서 이번에 우리가 실습해볼 것은, 그 방법의 가장 기초적인 가격조회(호가 조회)를 해보도록 하겠습니다. 방식은 간단합니다. 업비트의 비트코인 가격의 시가, 고가, 저가, 종가의 데이터 200일 치를 가져와 보겠습니다. 원리는 업비트 API를 활용해서 자료를 가져오고 우리가 보기 편하게 수정하여 보여줍니다.

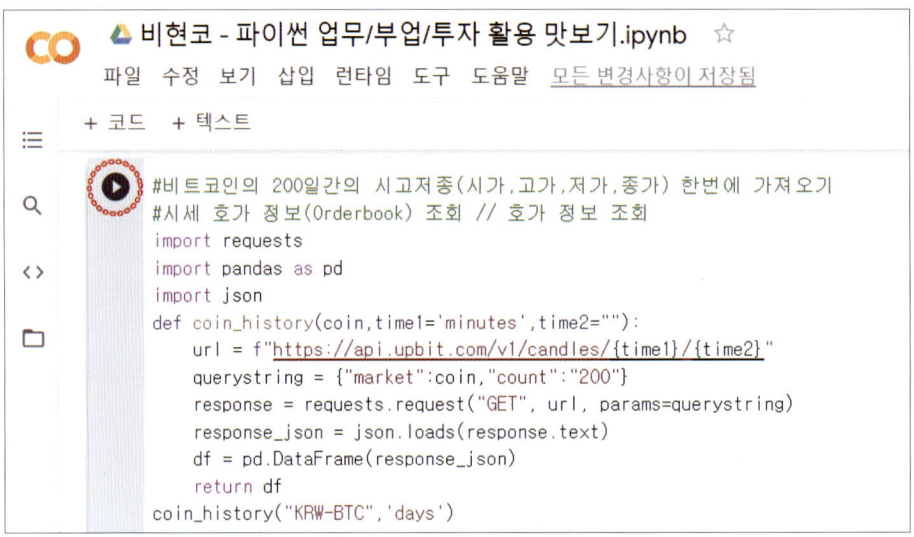

검은색 바탕의 흰색플레이 버튼을 누르면 나오는 결과를 볼까요?

	market	candle_date_time_utc	candle_date_time_kst	opening_price	high_price	low_price	trade_price	timestamp
0	KRW-BTC	2021-08-25T00:00:00	2021-08-25T09:00:00	56168000.0	56830000.0	55890000.0	56601000.0	1629871584197
1	KRW-BTC	2021-08-24T00:00:00	2021-08-24T09:00:00	57627000.0	57905000.0	55800000.0	56134000.0	1629849600330
2	KRW-BTC	2021-08-23T00:00:00	2021-08-23T09:00:00	57714000.0	58726000.0	57374000.0	57627000.0	1629763200208
3	KRW-BTC	2021-08-22T00:00:00	2021-08-22T09:00:00	57576000.0	58000000.0	56611000.0	57681000.0	1629676799658
4	KRW-BTC	2021-08-21T00:00:00	2021-08-21T09:00:00	57690000.0	58280000.0	56557000.0	57553000.0	1629590399945
...	...	...	...	...	...	...	...	...
195	KRW-BTC	2021-02-11T00:00:00	2021-02-11T09:00:00	48550000.0	51800000.0	48074000.0	51370000.0	1613088000038
196	KRW-BTC	2021-02-10T00:00:00	2021-02-10T09:00:00	48788000.0	49781000.0	47350000.0	48550000.0	1613001599680
197	KRW-BTC	2021-02-09T00:00:00	2021-02-09T09:00:00	49070000.0	51200000.0	48350000.0	48779000.0	1612915200113

이런 결과가 나오죠? 지금의 가격은 어떤가요? 올라갔나요? 낮아졌나요?
무엇이든 간에 우리는 자동으로 비트코인 가격의 200일 치 데이터를 이렇게 간편하게 가져왔습니다.

이제 작은 용기를 얻으셨을까요? 이제 여러분의 역할을 상상하는 것입니다. 당신이 할 수 있는 모든 것을 상상하세요. 그리고 그 방법을 잘 기록해두세요. 그 방법을 파이썬 코딩으로 구현해 낼 수 있도록 제가 옆에서 돕겠습니다.

자, 이제 실습도 해봤고 본격적으로 공부를 시작해볼까요? 다음 장부터는 우리가 배워야 할 파이썬에 대한 최소한의 기초지식을 배워보도록 하겠습니다. 겁먹지 마세요, 다른 파이썬 책처럼 초반에 쓸 필요 없는 어려운 지식은 다 빼고 바로 써먹을 수 있는 아주 쉬운 것들로만 구성해보겠습니다.

파이썬 코딩을 하기 위한 최소한의 기초지식

CHAPTER 02

본격적인 공부에 앞서 이번 chapter의 "최소한"이라는 단어에 집중해 보도록 하겠습니다.

왜 "최소한"만 먼저 알려드릴까요?

필자는 지금도 파이썬 공부를 하고 있습니다. 지금은 옛날처럼 하나하나 사소한 문법이 아닌, 패키지를 직접 만든다거나, 웹상에서 파이썬 코딩이 잘 운영될 수 있는 그런 기술을 배우고 있습니다. 그런데, 필자가 처음 공부할 때 막혔던 어려운 경험 중 하나가 바로 "배울 것이 너무 많다"입니다.

해당 사진은 파이썬 공식 문서의 기본 Tutorial입니다. 다시 말씀드리겠습니다. Tutorial이란 "소프트웨어나 하드웨어를 움직이는 데 필요한 사용 지침 따위의 정보를 알려 주는 시스템"[출처 : 우리말샘]을 의미합니다.

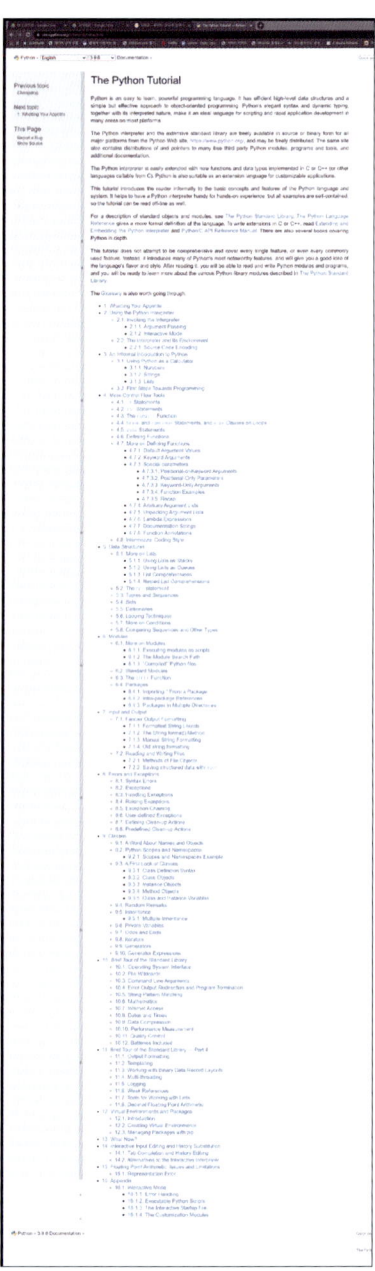

▲ 파이썬 공식 문서 – https://docs.python.org/3/tutorial/index.html

그리고, 아래의 사진은, 튜터리얼을 포함한 python3.9.5의 공식 문서들이 담겨있는 사이트입니다.

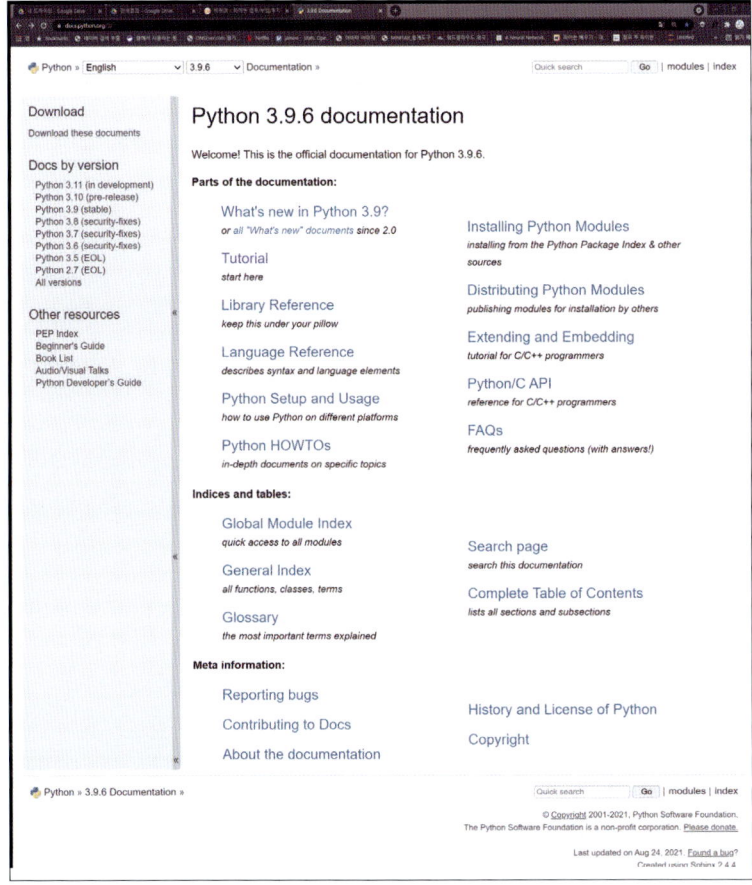

▲ 출처 – https://docs.python.org/3/

우리, 이거 다 공부하려면 어떻게 해야 할까요? 모르긴 몰라도 한 달은 매일 4~5시간씩 이 공부만 하고 있어도 다 배우지 못할 가능성이 큽니다.
이렇게 우리를 압도하는 많은 양의 공부를 하고 우리 삶에 코딩을 적용하려면 포기할 가능성이 큽니다. (심지어 기존의 프로그래머분들은 이 파이썬이 쉽다고 이야기하는데도 이 정도입니다) 필자는 이런 벽을 느꼈고 이 벽을 넘어가려고 많은 시도를 해봤지만 시작할 엄두가 나지 않았습니다.
그런데 공부를 해보면서 느낀 것은 이걸 (지금은) 몰라도 충분히 우리 삶에 적용할 수 있는 방법이 많다는 것이었습니다.

이번 장에서는 1시간만 집중해서 공부하면 그 기본을 잡을 수 있도록 제가 실제로 쓰이는 기본 문법들만 정리를 해두었습니다. 우리 기초 공부는 짧게 하고 삶에 적용하는 것을 목표로 진행할 수 있게 이 부분만큼은 빼먹지 마시고 꼼꼼히 읽어봐 주세요. 그럼 시작하겠습니다.

파이썬 기초를 쉽게 학습할 수 있는 비밀 3가지   Section. 01

우리가 코딩이 어렵다고 생각하는 이유는 무엇일까요?
여러 가지 이유가 있겠지만 공부와 연관을 지어서 이야기해보겠습니다.
수포자(수학을 포기한 자)라는 이야기 들어보셨나요?
영포자/국포자라는 단어는 자주 쓰이지 않지만, 수포자라는 이야기는 왜 많이 들릴까요?

필자 또한, 수포자가 되었던 기억이 있습니다. 그때 수포자가 되었던 이유를 돌이켜보겠습니다. 처음에 어떤 원리를 배웁니다. 그 원리는 어렵지만, 어느 정도는 이해된 것 같습니다. 하지만 사실 이 논리를 정확하게 이해하고 있지 못한 상태이죠. 그런데, 갑자기 본인이 이해할 수 없는 정도의 속도로 수업이 진행됩니다. 그리고 그 논리의 공식이 나오죠.
그럼, 그 논리의 공식을 활용해서 문제를 풀어야 하는데, 풀어야 할 문제가 많아지면서 공식을 외우게 됩니다. 그런데…. 외운 공식의 원리는 잘 이해가 되지 않는 상태로 새로운 문제를 계속 접하다 보면 약간의 변형된 문제만 만나도 문제를 풀 수 없게 되죠.
그렇게 반복을 하다 보면, 응용에 응용이 이어지다 보니 암기로 해결할 수 없는 상황에 도달하게 되고 그렇게 수학을 포기합니다.

결국 우리(?)가 수학을 포기했던 가장 큰 이유는 원리를 이해 못 해서일까요?
그 말에도 일리가 있지만, 저의 생각은 조금 더 원론적으로 생각해봅니다.

만약, 수학이라는 단어에서,
내 집 장만을 하고 싶은 사람에게 "부동산학"이라는 단어로 바뀌면 어떨까요?
부자가 되고 싶은 흙수저에게 "투자학"이라는 단어로 바뀌면 어떨까요?
모태솔로에게 "연애학"이라는 단어로 바뀌면 또 어떨까요?

결국은 우리가 어떤 배움을 포기하는 이유는 어려워서이기도 하지만, 바로바로 내 삶에 적용할 수가 없거나, 그 적용하는 시간이 너무 오래 걸려서 기다리기 어려울 경우입니다.
필자가 이야기해드릴 파이썬 기초를 쉽게 학습할 수 있는 비밀 3가지를 말씀드리겠지만, 그전에 가장 중요한 것은, 이 파이썬 코딩이 우리의 삶에 어떤 역할을 할 수 있는지를 아는 것이 무엇보다 더 중요합니다.

몇 가제 예시를 들어볼까요?

먼저 업무자동화에 관한 이야기입니다. 몇 년 전 일입니다. 공무원사회를 발칵 뒤집는 사건이 발생했죠. 아시는 분들은 아시겠지만, 공익근무요원이 오랫동안 반복적으로 하던 일을 단 30분 만에 해결해서, 대서특필 된 적이 있었죠.

투자에 관해 이야기해볼까요? 요즘 AI가 투자하는 방식이 많이 있지요? 그 기술의 근원 자체도 그동안 주가 기록들을 학습해서 투자방식을 정하고 있죠.

사실 이 글을 읽고 계시다는 것만으로도 이 부분이 현재 나의 삶에 얼마나 큰 긍정적인 영향력을 만들어낼지는 당연히 아실 것이라는 생각이 듭니다.
그래서 가장 먼저 하셔야 할 것은, "파이썬 코딩으로 나에게 어떤 변화를 만들어내고 싶은가?"에 대한 깊이 있는 고민입니다.

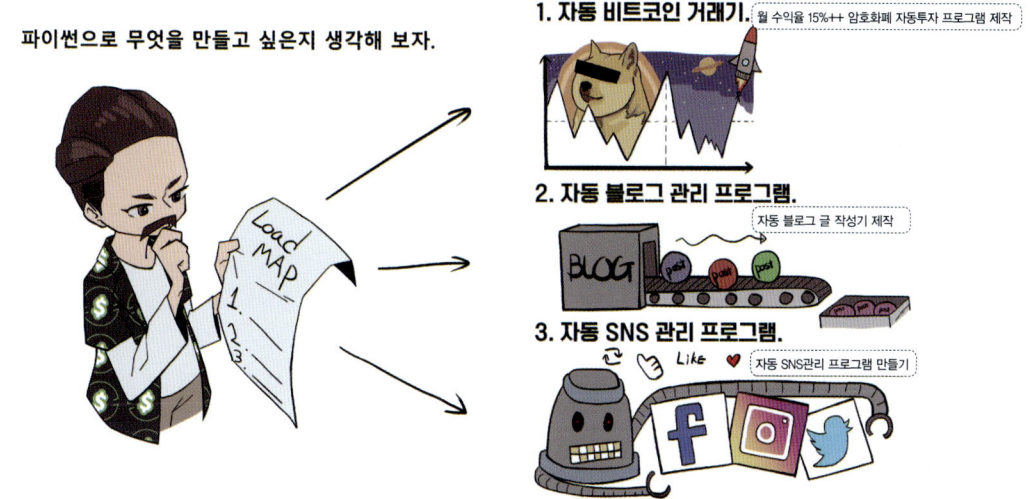

■ "코딩 공부는 어떻게 했나?"

필자는 2020년 3월경부터 프로그램 공부를 시작하게 되었고, 하루 1시간 정도 꾸준히 공부했습니다. (최근에는 좀 더 많이 하고 있네요) 그 과정에서 계속 시도해보고 성장하고 있으므로 확실한 삶의 변화는 이루어지고 있습니다. 필자가 최근에 만든 프로그램이 20개가 넘어가는데, 하나도 쓸데없는 곳이 아닌 필자를 도와주거나 필자 사업을 도와주거나, 필자의 부업을 도와주거나, 그리고 필자 업을 도와주는 프로그램으로 개발하고 있다는 것은 정말 좋은 신호입니다.
프로그래밍 공부 어떻게 시작하는가?

- 첫째. 혼자 부딪혀보기
- 둘째. 질문을 할 수 있는 강의 듣기
- 셋째. 내가 만들고자 하는 프로젝트에 집중해 보기

입니다. 하나씩 이야기해보겠습니다.

- **첫째. 혼자서 부딪혀보기**

코딩학습을 할 때 가장 먼저 해야 할 것은, 모르는 게 있으면 무조건 일단 부딪혀 봅니다.
검색을 해보거나 유튜브를 보거나 다양한 사이트에서 기본강의를 한번 들어보는 거죠. 근데 그때 혼자서 공부하시다 보면 좌절감을 느끼시게 될 겁니다. 그 좌절을 먼저 느껴 보시길 바랍니다. 그 좌절 속에서 많은 단어를 접하게 될 거고, 코딩에 조금 익숙 해지실 거예요.
1주일? 정도면 충분합니다. 너무 길게 고민하지 마세요.

참고할 무료 사이트 목록

▲ https://www.edwith.org 　▲ https://www.ebssw.kr/ 　▲ 유튜브 코딩 무료강의 채널

- **두 번째. 질문을 할 수 있는 강의 듣기**

처음에는 오프라인이나 실시간 온라인 교육에 참여를 해보시길 바랍니다.
어떻게 공부해야 할지 모르는 상태에서 질문이 매우 중요하다는 것은 모두 알고 계실 것입니다. 특히 궁금할 때 바로 즉답을 받을 수 있는 환경이 중요한데, 그 이유는 공부하다 보면 내가 잘 하고 있는지를 잘 알기가 어렵기 때문입니다. 그래서 주위에 과외를 받거나 온라인 실시간 코딩교육을 듣거나 하는 방법으로 첫 단계에서 느꼈던 좌절을 극복해 내보세요.
그렇게 어느 정도 기초가 만들어지면,

- **셋째. 내가 만들고자 하는 프로젝트에 집중해 보기**

그런데, 앞에서 강의를 듣다 보면 너무 배울 게 많고 배워도 배워도 끝이 없다는 것을 느끼시게 될 겁니다. 그것을 모두 배우고 있다가는 세월이 다 흘러갈 수도 있습니다.

1단계 부딪혀보기, 2단계 질문이 가능한 강의 듣기를 거치면서 내가 어떻게 공부해야 하는지를 알 수 있게 되었다면, 지금부터는 다 건너뛰고 공부합니다. 바로, 나에게 필요한 것들만 공부하는 겁니다. 그렇게 하나씩 채워 나가다 보면 퍼즐 맞춰지듯이 많은 것을 배우게 되실 거고요. 필자 같은 경우는 블로그, 인스타그램, 밴드 등 부업에 도움이 되는 프로그램부터 사업을 운영하는 데 도움을 주는 프로그램까지 하나씩 만들어가고 배워가고 풀어가고 있습니다.

앞서 한번 언급 드렸지만, 간혹 개발자분들이 이런 이야기를 하죠.
"파이썬은 쉽다."

하지만 그것은 프로그래머의 관점에서 쉬운 거지 저(희들) 같은 비전공자에게는 절대 쉽지 않을 수 있습니다.
해도 해도 계속 어려운 것이 나오고 새로운 학습을 한다는 것이 쉽지만은 않을 것입니다. 하지만 분명한 것은 코딩을 할 수 있고 없고가 우리 삶을 바꿀 수 있다는 것을 잊지 마시고 이 책의 내용을 자 따라간다면 쉽다는 말이 어떤 의미인지 이해하시게 될 날이 오실 것이라 확신합니다.

나의 프로그램을 만들기 위한 환경설정   Section. 02

환경설정이 뭘까요? 여러분들이 사용하고 계시는 컴퓨터의 OS는 보통 2가지 종류일 것입니다. 윈도우 소프트웨어가 설치되어 있는 컴퓨터 or Mac 소프트웨어가 설치된 컴퓨터입니다. 이 책에서는 이 컴퓨터에서 파이썬 언어를 통한 코딩이 작동하게 하기 위한 작업을 환경설정이라 명명하겠습니다.

■ 환경설정 방법의 종류

- 1. 파이썬을 설치하고 사용하는 방법 [파이썬을 컴퓨터에 설치하고, 활용한다.]
- 2. 파이썬을 포함한 여러 기능을 가진 소프트웨어를 설치하고 사용하는 방법

첫 번째 방법은 파이썬을 구동시키는 정식 방법을 의미합니다. 기초 파이썬을 공부할 수 있는 많은 책에서 이 방법을 택합니다. python.org에 접속 후 최신 버전의 파이썬을 내려받은 뒤 구동시키는 것이 그 방법입니다.

하지만, 우리는 두 번째 방법인 파이썬을 포함한 여러 기능을 가진 소프트웨어를 설치하고 사용하도록 하겠습니다. 이렇게 진행하는 이유는 바로 학습 편의성 &현업 활용성 때문입니다.

하나의 코드가 있다고 가정하겠습니다. 코드에 대해서 아직 배우지 않았기 때문에 상식적인 수준의 사칙연산으로 예를 들어보겠습니다.

```
a = 1 +1
b = 2 +3
e = 0
c = a +b
f = c /e  + 5
c = 2 +2
d = 3 +5
g = a + d + b + c
```

간단히 설명하면, a, b, c, d, e, f 등의 변수에 여러 숫자가 대입되어 있습니다. 하지만 이 코드를 실행시키면 오류가 발생합니다. 이유를 찾을 때 어떤 개발방식을 사용하느냐에 따라 과정이 달라집니다. 아래의 2개 그림을 보겠습니다.

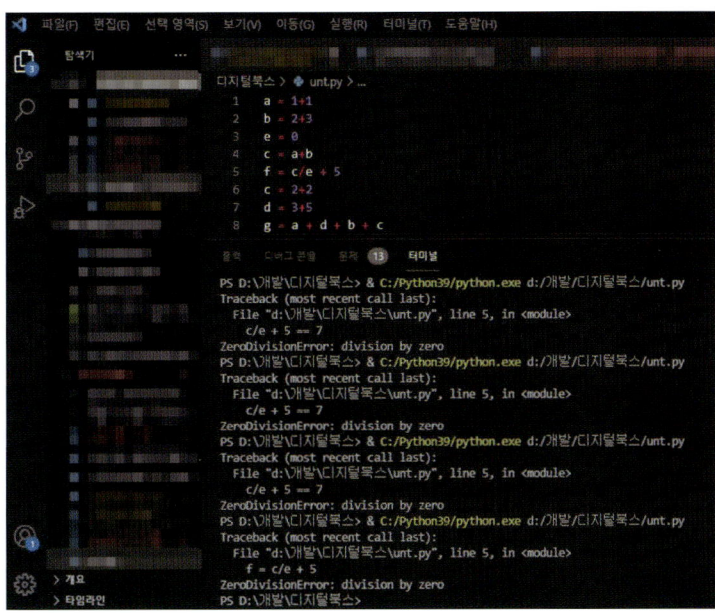

첫 번째 그림은 우리가 영화에서 보는 프로그래머들이 사용하는 느낌의 하나로 쭉 이어진 코드를 다룰 수 있는 Tool(해당화면은 VScode)입니다.

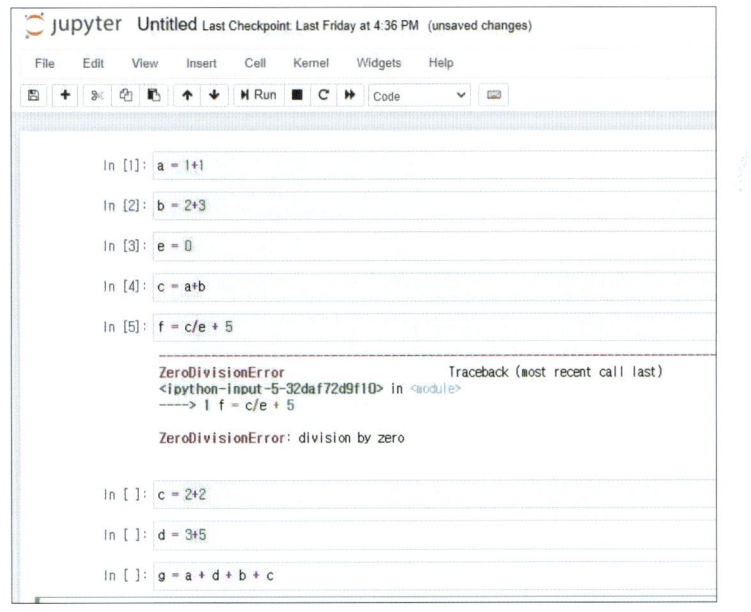

두 번째 그림은 코드 한 줄 한 줄을 확인할 수 있는 쥬피터노트북(Jupiter notebook)의 화면입니다.

오류가 발생한 이유는 무엇일까요? 빠르게 찾는 분들도 계시겠지만 결론부터 말씀드리면, line 5에서, c/e 부분이 있는데, e는 0입니다. 다시 말해서 0으로 나누기 때문에 연산이 발생하지 못합니다. 쉽게 찾아내긴 했지만, 만약 이 코드가 8줄이 아니고 80줄, 아니 800줄이라면 찾기 쉬울까요? 쉽지 않습니다.

그래서 우리는 파이썬 학습을 할 때, 한줄 한줄 구동시키고 그 결과를 볼 수 있는 소프트웨어가 필요합니다. 그래서 다양한 파이썬 구동 방식 중에 우리는 쥬피터노트북(jupyter notebook)이라는 툴을 사용할 예정입니다. 이 소프트웨어를 쓰는 이유는 다양하지만, 가장 강력한 기능이 바로 위의 예시처럼 코드를 한 줄 한 줄 바로 실행하고 편집할 수 있다는 것입니다. 물론 다른 에디터도 그런 기능이 있겠지만 학습에만큼은 쥬피터노트북(jupyter notebook)이 가장 높은 효율을 자랑합니다.

그럼, 이제 쥬피터노트북(jupyter notebook) 설치부터 시작해보겠습니다.

Window 환경설정 Unit. 01

이번 장에서는 파이썬 프로그램을 실행하기 위한 윈도우 환경설정을 진행해보겠습니다.

윈도우를 사용하고 있는 분께서는 이 실습을 따라 하신 후 바로 공통환경설정 장으로 이동하시면 되겠습니다. (Mac 사용자는 다음 장을 보시면 'Mac 환경설정'이 안내되어 있습니다.)

큰 순서로는 3개로 나누어져 있습니다.

- 1) 아나콘다 설치
- 2) 기본 웹 브라우저설정
- 3) 웹 드라이버 설치

 anaconda란 무엇일까요?

▲ [출처 : 위키백과 아나콘다(파이썬 배포판)]

아나콘다(Anaconda)는 패키지 관리와 디플로이를 단순케 할 목적으로 과학 계산(데이터 과학, 기계학습 애플리케이션, 대규모 데이터 처리, 예측 분석 등)을 위해 파이썬과 R 프로그래밍 언어의 자유-오픈 소스 배포판이다. 패키지 버전들은 패키지 관리 시스템 conda를 통해 관리된다. 아나콘다 배포판은 1300만 명 이상의 사용자들이 사용하며 윈도우, 리눅스, MacOS에 적합한 1,400개 이상의 유명 데이터 과학 패키지가 포함되어 있다.

■ 1) 아나콘다(anaconda) 설치

그럼 먼저 아나콘다(anaconda)부터 설치를 진행해보겠습니다.

구글에 anaconda 3 검색: 먼저 구글(google.com)에서 anaconda 3을 검색하시고 나오는 individual Edition을 클릭해주세요.

anaconda 3 다운로드: 해당 사이트에 접속 후, Products 〉 Individual Edition을 클릭해주신 뒤, Download를 클릭해주세요.

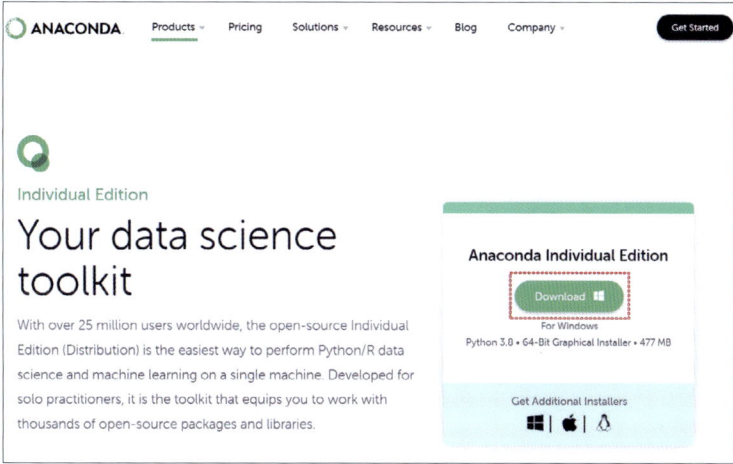

그럼 본인의 컴퓨터에 맞는 버전을 다운로드 받아주시길 바랍니다.(여기서 잠깐 - 본인 컴퓨터가 32 BIT 인지 64 BIT인지 아는 방법은 탐색기의 내 컴퓨터 오른쪽 클릭 〉 속성 버튼을 누르면 알 수 있습니다.)

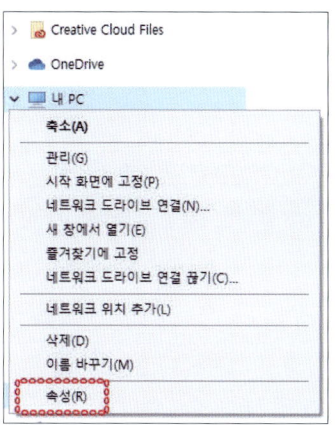

이렇게 속성을 클릭하고 나면,

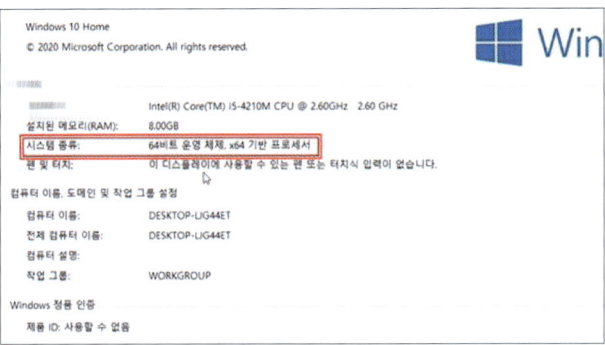

이처럼 "시스템 종류" 항목을 보면, "64bit 운영 체제"라는 것을 알 수 있습니다. 이렇게 내려받은 anaconda 프로그램을 실행하고 설치를 진행해줍니다.

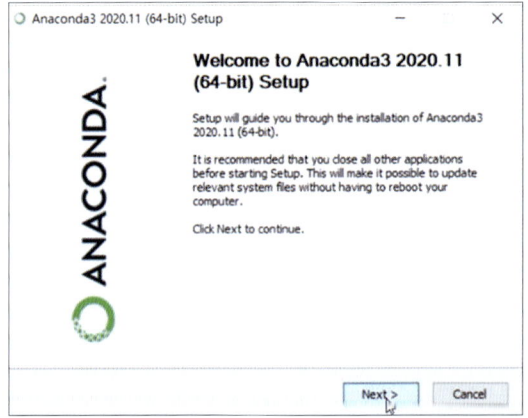

진행 시 계속 다음을 눌러주면 되는데, 아랫부분 "Add Anaconda 3 to my PATH environment variable"은 꼭 체크를 해주시길 바랍니다.

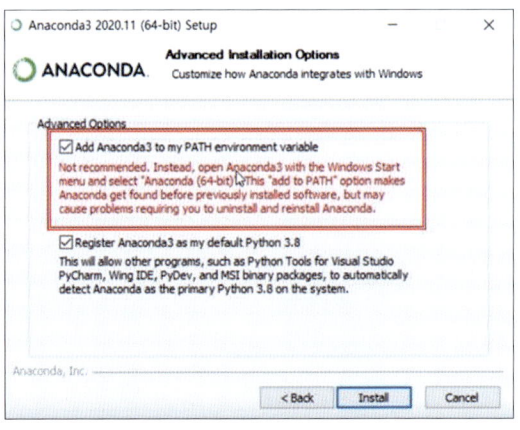

이후 계속 다음, install을 누르게 되면 설치가 완료됩니다.

■ 2) 기본 웹 브라우저 설정

기본 웹 브라우저 설정은, 우리가 anaconda를 설치하면서 같이 설치된 쥬피터노트북(jupyter notebook)을 활용할 때, Chrome 브라우저로 자동 실행시키기 위한 작업입니다.

윈도우 검색 창에 "기본 웹"이라고 검색 후 '기본 웹 브라우저 선택' 버튼을 클릭

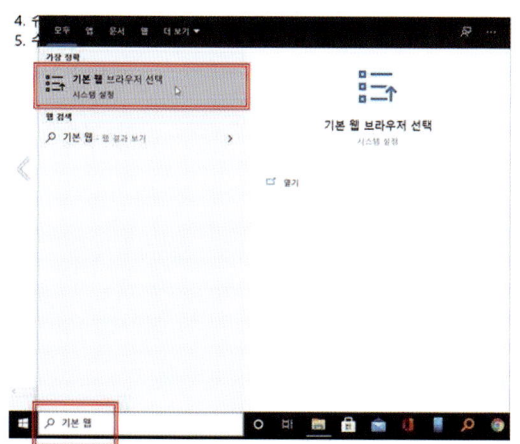 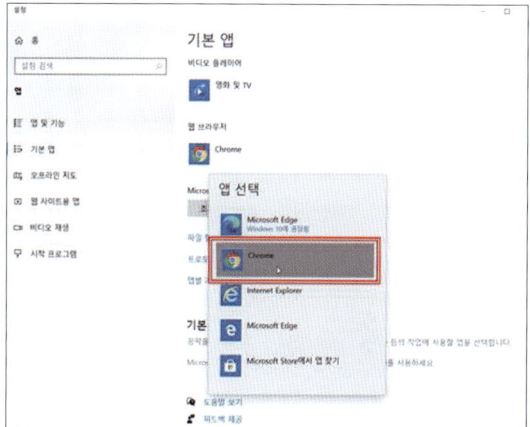

클릭하면, 기본 앱의 웹 브라우저에 현재 기본으로 선택된 브라우저가 보입니다. 우리는 크롬 환경에서 활용할 예정이기에 Chrome을 클릭하고 창을 닫아주면 됩니다.
이렇게 기본 웹 브라우저를 Chrome으로 설정 완료하였습니다.

■ 3) 크롬 웹 드라이버 설치

이번에는 크롬 웹 드라이버를 설치해 보겠습니다. 크롬 웹 드라이버란, 파이썬을 통해서 웹(인터넷)을 제어할 때 사용하는 소프트웨어입니다. 이 소프트웨어를 통해서 우리는 인터넷을 자유롭게 제어하게 될 것입니다.

먼저 우리가 사용하고 있는 Chrome 브라우저를 켜주신 후, 오른쪽 위의 설정 창을 클릭합니다.

이 설정을 클릭한 후 도움말 〉 Chrome 정보를 클릭해줍니다.

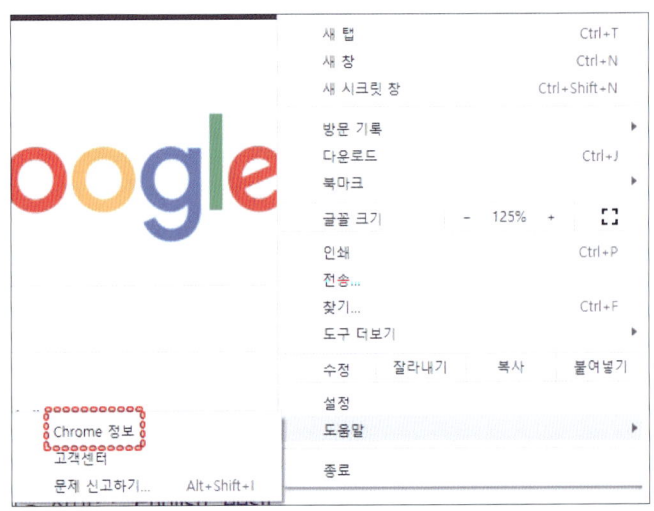

클릭하면, 크롬의 버전을 확인할 수 있습니다. 이 버전을 기억해두세요

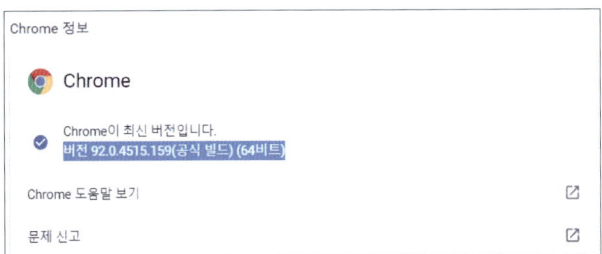

그 다음입니다. google.com에서 "Chrome web driver"를 검색하고 첫 번째 나오는 검색결과를 클릭해주세요.

이 링크를 클릭하면, 우리의 크롬 웹 브라우저의 버전에 맞는 Chromedriver 버전을 내려받아 주시길 바랍니다. 여기서 내려받은 파일은 본인이 잘 알 수 있는 곳에 다운 받아주세요. (추후 우리가 작성한 코드가 있는 폴더에 이 파일을 자유자재로 활용할 수 있도록 하겠습니다.)
(반드시 앞에서 확인한 버전과 동일하게 선택해 주시길 바랍니다.)

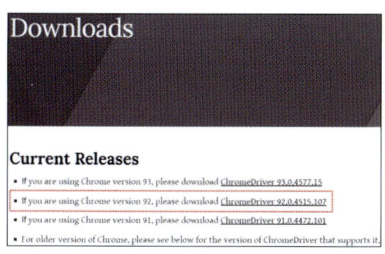 

이렇게 내려받는 파일을 압축을 풀어서 바탕화면에 bhyunco_class라는 폴더를 하나 만들고 압축을 풀어줍니다. 그리고 그 폴더 안에 아래의 QR 코드를 통해서 다운받을 수 있는 파일을 다운받아 두시길 바랍니다.(강의자료 링크 http://bit.ly/3yY2CUC)

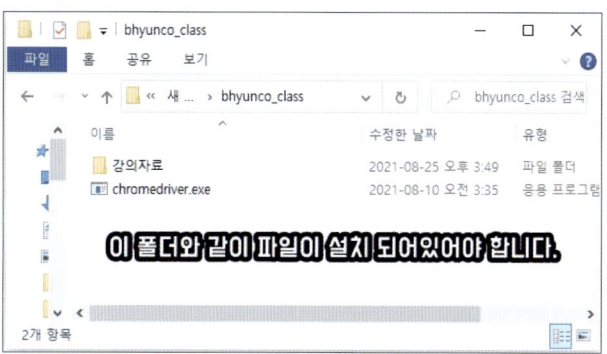

자 이제, 거의 다 완료되었습니다. 모든 설치가 완료되었다면, 다음으로 넘어가 보겠습니다.

■ 4) 쥬피터노트북(jupyter notebook) 실행 및 기본 폴더 설정

이제 쥬피터노트북(jupyter notebook)을 실행하고, 기본 폴더 설정을 해보도록 하겠습니다.

먼저 윈도우 검색창에, 쥬피터노트북(jupyter notebook)을 쳐보면 새로운 프로그램이 설치되어 있는 것을 알 수 있습니다. 실행시켜보겠습니다.

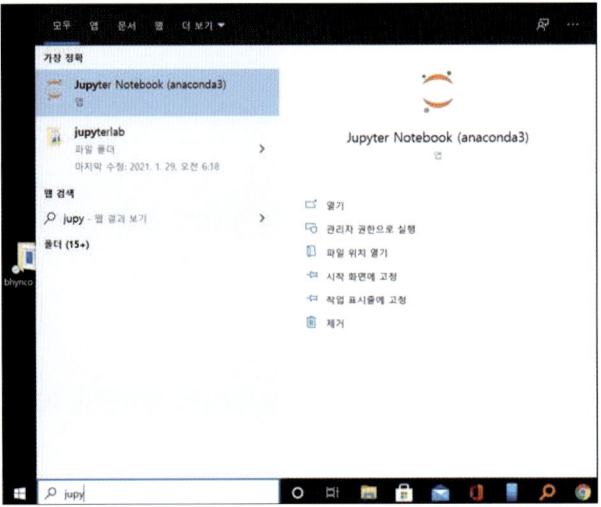

실행시켜보면 기본 폴더로 지정되어 있는 것이 바탕화면이 아니라는 것을 알 수 있습니다.(바탕화면이 아닌 anaconda 3가 적혀 있는 기본 폴더로 이동하게 됩니다.)

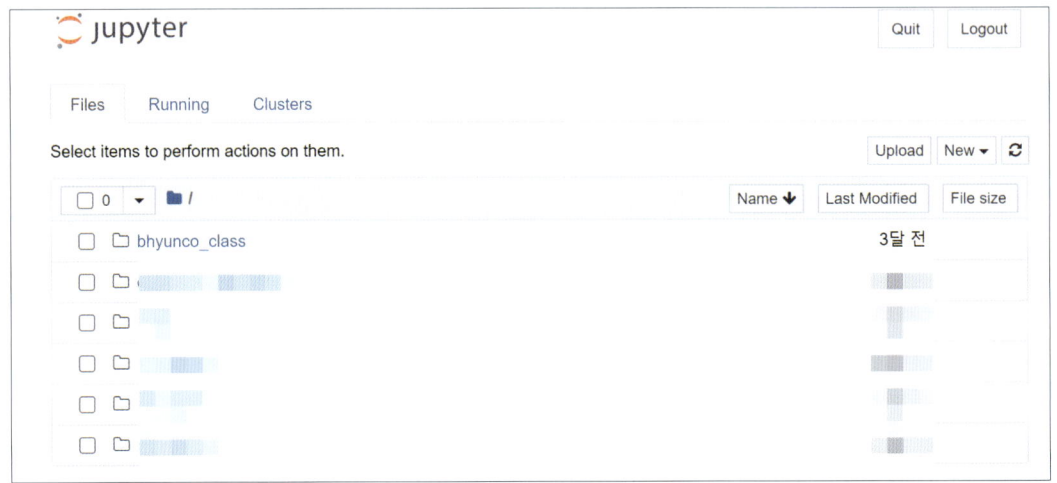

우리는 바탕화면에 bhyunco_class 라는 폴더를 만들었기 때문에 쥬피터노트북(jupyter notebook)을 켰을 때, 바탕화면이 보이도록 기본 폴더 설정을 진행해보겠습니다.

먼저 바탕화면의 폴더 주소를 복사해 옵니다. 탐색기를 열고, 바탕화면을 클릭하면 아래와 같이 폴더의 주소를 알 수 있습니다. 주소 복사를 클릭해주세요.

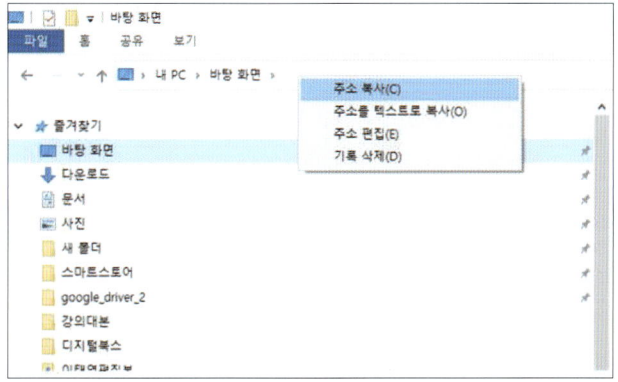

복사한 주소를 다시 붙여보면 아래와 같이 바탕화면의 폴더 주소가 나오게 됩니다. 이 주소를 복사해 주세요.

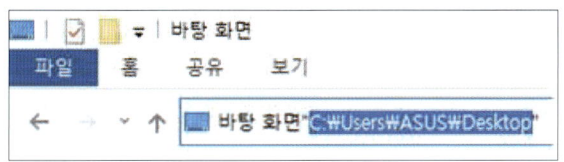

그 다음, 윈도우 키를 누르고 쥬피터노트북(jupyter notebook)을 검색한 후 〉 오른쪽 마우스 클릭을 통해 파일위치열기를 눌러주세요.

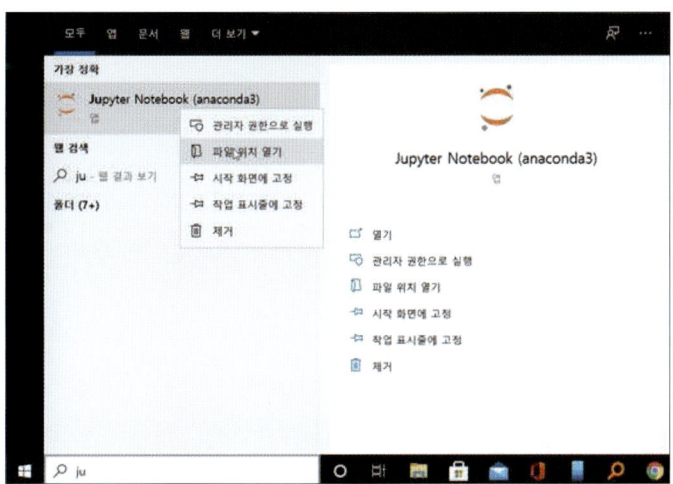

그림 폴더가 하나 열리는데, 여기서 쥬피터노트북(jupyter notebook)에 오른쪽 클릭 후 속성을 클릭한 다음, 대상(T) 안에 있는 텍스트중에 %USERPROFILE%/을, 아까 복사한 바탕화면 폴더 주소로 치환해 줍니다.

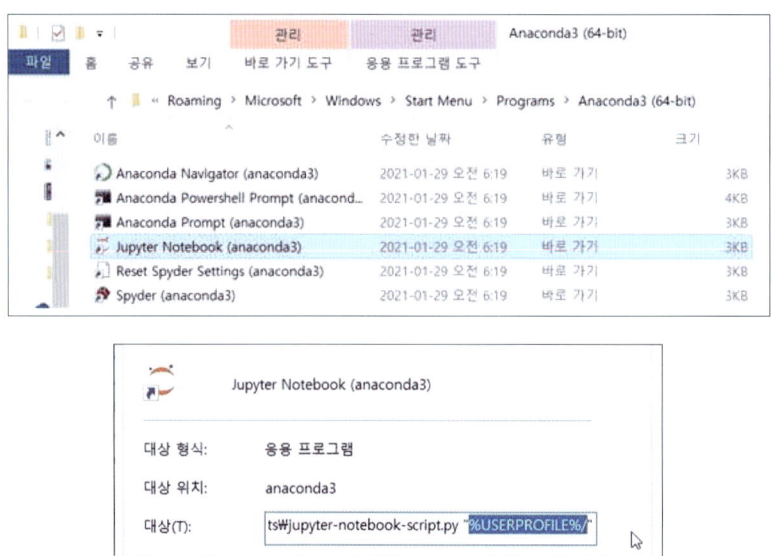

그런 다음, 다시 쥬피터노트북(jupyter notebook)을 껐다가 켜주게 되면, 우리가 원하는 폴더가 기본 폴더로 지정된 것을 알 수 있습니다.

Mac 환경설정   Unit. 02

자, 이번에는 Mac을 사용하시는 분들을 위한 환경설정을 진행해보겠습니다.

■ 크롬 브라우저 설정

먼저, 크롬 브라우저를 설치하도록 하겠습니다. 크롬이 설치되어 있는 분들은 기본 브라우저 설정부터 진행하시면 됩니다.

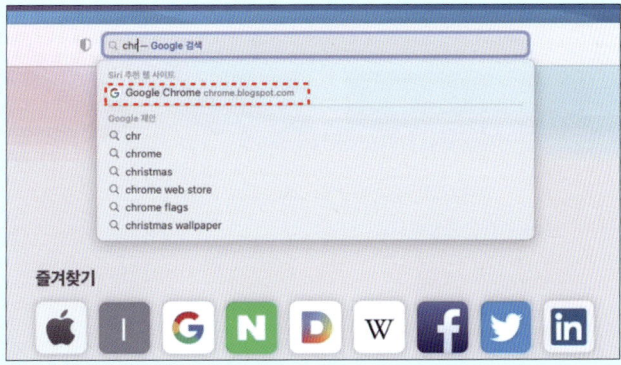

먼저, 인터넷을 열고 구글 검색에 Chrome이라고 치면, 사진과 같이 크롬을 내려받을 수 있는 사이트가 열립니다.

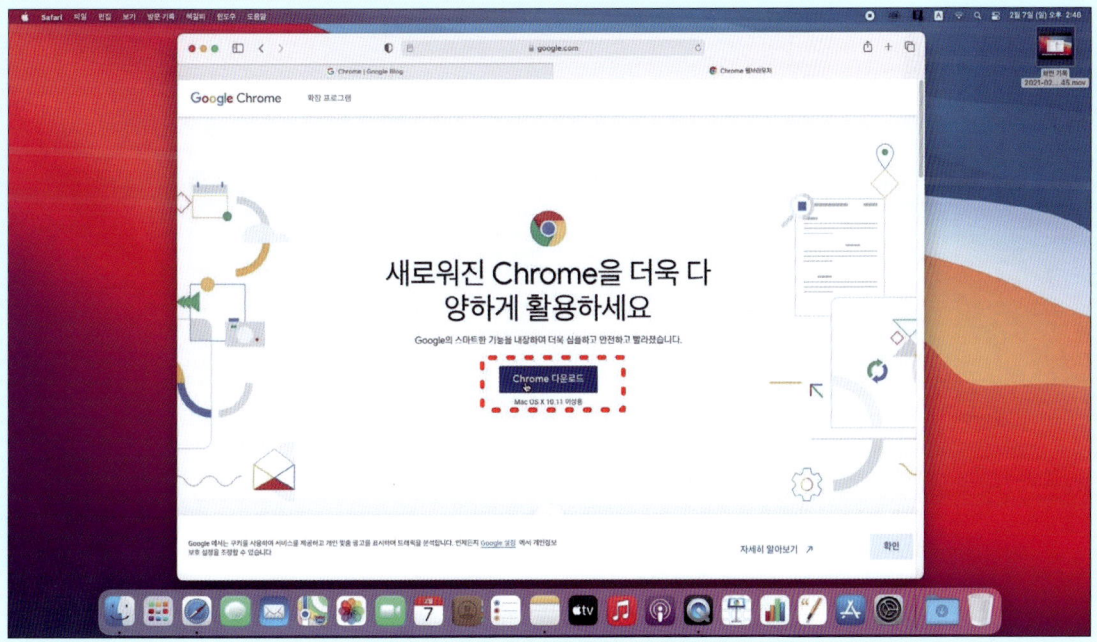

그럼 크롬 브라우저를 설치해주시길 바랍니다. Mac 사용자 대부분은, Apple 칩이 사용된 Mac을 사용하고 계실 것 같습니다. 본인 컴퓨터에 맞는 버전을 설치해주시면 됩니다.

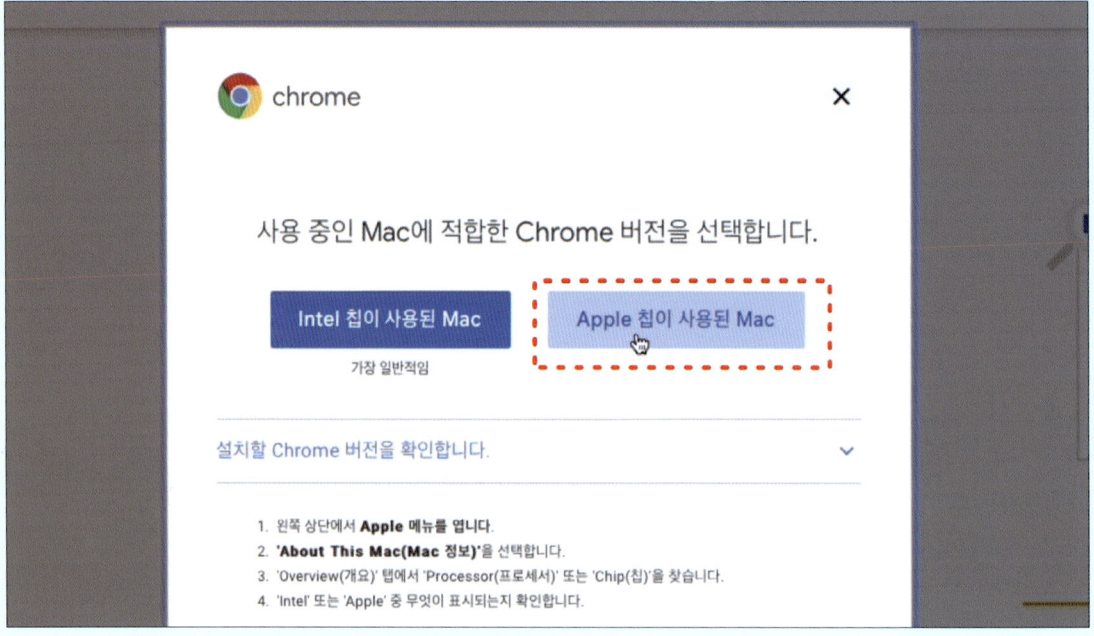

이제 설치가 완료되면 바탕화면에 "bhyunco_class"라는 폴더를 만들어줍니다.

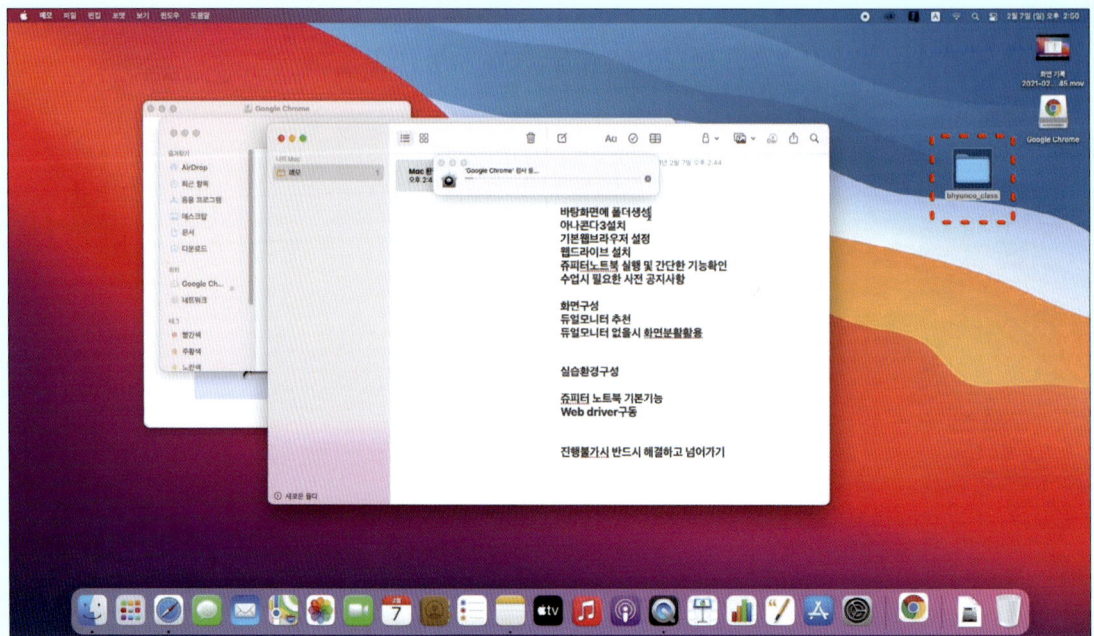

이제, 만들어진 폴더 안에 "강의자료"라는 폴더를 만들고, 그 안에 강의자료를 내려받고, 압축을 풀어주세요. (강의자료 링크 - https://bit.ly/3yY2CUC)

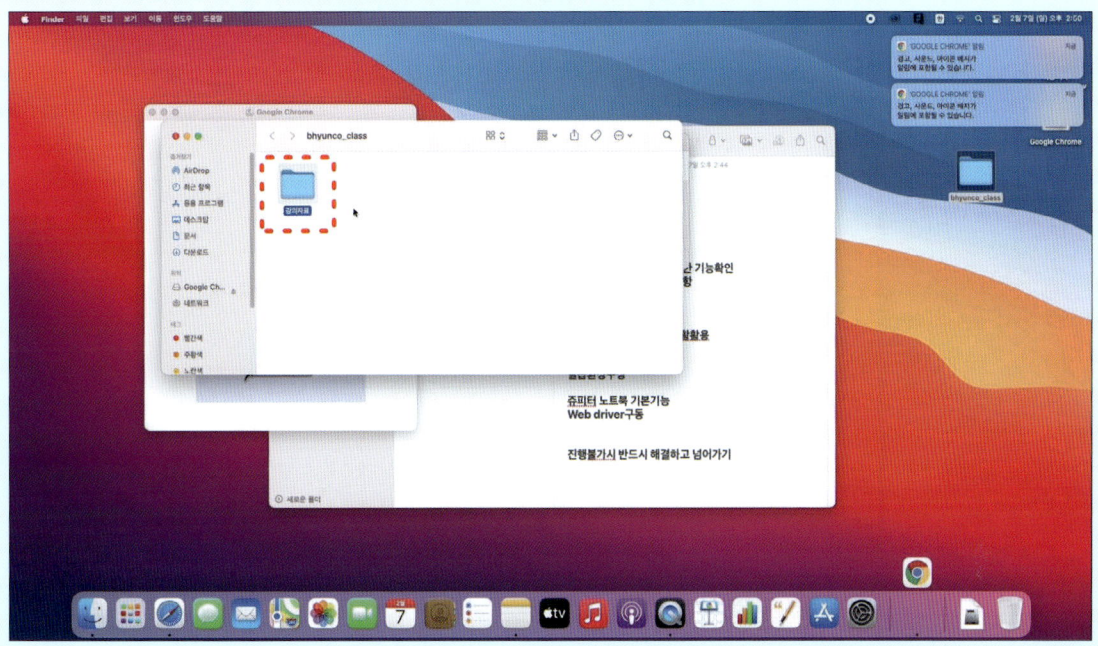

■ 기본 브라우저 설정

이제 기본 브라우저 설정을 진행하겠습니다. 기본 브라우저를 설정하는 이유는, 추후 우리가 활용하게 될 쥬피터노트북(jupyter notebook) 소프트웨어를 구동하게 되면 인터넷 창에서 실행되는데 자동으로 그 인터넷 창을 크롬 브라우저로 설정하기 위함입니다. 크롬으로 설정하는 가장 이유는 개발자 도구를 이용하기가 매우 간편하기 때문이고, 호환성 또한 좋습니다.

먼저, 시스템 환경설정을 들어가 주세요.

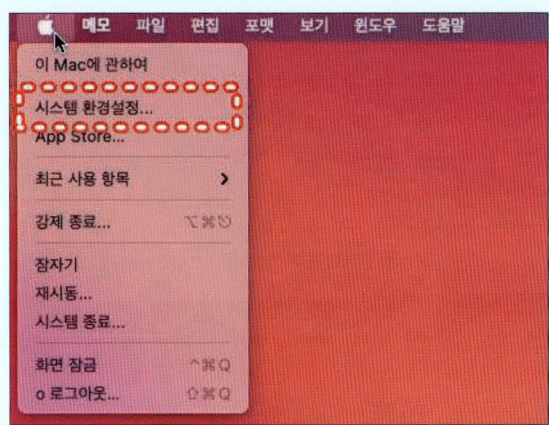

시스템 환경설정 창에서 "일반"이라고 검색해주세요.

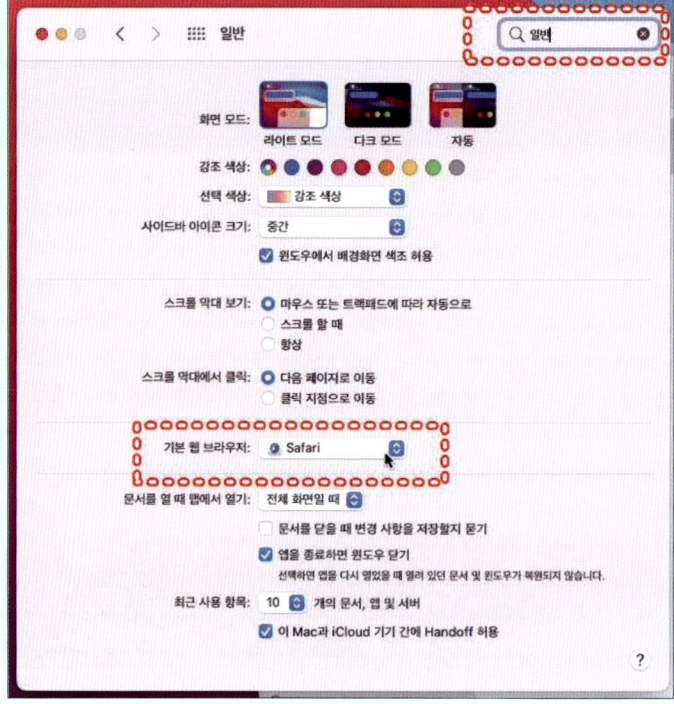

그럼 기본 웹 브라우저를 Google Chrome으로 변경해 주시면 됩니다.

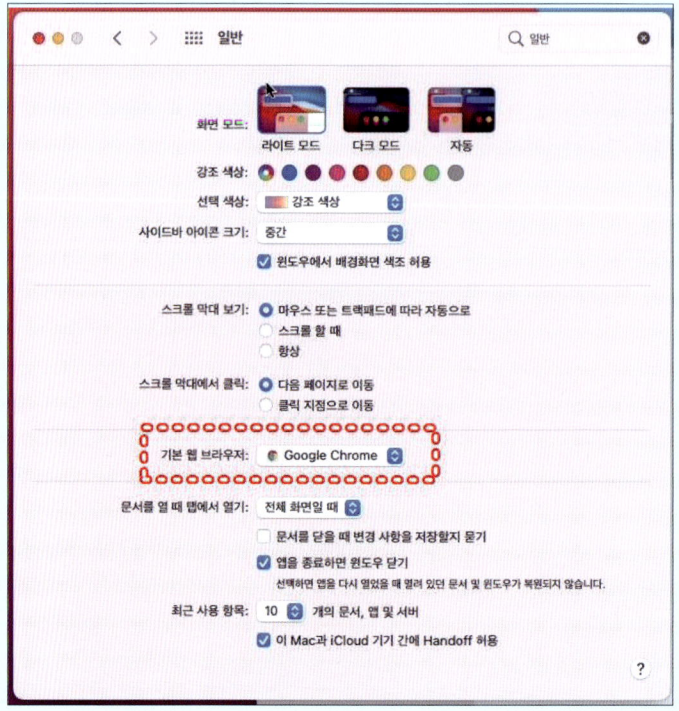

■ 아나콘다(anaconda) 설치

그럼 먼저 아나콘다(anaconda)부터 설치를 진행해보겠습니다.

> **여기서 잠깐** anaconda란 무엇일까요?
>
>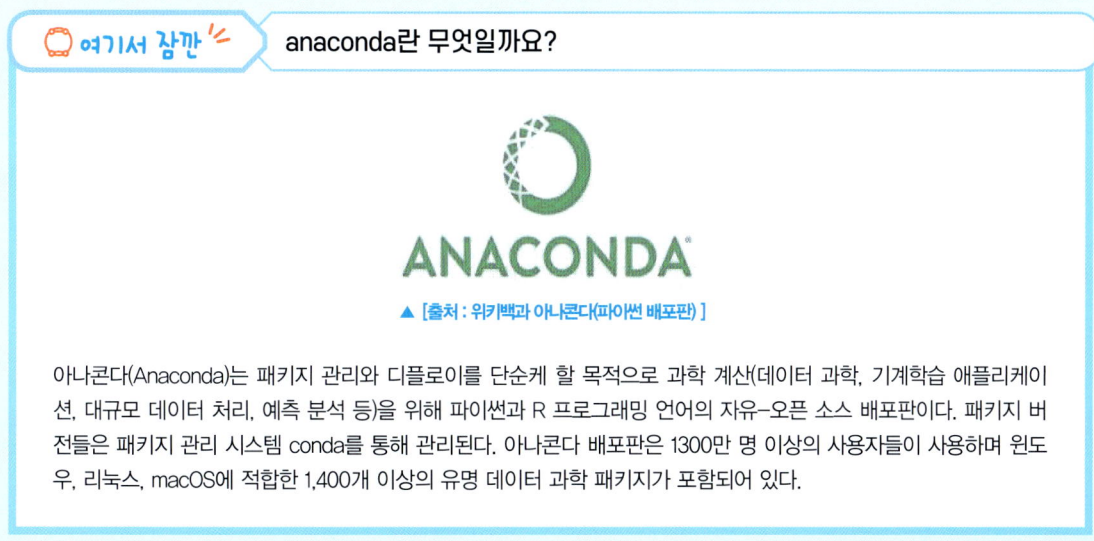
> ▲ [출처 : 위키백과 아나콘다(파이썬 배포판)]
>
> 아나콘다(Anaconda)는 패키지 관리와 디플로이를 단순케 할 목적으로 과학 계산(데이터 과학, 기계학습 애플리케이션, 대규모 데이터 처리, 예측 분석 등)을 위해 파이썬과 R 프로그래밍 언어의 자유-오픈 소스 배포판이다. 패키지 버전들은 패키지 관리 시스템 conda를 통해 관리된다. 아나콘다 배포판은 1300만 명 이상의 사용자들이 사용하며 윈도우, 리눅스, macOS에 적합한 1,400개 이상의 유명 데이터 과학 패키지가 포함되어 있다.

구글 검색에서 anaconda 3을 검색합니다.

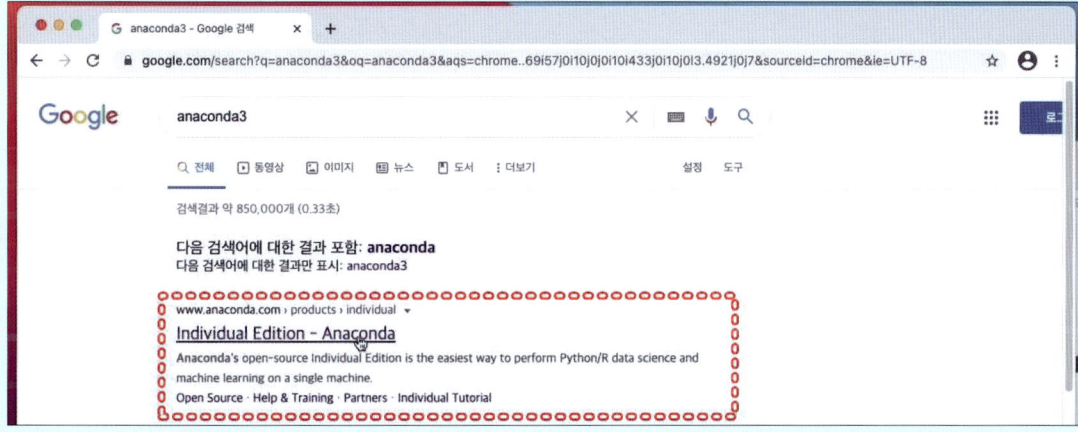

나오는 첫 번째 Individual Edition을 클릭해줍니다.

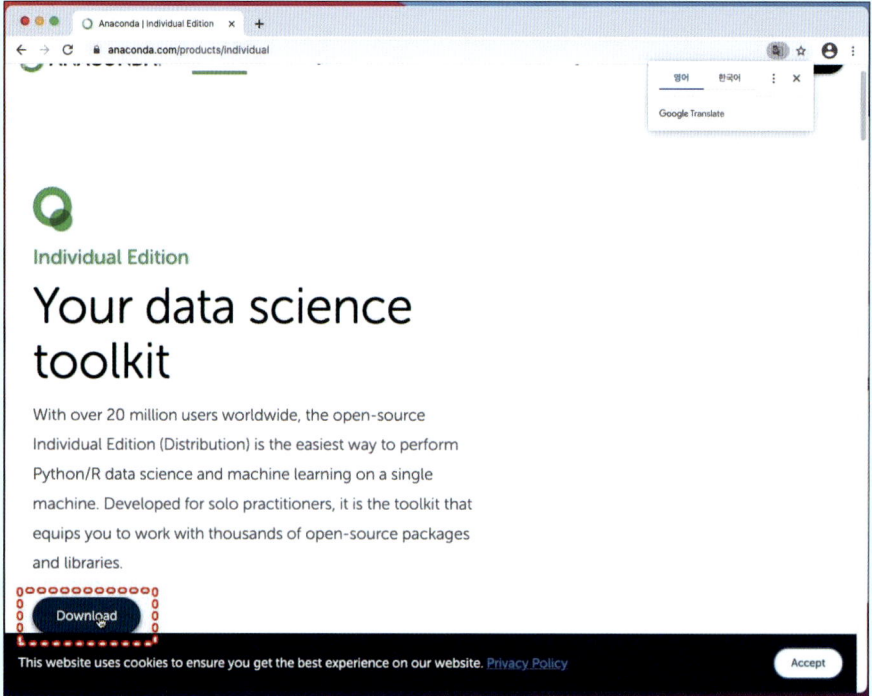

클릭 후 'Download'를 클릭하면 버전을 확인하라고 되어 있습니다.

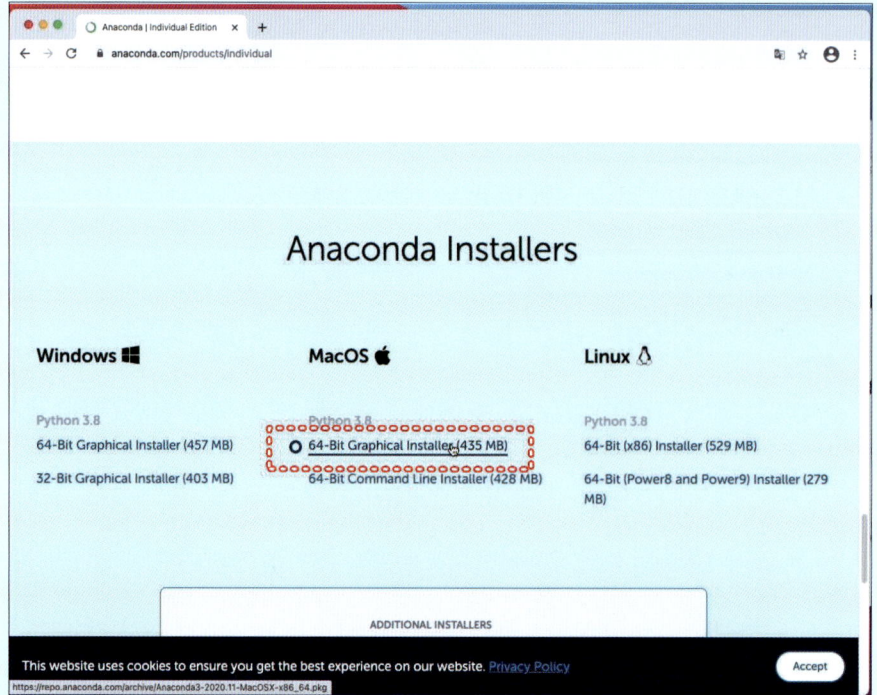

일반적인 Mac 이용자라면, "64-Bit Graphical Installer" 버전을 설치해주면 됩니다. 다운을 모두 받고 인스톨 프로그램을 실행하면 설치를 진행하시면 됩니다. 설치 때 따로 신경 써야 할 것들은 없고 다음, 계속, 다음을 눌러주면 설치가 완료됩니다.

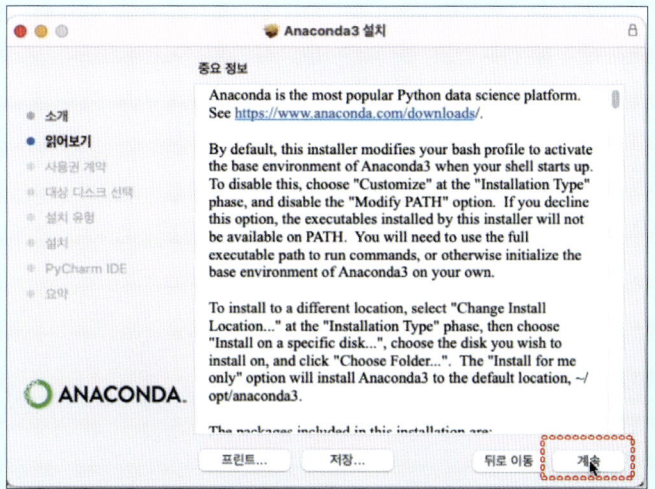

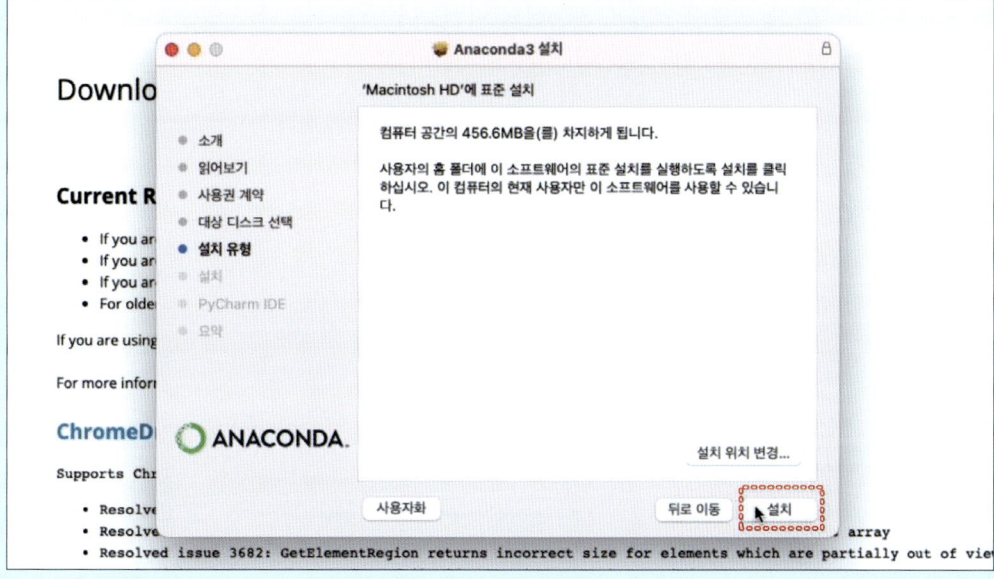

■ Chromedriver 설치

Chromedriver를 설치하겠습니다. Chromedriver는 파이썬에서 인터넷을 자유롭게 다루는 데 필요한 소프트웨어라고 생각하시면 됩니다.

먼저 구글에서 chromedriver를 검색하고, 처음 나오는 사이트를 클릭합니다.

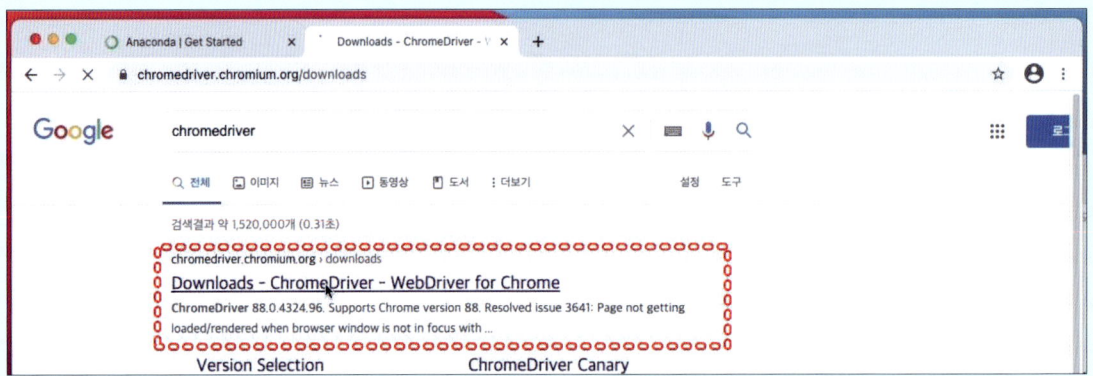

클릭하고 들어오면 최근에 배포된 크롬 드라이버의 버전들이 다양하게 나와 있습니다. 여기서 말하는 버전은, 우리 컴퓨터에 설치되어 있는 크롬 버전을 의미합니다.

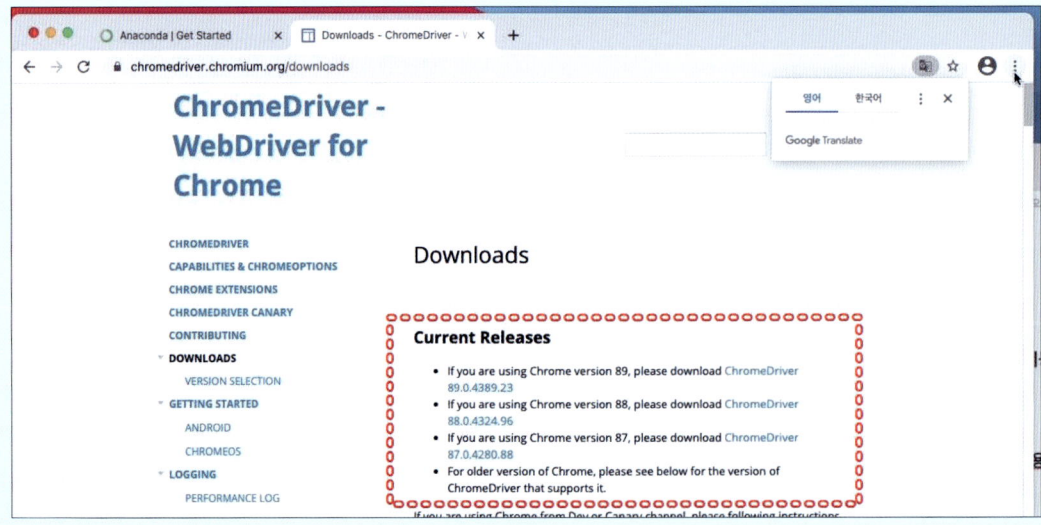

본인의 크롬 버전을 알고 싶으면, 크롬 설정 창을 클릭하고, 도움말을 클릭하면 "Chrome 정보"라는 탭이 뜨게 됩니다. 이를 클릭하면 현재 설치되어 있는 크롬 브라우저의 버전을 알 수 있습니다.

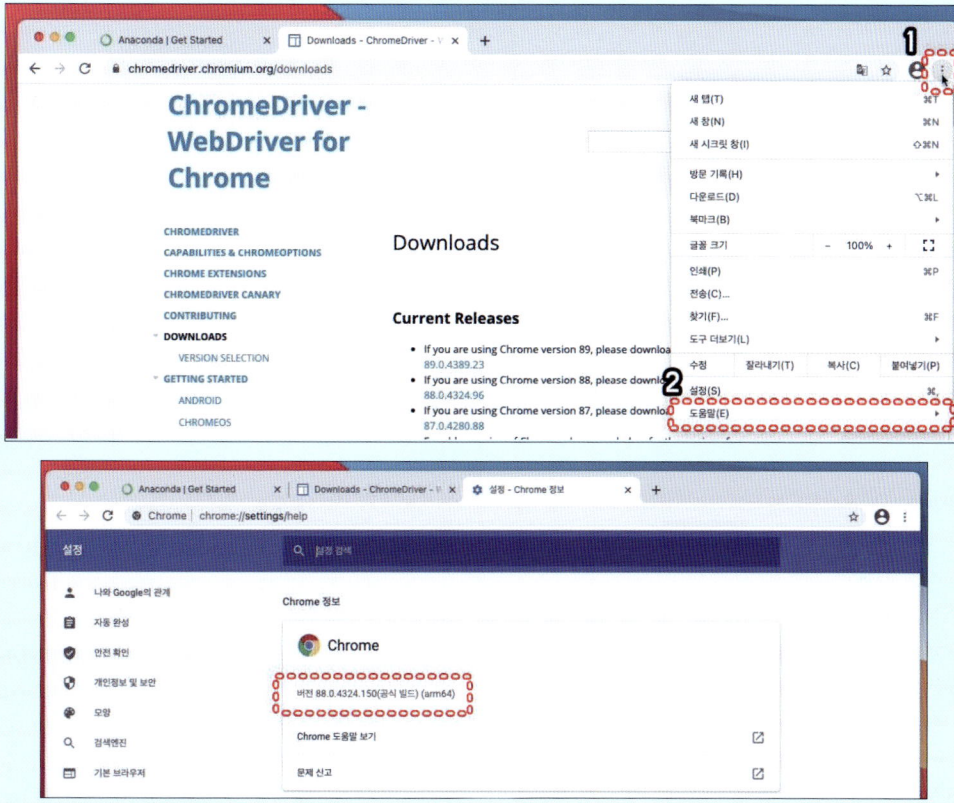

버전에 맞게 클릭하면, 아래와 같은 다운로드 가능한 파일이 나오게 되는데, 해당 파일을 클릭해줍니다.

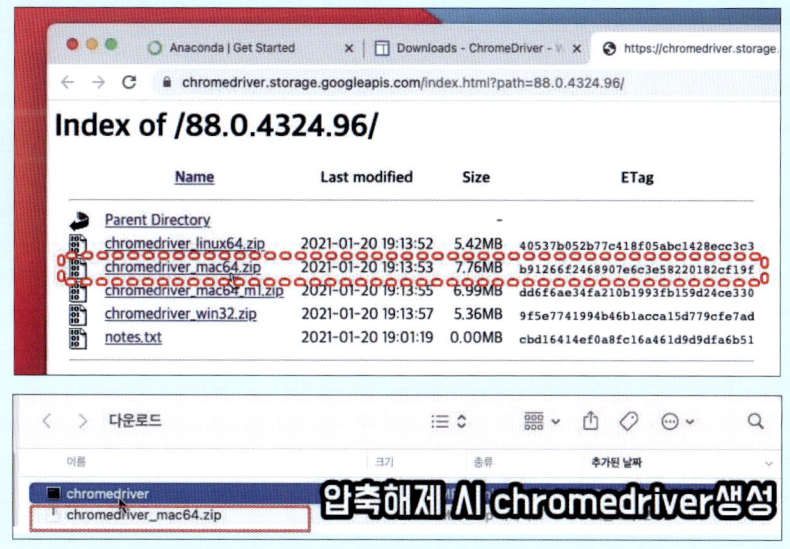

설치된 파일은, 압축을 해제합니다. 해제 시 나오게 되는 파일이 바로 크롬 드라이버입니다. 이 크롬 드라이버를 아까 만들어 놓은 'bhyunco_class' 폴더에 넣어줍니다.

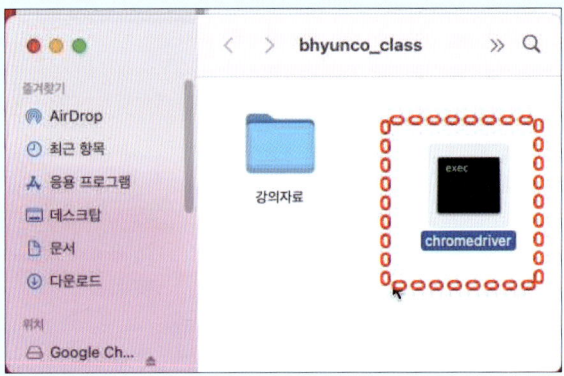

■ 쥬피터노트북(jupyter notebook) 실행

이제, anaconda가 설치 완료되면 아래의 그림처럼 "Anaconda Navigator" 로고가 뜨게 됩니다. 이것을 클릭합니다.

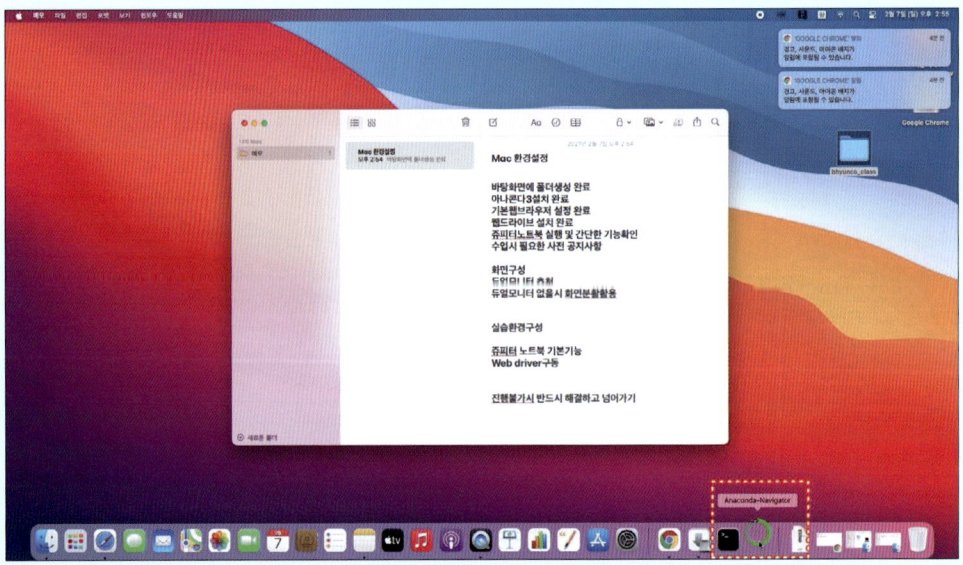

이제 쥬피터노트북(jupyter notebook) 밑에 있는 launch 버튼을 클릭해주면, 왼쪽 같이 CMD창이 뜨게 되고 이내 쥬피터노트북(jupyter notebook)이 실행됩니다.

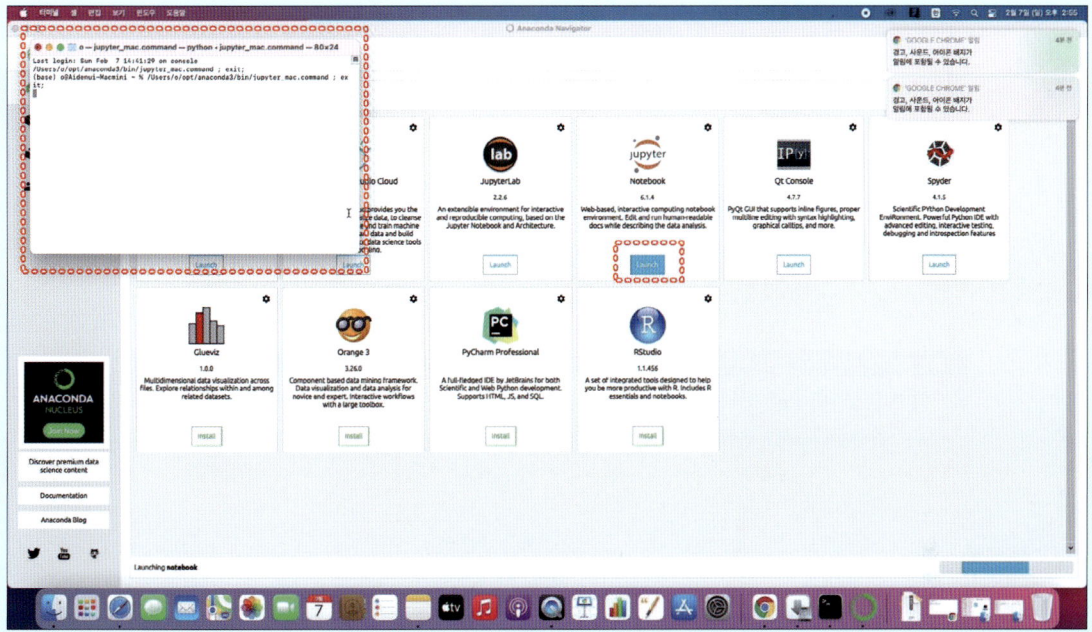

그런데 문제가 있습니다. 실행된 창을 확인해보면 우리가 만들어 놓은 바탕화면의 'bhyunco_class'가 보이지를 않습니다. 그래서 이제 쥬피터노트북(jupyter notebook)의 기본 경로로 실행하는 방법을 안내해 드리겠습니다.

먼저 바탕화면의 'bhyunco_class'를 오른쪽 클릭하고, '폴더에서 새로운 터미널 열기'를 클릭합니다.

CHAPTER 02 _ 파이썬 코딩을 하기 위한 최소한의 기초지식 • 55

그럼 이처럼 명령어를 입력할 수 있는 cmd창이 나오게 되는데, 여기에 "쥬피터노트북(jupyter notebook)"이라고 입력한 뒤 Enter↵를 눌러줍니다.

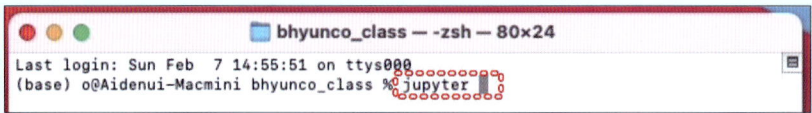

그럼 아래와 같이 우리가 만들어 놓은 폴더가 기본으로 되어 있는 쥬피터노트북(jupyter notebook)이 실행됩니다. 강의자료, chromedriver 잘 설치되어 있나요? 잘 설치되어 있다면 다음으로 넘어가겠습니다.

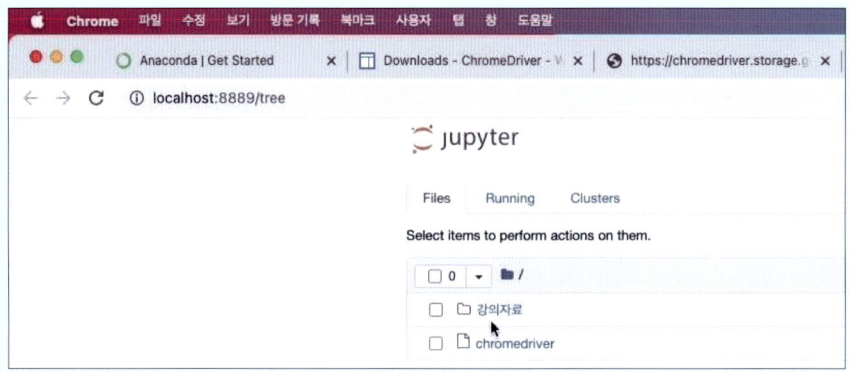

실습에 앞서 알아야 할 것들   Unit. 03

이번에는 실습을 본격적으로 시작하기에 앞서 컴퓨터환경과 별개로, 알아야 하고 준비해야 할 것들에 대해서 알아보겠습니다.

• 강의자료 다운로드

이미 앞에서 내려받아 놓으셨겠지만, 다시 한번 안내해드립니다. 강의자료를 내려받아서 바탕화면의 'bhyunco_class' 폴더 안에 설치하고 압축을 해제하시길 바랍니다.(링크 - https://bit.ly/3yY2CUC)

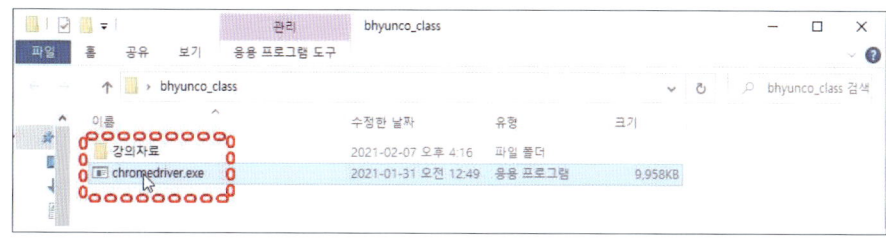

이제, 이 책을 읽고 앞으로 나아갈 때 여러분들께서 학습해나갈 때 만나게 되는 몇 가지 '작은 문제'에 대해서 이야기해보겠습니다. 이런 '작은 문제'들이 발생하는 이유는 필자가 생각하는 코딩의 가장 큰 목적은 **"공부가 아닌 활용에 초점"**을 두었기 때문입니다.

파이썬의 기본 문법을 공부하는 데 오랜 시간을 사용하고 그 다음부터 우리의 현업에 적용하는 방식을 택한다면 이런 '작은 문제'들을 하나하나 알려드리며 책을 써 내려가야겠죠. 하지만, IT 비전공자의 관점에서 혹은 코딩을 전혀 모르는 처지에서는 하나하나 기본부터 쌓아가면서 공부해나가기에는 우리의 삶은 너무나 바쁩니다. 그러므로 빠르게 기본만 공부하고 넘어가야 합니다. 그 과정에서 우리가 막힐 수 있는 부분이 발생하게 되는데 필자는 이를 빠르게 가는 데 필요로 하는 '작은 문제'라고 명명하겠습니다.

■ 작은 문제 1. 모르는 코드를 너무 빠르게 설명하고 넘어간다.

기본 문법을 배운 뒤, 바로 현업/부업 적용 실습을 시작할 예정입니다. 그런데 이때 우리가 기본 문법에서 배우지 않은 코드가 나올 때가 있습니다. 필자가 어느 정도 설명하면서 넘어가겠지만, 그런 코드에 대해서 깊게 설명하지는 않을 것입니다. 왜일까요? 결론부터 말씀드리면 시간이 지나면서 코드를 계속 사용하다 보면 자연스럽게 이해가 되는 것들이 생깁니다. 마치 회사에서 부장님이 재미없는 농담을 해도 웃어야 하는 것을 알게 되는 우리의 경험과도 같다고 할까요? 조금 이해가 안 되는 부분이 있다면 책을 잠시 멈추고 관련된 내용에 대해서 검색을 해보는 것도 추천해 드립니다. 다만, 공부에 너무 매몰되지 말고 기능을 구현하는 데에만 집중해 보도록 하겠습니다.

■ 작은 문제 2. 코드가 어려워 보인다고 모두 하나하나 다 이해하려고 하지 마라.

실습하다 보면 머리와 눈으로는 이해되는데, 막상 본인이 모든 코드를 다 쓰려고 하려면 막막해질 때가 있을 것입니다. 그때 학구열에 불타는 어떤 분은 이럴 수도 있습니다. "내가 이 코드를 단련될 때까지 계속 연습해서 만들 수 있을 때까지 써볼 거야" 그런데 말입니다. 그런 게 하나둘 생기다 보면 코드 공부하는 속도가 점점 줄어들 수 있습니다. 적당히 이해하고, 활용하는 것이 중요하다는 말씀입니다. 우리가 엑셀의 구동원리를 모르더라도 엑셀을 활용하는 것처럼요.

■ 작은 문제 3. 오류를 대하는 우리들의 자세 (feat. 오류를 두려워하지 말라)

코드를 치다 보면 정말 다양한 이유로 오류가 발생합니다. 아래와 같이 말이죠.

이때 처음 보는 오류를 보면 심리적으로 매우 자신감이 떨어지고 어찌할 바를 모르는 마음이 생기곤 합니다. 그때 과감히 그런 마음을 떨쳐 내야 합니다. 프로그래밍에서 오류는 컴퓨터가 우리에게 프로그램을 잘 못 짰다고 나무라거나 경고하는 것이 아닌, 우리가 프로그램을 잘 구동시킬 수 있도록 안내해주는 선생님의 역할을 합니다. 예를 들어보겠습니다.

위에 2가지 오류 중에서 밑에 오류를 살펴보겠습니다.

> "TypeError: unsupported operand type(s) for +: 'int' and 'str'

이 오류를 우리가 바로 알아채기는 어렵습니다. 그럼 어떻게 해야 할까요?
세상에는 많은 개발자가 있습니다. 그리고 개발자가 아니더라도 프로그램을 이용해서 많은 일을 하는 사람들이 있습니다. 우리나라뿐만 아니라 전 세계에 말이죠. 그래서 해당 오류를 경험한 사람들이 있을 가능성이 매우 큽니다. 내가 겪은 오류가 아무리 검색해도 나오지 않는다면 본인의 수준이 많이 올라갔다는 것의 방증이기도 합니다. 자 그럼, 위에 나온 에러를 한번 검색해보겠습니다.

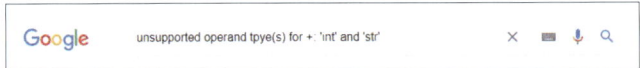

자 이렇게 검색을 하면 몇 가지 검색결과가 뜨게 되는데, 저도 찾다 보니 아래와 같은 질문과 답변의 게시글을 보게 되었습니다.

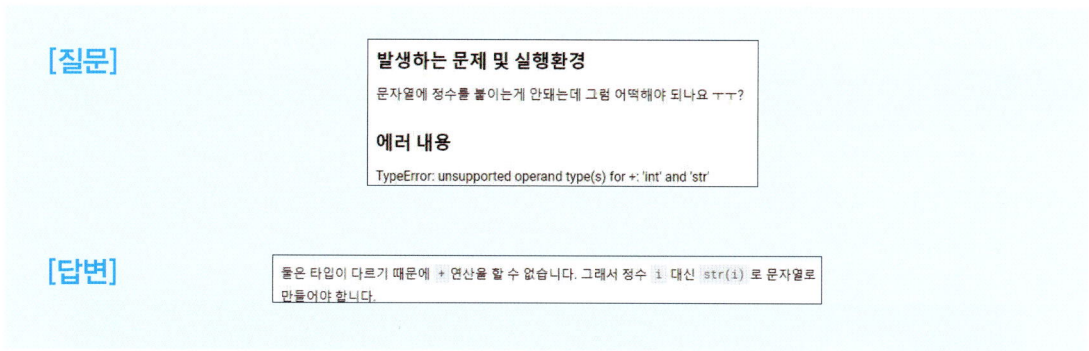

이처럼, 우리가 만나는 많은 오류는 검색을 통해서 해결할 수 있습니다. 이런 오류들을 해결해나가면서 실력도 같이 성장시켜 나갈 수 있는 것입니다. 이제, 오류를 만나게 되면 어떤 마음을 먹어야 하는지 이해하셨나요? 다음 작은 문제를 보러 가보겠습니다.

■ 작은 문제 4. html 구조 알기

우리는 파이썬을 이제 시작하려 합니다. 그런데, 그 시작을 하기도 전에 html이라는 새로운 코딩 언어를 이야기하려 합니다. 조금 당황스러우신가요? 배울 것이 많아 보이는데, 갑자기 다른 프로그래밍 언어를 이야기 하자고 하니 그런 마음이 드시는 것도 당연할 것 같습니다.

하지만 이 내용을 꼭 다뤄야 하는 이유가 있습니다. 그 이유는 우리가 파이썬을 사용해서 확장성이 높은 프로그램으로 발전시키기 위해서는 인터넷을 컨트롤 할 줄 알아야 하기 때문입니다. 인터넷에 있는 정보는 HTML이라는 프로그래밍 언어로 구성되어 있고, 그것에 대한 우리가 약간의 이해만 할 수 있다면, 원하는 자료를 쉽게 가져올 수 있습니다.

인터넷에 대해서 간단히 알아볼까요?

우리가 보는 인터넷은 간단하게 설명하면, 2가지로 구성이 되어 있습니다.
첫 번째는 "우리가 보는 화면"
두 번째는 "우리가 보는 화면을 만들어주는 서버"

보통 우리가 인터넷에서 원하는 데이터를 가져오려면 첫 번째 "우리가 보는 화면"에 해당 데이터들을 가져와야 할 것입니다. 그리고, "우리가 보는 화면"은 html이라는 언어로 구성되어 있습니다.
때문에 다른 언어도 알면 좋겠지만, html 언어의 구성만 조금 알고 있어도 우리가 가져오려는 정보를 좀 더 손쉽게 가져올 수 있습니다. 그래서 html에 대해서 간단히 알아보겠습니다.

html이란?

하이퍼텍스트 마크업 언어(HyperText Markup Language)는 웹 페이지를 위한 지배적인 마크업 언어다. 또한, HTML은 제목, 단락, 목록 등과 같은 본문을 위한 구조적 의미를 나타내는 것뿐만 아니라 링크, 인용과 그 밖의 항목으로 구조적 문서를 만들 수 있는 방법을 제공한다. [출처 :위키백과–https://ko.wikipedia.org/wiki/HTML]

여기 하나의 인터넷 사이트가 있습니다. 링크를 적고 들어와 보시면 아래와 같은 화면을 볼 수 있습니다.
https://codepen.io/bhyunco/pen/VwpXYvP

이렇게 HTML 코드를 적어두면, 아래의 화면처럼 인터넷을 보는 것처럼 화면을 볼 수 있습니다. 우리가 여기서 알아야 할 것은 딱 2가지입니다.

첫째는 요소 안에 요소가 있다.

둘째는 그들 간의 계층이 나누어져 있다.

입니다. 한번 분석해보겠습니다. HTML 코드를 써보면 아래와 같습니다.

```html
<!DOCTYPE html>
<html>
<head>
    <meta charset="UTF-8">
    <title>비현코의 실용주의파이썬</title>
</head>

<body>
    <div>
        <h1>반갑습니다.</h1>
        <h2>저의 이름은 비현코입니다.</h2>
        <div>
            <li>비전공자에게도 프로그래밍이.</li>
            <li>빛이 되는 그날까지 함께하겠습니다.</li>
        </div>
    </div>

</body>
</html>
```

이 코드를 이해할 필요는 없습니다. 이 코드의 구조를 우리의 혈연관계로 한번 설명해보겠습니다. 먼저 글로 적어보고 아래의 그림을 보며, 가정환경을 한번 분석해보겠습니다.

[1대 –증조할아버지]
html, head, body 형제 사이

[2대 – 할아버지]
meta,title 은 head집안의 형제
div는 body집안의 외동아들

[3대 – 아버지]
h1,h2,div 는 div의 아들

[4대 – 아들]
li,li 는 div의 아들

조금 이해되시나요? 우리가 알아야 할 것은 html 코드에는 이런 계층적인 구조가 존재한다는 것입니다. 향후 실습을 하고 해당 내용을 좀 더 잘 이해하기 위해서는 이 부분만 인지하고 있으면 됩니다.
단순 이론만 알아보는 것이 아닌, 실제 우리가 사용하는 인터넷에서 이 구조가 어떻게 되어 있는지 한번 확인해보겠습니다.

먼저 구글 검색에서 '비현코'라고 검색해주세요

그럼 여러 검색 결과가 나오게 됩니다. 여기서, '동영상' 탭을 보시면 영상이 3개 보이게 되어 있는 것을 알 수 있습니다. 여기서 F12를 눌러줍니다. 그럼 오른쪽에 아래 그림과 같이 HTML 코드가 잔뜩 나와 있는 화면을 볼 수 있습니다.

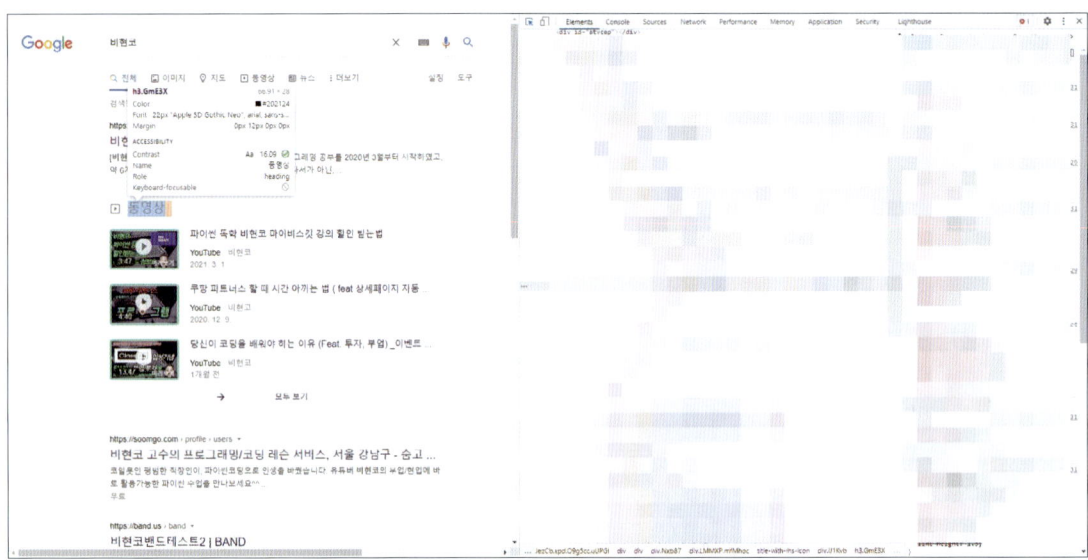

여기서 아래의 그림에 표시된 '화살표'를 클릭하면 인터넷의 요소 하나하나마다 대응되는 코드값을 알 수 있습니다.

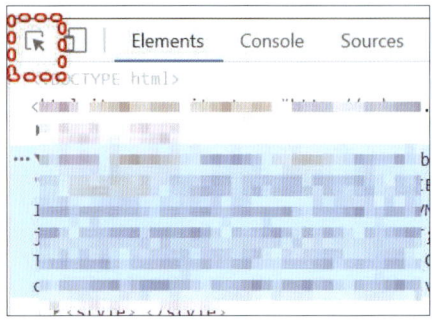

화살표를 클릭 후, 검색에서 나온 첫 번째 영상에 마우스를 올려놓으면 해당하는 코드가 파란색 배경으로 표시되어서 보이는 것을 알 수 있습니다. 2번째, 3번째 영상도 마찬가지입니다. 결국, 인터넷을 우리가 볼 수 있게 만드는 HTML 코딩 구조는 이런 식으로 계층으로 나누어져 있다는 것을 확인할 수 있습니다.

이 정도만 확인하면 우리는 앞으로 HTML 코드를 만나게 돼도 당황하지 않고 구조가 어떻게 생겼는지 확인할 수 있게 되었습니다.

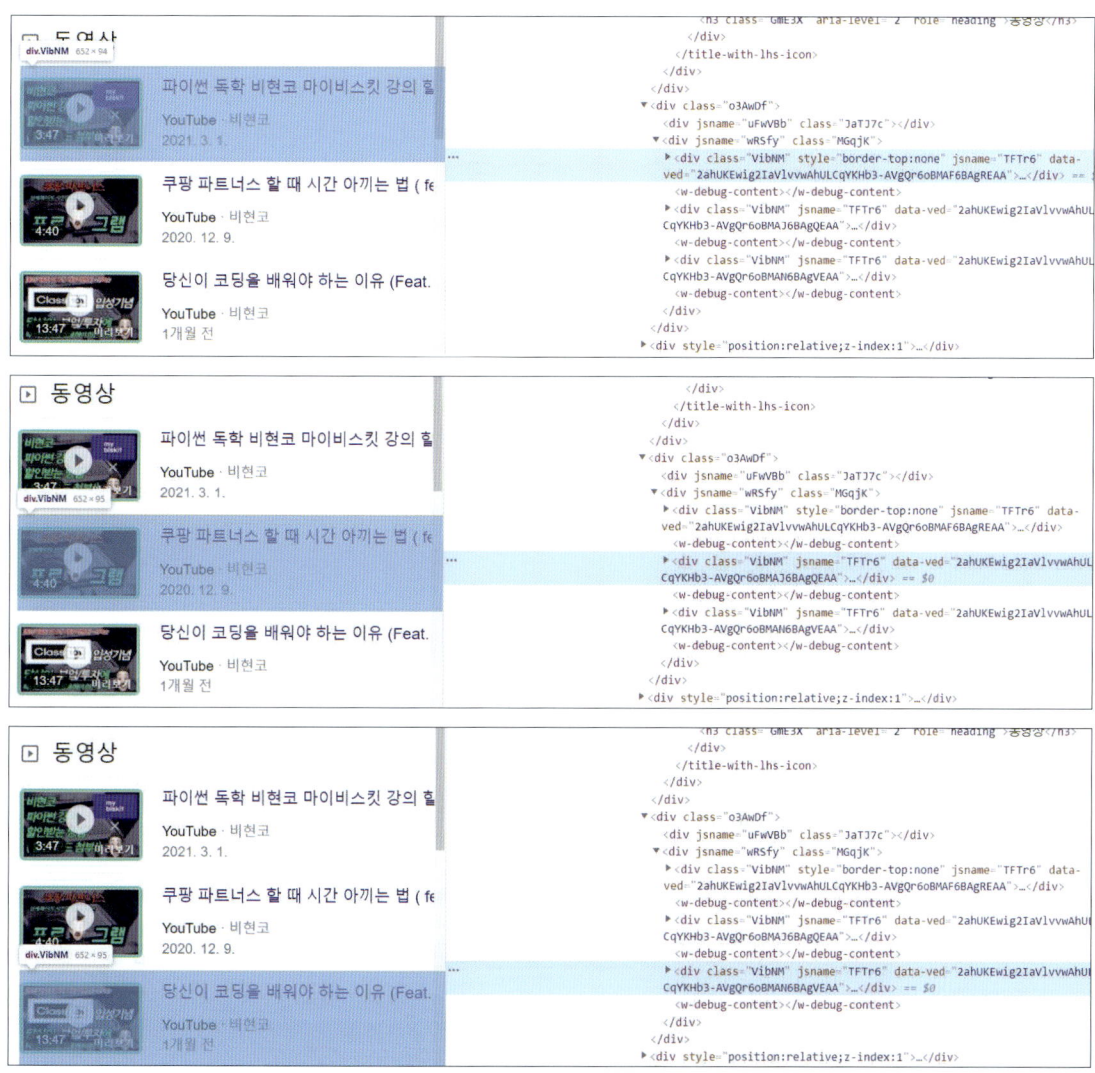

1시간 만에 배우는 파이썬 구동을 위한 최소한의 지식　　Section. 03

앞에서도 계속 반복해서 말씀드리고 있지만, 우리의 코딩의 목적은 공부가 아닌 현업(혹은 삶)에 적용하는 것을 목표로 합니다. 이번에는 우리가 파이썬 코딩을 배우기 위해서 정말 최소한의 문법적인 지식을 배워보도록 하겠습니다. 따라오실 때 드는 어려움, 의아함이 분명 있을 순 있습니다. 이 부분을 최대한 잘 풀어서 설명해드리겠습니다. 혹시나 그래도 이해가 안 되는 부분이 있다면 "아~ 그렇구나!"라고만 하신 다음 내용만 따라오신 후 해당 내용을 외울 필요는 없습니다. 그 이유는 다음 장에서 현업 활용 코드를 계속 실습해보다 보시면, 아! 그때 이야기했던 이거구나 하고 따라오실 수 있으실 겁니다. 그럼, 파이썬 문법 공부 시작해볼까요?

쥬피터노트북 사용법   Unit. 01

그럼 쥬피터노트북의 간단한 사용법부터 익혀보도록 하겠습니다.

■ 노트북 생성&노트북 제목변경&인터넷 구동

이제, 기본적으로 구동이 잘 되는지 확인해보겠습니다. 먼저, 우측에 "New" 버튼을 클릭한 다음 'Python3'를 클릭해서 .ipynb 파일을 만들어줍니다. 여기서 ipynb라는 파일명은 쥬피터노트북(jupyter notebook)에서 구동되는 파일을 의미합니다. 폴더나 텍스트 파일 등도 만들 수 있습니다.

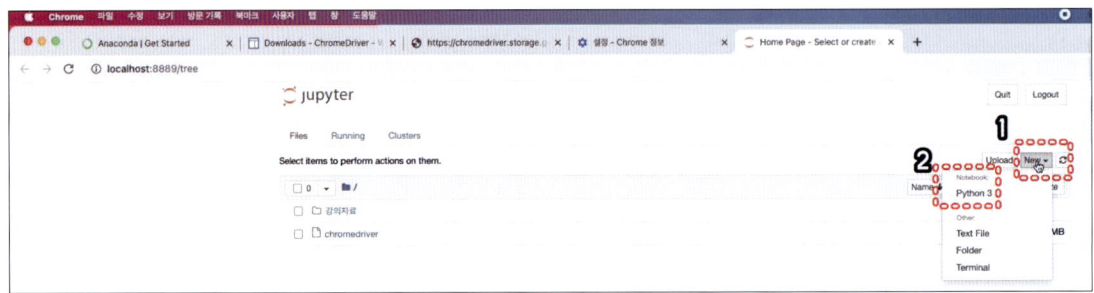

이렇게 만들게 되면, 보통 "Untitled" 형태로 파일이 만들어지게 되는데, 아래와 같이 제목을 클릭해준 다음 '구동테스트'라는 이름으로 파일명을 바꿔줍니다. 그 다음, 첫 번째 띄워져 있는 "In[ ]" 옆에다가 클릭하고 "1+1"을 적은 다음 Alt + Enter 를 눌러주면 연산 결과가 나오는 것을 알 수 있습니다.

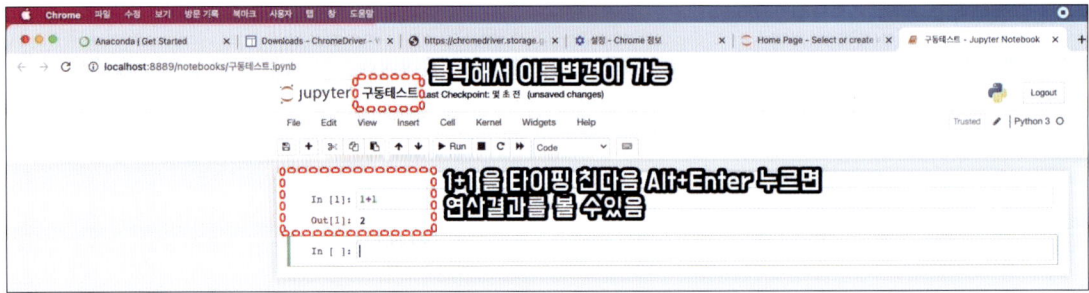

축하드립니다. 이렇게 첫 프로그래밍 구동을 진행하시게 되었습니다.

■ 크롬 드라이버로 인터넷 창 제어하기

자 우리가 가장 먼저 점검해야 할 것은 크롬 드라이버가 정상적으로 작동하는지를 알아야 합니다. 실습에서 인터넷 창을 제어해야 하는데, 인터넷 창이 잘 구동되는지 한번 확인해보겠습니다.

코드를 하나하나 설명해 드릴 수는 있지만, 아직 기본 코드를 배우지 않았기 그 때문에 지금부터는 이해보다는 따라와 주시길 바랍니다. 상세한 내용의 설명을 뒷부분에서 설명하겠습니다.

먼저 아래와 같이 3줄을 타이핑 치신 다음, Alt + Enter↵ 를 눌러줍니다. (여기서 >>> 가 의미하는 것은 쥬피터노트북(jupyter notebook)의 코드를 의미합니다. 뒤에서 자세히 다루겠습니다.)

- Window일 경우

```
>>> !pip install selenium
>>> from selenium import webdriver
>>> driver = webdriver.Chrome('chromedriver.exe')
```

- (Mac일 경우)

```
>>> !pip install selenium
>>> from selenium import webdriver
>>> driver = webdriver.Chrome('.chromedriver')
```

[지금부터는 Mac 사용자에 한함]

그럼 아래와 같은 오류가 발생하게 됩니다.

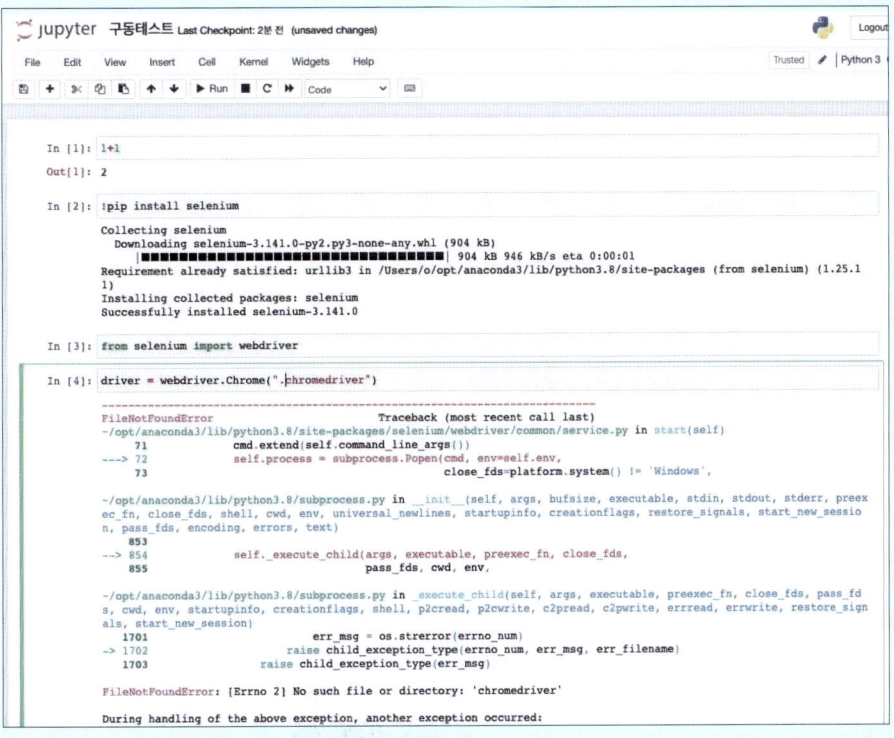

해당 오류가 발생하는 이유는, Mac의 보안 문제가 발생하기 때문입니다. 보안 문제를 해결해 봅시다.

먼저, 시스템 환경설정 > "보안 및 개인정보 보호"로 들어갑니다.

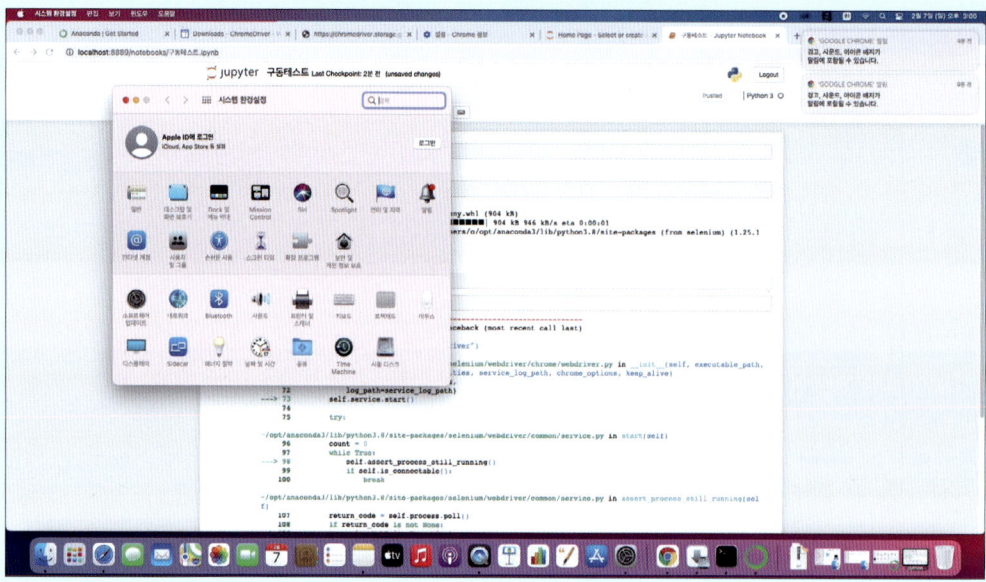

여기서 "확인 없이 이용"을 클릭해줍니다.

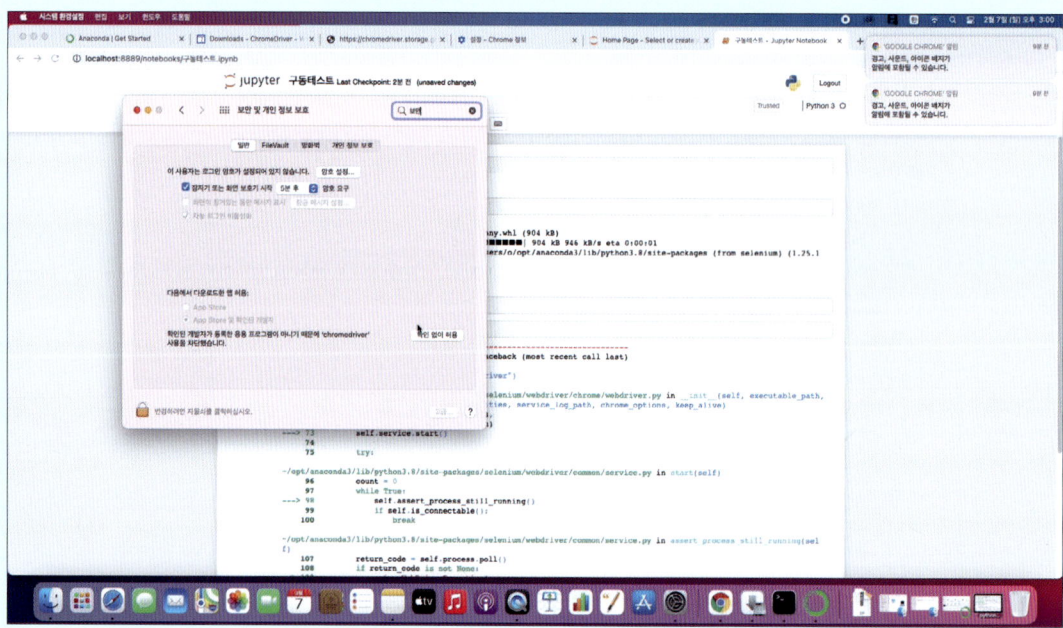

그럼, 정상적으로 구동되는 것을 알 수 있습니다.

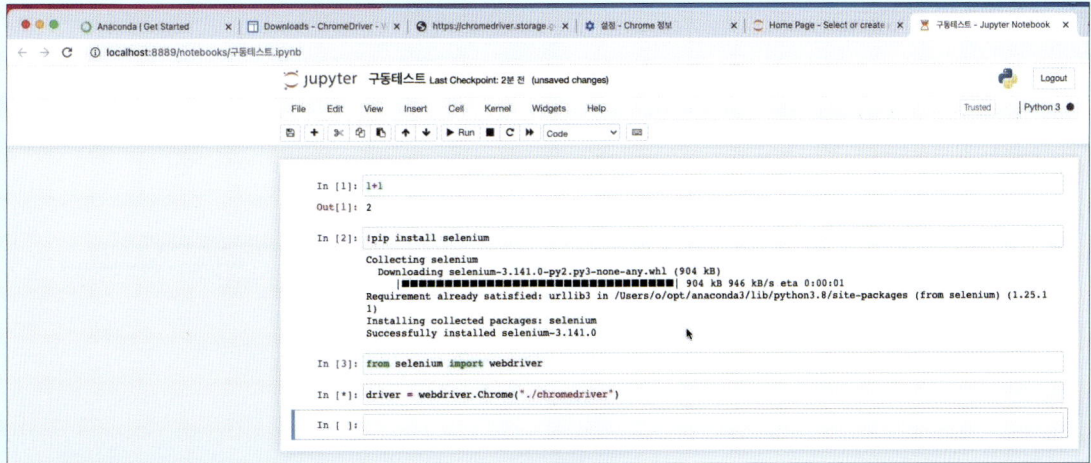

크롬(인터넷)이 켜지는 것을 확인할 수 있습니다.

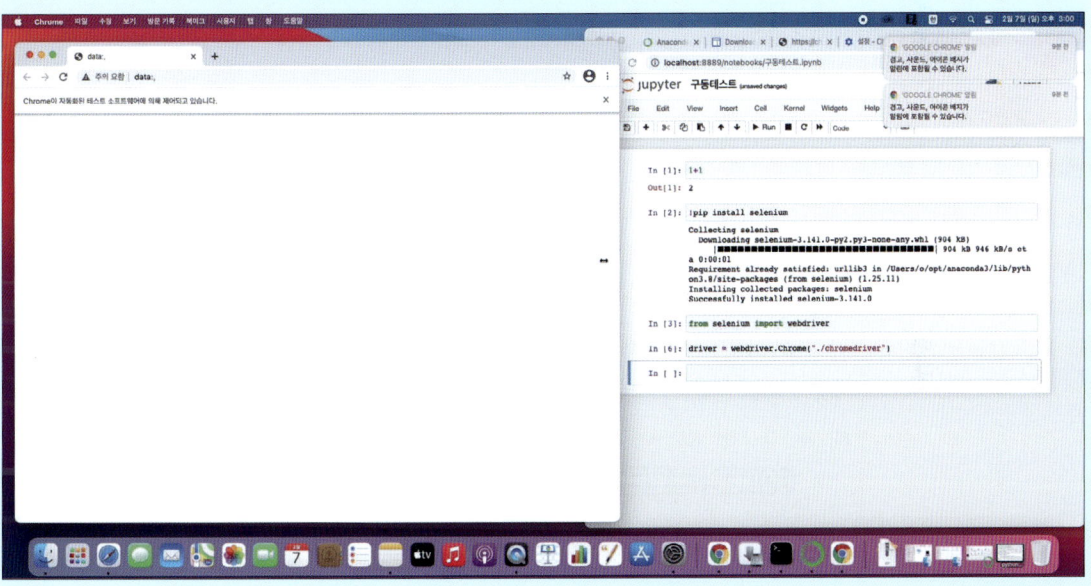

[지금부터 다시 Window & Mac 환경 동일하게 진행]

그럼, 아래와 같은 코드를 입력하고 다시 Alt + Enter↵ 를 눌러 실행시켜 줍니다.

```
>>> driver.get('https://www.naver.com')
```

인터넷 창이 잘 뜨게 된다면, 크롬을 기반으로 인터넷이 잘 실행되는 것을 알 수 있습니다.

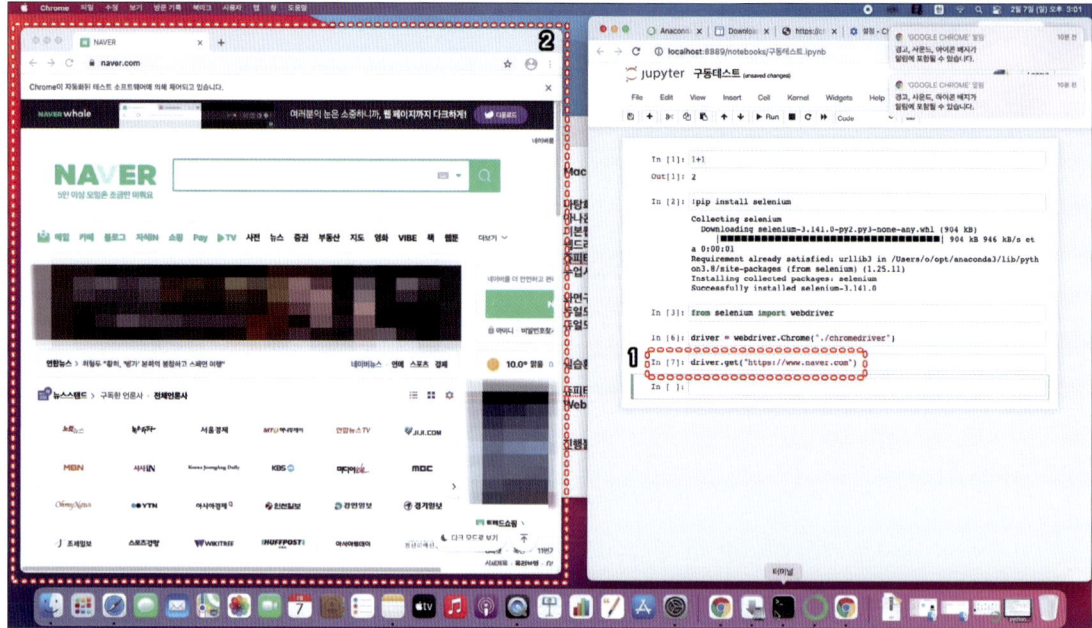

■ 설명 및 셀 입력

쥬피터노트북을 활용하다 보면 2가지 필요가 생깁니다. 하나는 코드[CODE]를 실행할 것, 하나는 문서[MARKDOWN]를 작성하는 것입니다.

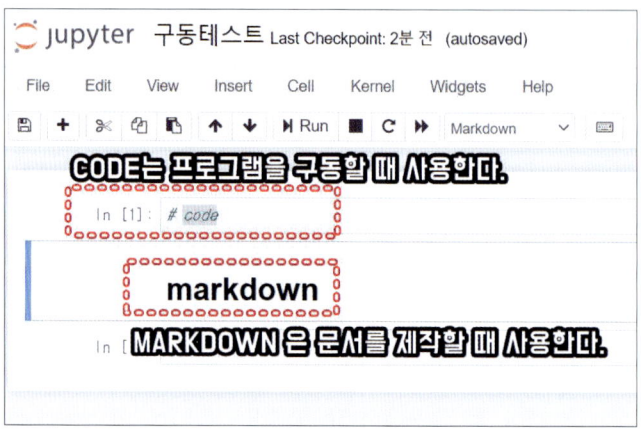

마크다운과 코드를 설정하는 방식은 아래 탭을 클릭해서 정할 수 있습니다.

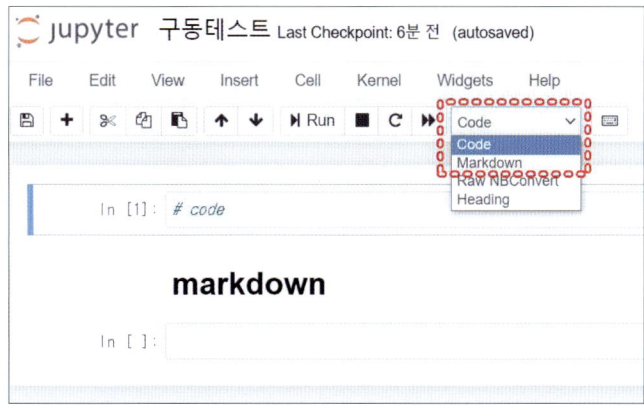

마크다운은 부수적인 기능이기 때문에 이런 것이 있다는 것 정도만 아시면 됩니다. 이제 코드를 어떻게 입력하는지 알아보도록 하겠습니다.

■ 실행 및 코드 셀 입력

먼저 코드를 제어하기 위해서 알아야 하는 것은 Edit MODE(초록색) & Command MODE(파란색) 두 개로 나뉩니다.

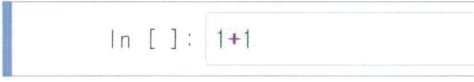

Command mode는, 셀을 삭제, 복사, 추가 등을 할 수 있는 모드입니다.

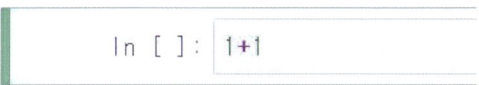

Edit mode는 코드를 직접 입력하는 모드입니다.
대부분의 실습은 Edit mode로 진행할 것이지만, 코드를 복사하거나 칸을 추가하거나 할 때는 Command mode를 활용합니다.

두 모드의 사용법을 알고 싶다면 Command mode에서 "h"를 눌러보시면 안내문을 읽을 수 있습니다.

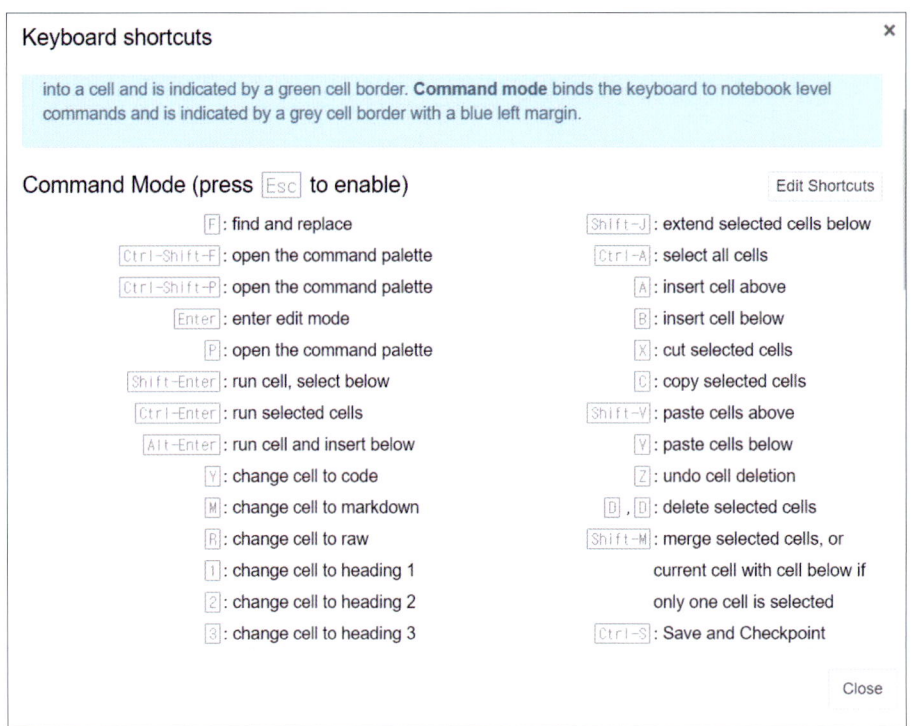

모든 기능을 안내해드리는 것보다는 실습하면서 '이런 기능은 없을까?'라는 생각이 들 때마다 알아보시길 권해드립니다. 우리는 기본만 집고 가보도록 하겠습니다.

- **Command mode** `Esc`
  - markdown으로 변경 : `M`
  - code로 변경 : `Y`
  - 현재 셀 추가(위로): `A`
  - 현재 셀 추가(아래로): `B`
  - 현재 셀 자르기 : `X`
  - 현재 셀 복사 : `C`

- **Edit mode** `Enter↵`
  - 현재 셀 실행 : `Shift` + `Enter↵`
  - 현재 셀 실행 후 아래에 새로운 셀 생성 : `Alt` + `Enter↵`

■ 실행 순번 및 결과 확인

이번에는 실행 순번 및 결과 확인에 대해서 알아보겠습니다.

하나의 셀을 만들어서 "1+1"를 친 다음 실행해보겠습니다. 그럼 아래와 같이 1이 생깁니다. 한번, 두 번 계속 실행시키면 저 번호가 변경되는 것을 알 수 있습니다. 실행 시마다 몇 번째 이 코드가 실행되고 있는지를 알 수 있습니다.

이제, 모든 준비는 끝났습니다.

다음 장에서부터 파이썬 구동을 하기 위해서 알아야 할 최소한의 지식을 배워보겠습니다.

강의자료에 적혀 있는 내용을 기반으로 만들어 두었기 때문에, 코드를 같이 입력하면서 실습에 임해주시기 바랍니다. "백견(百見)이 불여일타(不餘一打)" 100번 보는 것보다 한번 코딩을 해보는 것이 훨씬 습득에 도움이 될 것입니다.

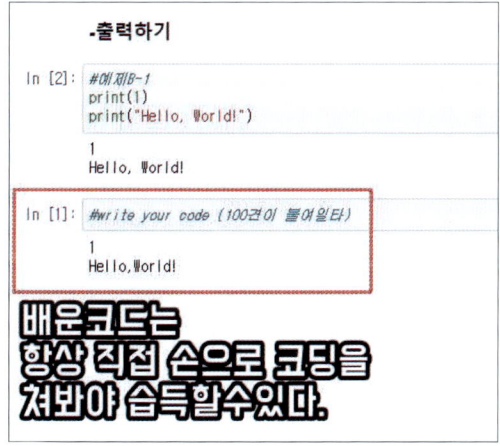

기본 연산   Unit. 02

가장 먼저, 실습에 들어가기 위해서는 강의자료 chapter 2 폴더 안에 들어있는 .ipynb 파일을 열어줍니다.

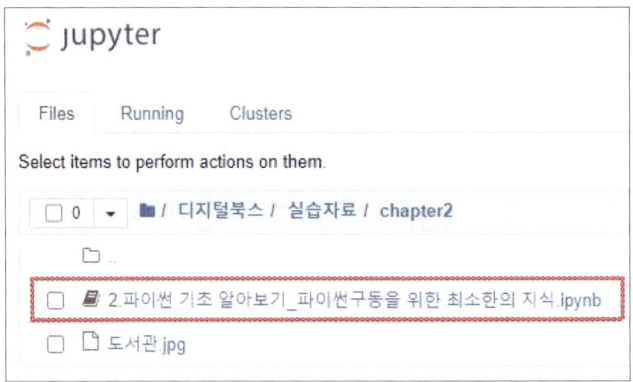

■ 출력하기

출력? 우리가 알고 있는 출력은 "어이~ 비대리 회의자료 출력 좀 해줘!" 할 때 출력과 같은 의미입니다. 단 종이에 출력하는 것이 아닌, 우리가 보는 화면에 출력해주는 것을 의미합니다. 출력이 필요한 이유는 프로그램의 결과물을 우리가 확인하고 싶을 때 활용합니다. 아래의 코드를 입력하고 코드를 실행 (Alt + Enter↵)시켜보겠습니다.

- #예제 B-1

```
>>> print(1)
1
>>> print("Hello, World!")
Hello, World!
```

여기서 ">>>"는 우리가 입력한 코드를 의미하고
아무 것도 없는 경우, 그 코드가 실행되고 나서 결괏값을 의미합니다.

print라는 명령어를 통해 우리가 원하는 숫자/문자 등을 우리 눈에 보이게 출력할 수 있습니다.

■ 비교하기

두 피연산자를 비교하기 위해서 사용합니다. 프로그램 설계를 할 때 일반적으로 사용하는 몇 가지 비교 연산자와 그 결괏값을 한번 확인해보겠습니다.

```
>>> 1 < 2
True
>>> 1 > 2
False
>>> 1 == 2
False
>>> 1 >= 2
False
```

첫 번째를 보시면, 1과 2를 비교해서 2가 클 경우를 의미합니다. 이를 실행시키면, 'True'라는 형태로 값이 출력되게 됩니다.

두 번째를 보시면, 1과 2를 비교해서 2가 작을 경우를 의미합니다. 이를 실행시키면 옳지 않은 명제이므로, 'False'를 의미합니다. 이처럼 True는 명제가 참이라는 것을 의미하고, False는 명제가 거짓이라는 것을 의미합니다.

세 번째 행[1==2]을 실행시키면, False라고 출력됩니다. 그런데 여기서 "=="은 무엇을 의미할까요? 어느 정도 유추하셨겠지만, 이는 좌/우가 완전히 같다는 의미를 지닙니다. 그런데 의문점이 생길 수 있습니다. " '='을 사용하지 않고 왜 '=='을 사용하지?"라는 의문입니다. 이는 파이썬 프로그래밍에서 정의하고 있는 규칙 중의 하나입니다. 뒤에서 '='의 용도를 알아보기로 하고, 현재는 '=='이 좌/우가 같다는 것을 의미한다는 것으로만 이해하고 다음으로 넘어가겠습니다.

네 번째 행입니다. 1과 2를 비교해서 2가 1보다 작거나 같을 경우를 의미합니다.

이처럼 비교연산자를 통해서 우리는 프로그램의 명제를 참&거짓으로 구분할 수 있습니다. 이 기능이 왜 필요할까요?

제가 앞에서 잠깐 언급했지만, 프로그래밍이 인간의 행동을 대체하기 위해서는 인간이 하는 역할을 컴퓨터가 직접 해낼 수 있어야 합니다. 명제가 참이고 거짓임을 알 수 있다면 우리가 의사결정을 할 때 도움을 많이 받을 수 있는 것처럼 프로그램의 비교연산자도 우리가 프로그램 내에서 판단을 내리고 자료를 구분하는 데 도움을 줄 수 있습니다.

■ 계산하기

다음은 계산하기입니다. 몇 가지 기호를 제외하면 대부분은 우리가 아는 일반적인 수학기호로 연산을 할 수 있습니다. 예제 코드를 한번 확인해보겠습니다.

■ #예제 B-2

```
>>> print(5 +3)
8
>>> print(5 *3)
15
>>> print(5 /3)
1.6666667
>>> print(5 %3)
2
>>> print(5 //3)
1
```

단순한 사칙연산이기 때문에 5+3 , 5*3 , 5/3 은 더하기, 곱하기, 나누기임을 알 수 있습니다. 이런 식의 계산을 하고 print를 통해서 출력할 수 있습니다.

그런데 몇 가지 모르는 연산자가 나옵니다. 바로 네 번째 다섯 번째 행에 있는 "%"와 "//"입니다. 여기서 단순히 "%"는 무엇이다 "//"는 무엇이다! 라고 제가 알려드리는 것도 방법입니다만, 매번 프로그램 학습을 할 때 모르는 것이 나올 때 제가 모든 것을 알려 드릴 수는 없습니다. 그러므로 '물고기를 주는 것이 아닌, 물고기를 잡는 방법'을 배워야 합니다.

● 프로그램 학습 해결 방법 1) 유추를 통한 학습

지금 "5%3"의 경우 어떤 연산인지 알 길이 없습니다. 이럴 때는 어떻게 해야 할까요? 가장 먼저 해볼 것은, 다른 숫자를 넣어서 프로그램을 구동시켜 보는 것입니다.

예를 들면 "7%3"이라든지, "11%3"을 구동시켜 보겠습니다.

```
>>> print(7 %3)
1
>>> print(11 %3)
2
```

이렇게 구동을 시켜보고 3가지 (5%3, 7%3, 11%3)를 비교해보면 "%"는 어떤 연산을 의미할까요? 네, 맞습니다. 바로 나머지를 의미합니다. 똑같은 방식으로 시도해보면 "//"는 몫을 의미합니다.

앞으로 여러분들이 만나게 될 다양한 프로그램 언어에서 모든 것을 알고 그것을 활용하거나 해석하는 것은 불가능에 가깝습니다. 그래서 우리는 이런 작은 유추 방법을 통해서 프로그램에서 사용하는 기능들을 이해할 수 있습니다. 이런 방식을 이해하는 것이 프로그램 실력을 향상하는 데 매우 큰 도움이 된다는 것을 잊지 않기 바랍니다.

● 프로그램 학습 해결 방법 2) 검색을 통한 학습

좀 더 쉬운 방법을 안내해보겠습니다. 우리는 구글에 검색을 해보도록 하겠습니다. '파이썬 % 연산자'라고 아래처럼 검색합니다.

이렇게 바로 알 수 해답을 알 수 있습니다. 앞으로 겪게 될 많은 프로그램의 문제들은 위 2가지를 통해서 거의 모두 해결할 수 있습니다. 전 세계적으로 우리와 같이 파이썬을 배우고 공부하고 학습의 벽에 부딪히는 사람들이 많이 있기 때문입니다. 이제 혼자가 아니라는 것을 깨달으셨나요? 다음으로 넘어가 보겠습니다.

■ 주석처리

이번에는 주석처리를 배워보도록 하겠습니다. 먼저 주석처리란 무엇일까요?

[주석 : 낱말이나 문장의 뜻을 쉽게 풀이함. 또는 그런 글 - 표준국어대사전]

의미 그대로 우리가 코드를 적을 때, 그 내용을 쉽게 풀이하기 위해서 적어주는 메모와 같다는 것을 알 수 있습니다. 다음 예제를 보겠습니다.

■ #예제 B-3

```
>>> print(5 +3)
8
>>># print(5*3)

>>> print(5 /3)
1.666667
>>> # print(5%3)

>>> print(5 //3)
1
```

5줄의 코드 중, 1, 3, 5줄의 코드는 정상적으로 실행된 것에 반해 2, 4줄의 코드는 아무 결과도 나오지 않습니다. 그 이유는 코드의 맨 앞에 붙어있는 "#" 때문입니다. 주석처리는 코드의 설명을 하거나, 적어 놓은 코드가 구동되지 않는 것을 원하지만, 지우면 안 되는 코드의 경우 앞에 "#"을 적어 해당 줄을 주석처리 합니다. 이를 통해서 코드에 대한 풍부한 설명이 가능하게 되고, 여차하면 코딩을 다른 형태나 이전에 짠 코드로 돌리는 것도 가능합니다.

■ 들여쓰기

이번에는 들여쓰기에 대해서 알아보겠습니다. 들여쓰기? 우리가 일반적으로 한글이나 워드 문서, PPT 작업을 할 때 글의 구조를 나타내기 위해서 사용하는 용어입니다. 하지만 프로그래밍에서는 그 이상의 의미가 있는데요. 앞에서 공부했던 것을 다시 한번 보도록 하겠습니다. HTML의 구조를 보면 부모 집단과 자식 집단이 있는 것을 확인했습니다. 그때 내용을 다시 한번 점검해 보겠습니다.

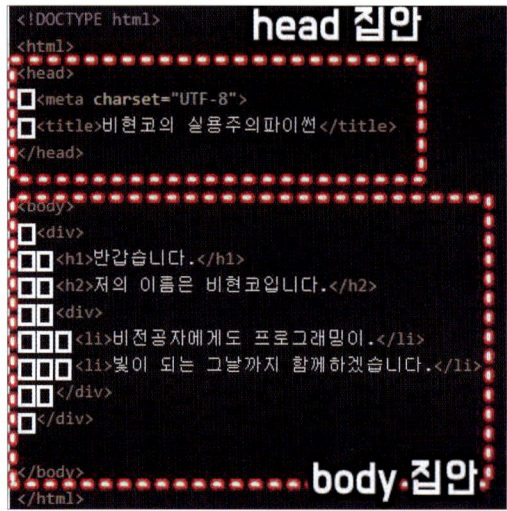

해당 그림에서 보면 흰색의 네모박스가 바로 들여쓰기를 의미합니다. 결국, 코드의 부모 집단과 자식 집단을 구분하기 위해서 사용하는 도구입니다.
위의 예시는 HTML 코드에서 말하는 들여쓰기였고 우리는 파이썬을 공부하기 때문에 파이썬의 들여쓰기에 대해서 예제를 접하면서 기능을 알아보도록 하겠습니다.

첫 번째는 들여쓰기가 없는 상태로 아래의 코드를 진행해보겠습니다.
바로 아래와 같이 쓰고 실행해보겠습니다.

■ #예제 B-4

```
# 들여쓰기 없음
>>> if  3  < 7 :
>>> print("3 is less than 7")
  File "<ipython-input-1-e57c84bbf231>", line 2
    print("3 is less than 7")
    ^
IndentationError: expected an indented block
```

바로 오류가 발생하는 것을 알 수 있습니다. 하지만 아래와 같이 4칸의 공간(" ")을 넣고 다시 실행해보면 결과는 정상적으로 나오는 것을 알 수 있습니다.

■ #예제 B-5

```
# 들여쓰기 있음
>>> if  3  < 7 :
>>>      print("3 is less than 7")
3 is less than 7
```

들여쓰기를 언제 써야 하는지는 기본 학습을 하면서 추후 배우게 될 'IF'문과 "FOR'문에서 좀 더 집중해서 이해할 수 있겠지만, 파이썬에서는 들여쓰기를 제대로 하지 않으면 코드가 실행되지 않는다는 것을 알 수 있습니다. 이번 장에서는 들여쓰기의 중요성만 인지하고 넘어가 보도록 하겠습니다.

■ 입력하기

이번에는 프로그래밍에 우리가 원하는 정보를 입력하는 방법을 안내해드리겠습니다. 입력이 필요한 이유는 간단합니다. 프로그래밍을 구동시켰을 때 그때그때 변하는 데이터들을 사람이 직접 입력해줘야 할 때가 있는데, 그 데이터를 매번 프로그래밍 코드에 넣기는 어려우므로 입력을 할 수 있는 역할을 만들어줍니다. 아래 코드를 한번 보겠습니다.

■ #예제 B-6

```
# 문자열 출력
>>> print("당신의 이름은 무엇입니까? :")
# 입력 값을 my_name 변수에 저장
>>> my_name = input ()
# 문자열과 변수 값을 출력
>>> print(my_name + "!!!")
당신의 이름은 무엇입니까? :
```

이번 실습부터는 모인 코드를 한 번에 출력해보겠습니다.

조금 복잡해진 코드를 볼 수 있습니다. 하지만 겁먹지 마시고 하나하나 설명해 드려보겠습니다. 코드를 실행시키면, 우리가 직접 입력할 수 있도록 빈칸이 하나 뜨는 것을 확인할 수 있습니다. 여기에 본인의 이름을 넣고, 출력하면, 아래와 같은 결과가 나옵니다.

- #예제 B-6

```
# 문자열 출력
>>> print("당신의 이름은 무엇입니까? :")
# 입력 값을 my_name 변수에 저장
>>> my_name = input ()
# 문자열과 변수 값을 출력
>>> print(my_name)
당신의 이름은 무엇입니까? : 비현코
비현코
```

코드를 해석해볼까요?

첫 번째 줄은 우리가 알고 있는 단순 출력문입니다. "당신의 이름은 무엇입니까? :"를 출력합니다.

두 번째 줄은 my_name이라는 변수에 input() 명령어로 우리가 타이핑하는 데이터를 입력합니다.

> **여기서 잠깐** | **변수란 파이썬에서 데이터를 저장하기 위해서 사용하는 기능입니다**
>
> 중학교 방정식을 풀 때 (x-1)(x+3) 와 같이 x에 들어가는 숫자에 따라 결과가 달라지듯이, 파이썬에 변수는 어떤 자료든 집어넣을 수 있습니다. 변수에 대해서는 이후에 좀 더 자세하게 배울 예정입니다. 앞에서 말씀드렸던 "=="은 같다는 의미로 쓰고 , "="은 변수를 설정할 때 사용하게 됩니다.

세 번째 줄은, my_name이라는 변수에 저장된 값이자 우리가 입력한 값이 출력됩니다.

이처럼 input( ) 명령어를 통해서 우리는 직접 타이핑을 쳐서 데이터를 입력할 수 있습니다.

변수와 자료형(기본 자료형)   Unit. 03

■ 변수(기본)

앞에서 간단히 다루었던 변수에 대해서 이야기해보겠습니다. 변수는 숫자, 문자 등의 자료를 담는 공간이라고 생각하시면 됩니다. 파이썬에서 변수의 개념은 매우 중요합니다. 그 이유는, 상수(변하지 않는 수)와 달리 프로그래밍 상황에 따라 지속해서 변하는 데이터를 집어넣고 갱신하는 작업을 계속해야 하므로 이 변수의 기능을 잘 활용할 수 있어야지 내가 원하는 프로그램 기능들을 만들 수 있기 때문입니다.

■ #예제 C-1

```
>>> print("language")
language
>>>language = "python"
>>> print(language)
python
```

먼저 위와 같이 실행을 해보면, 첫 번째 행과 세 번째 행의 결과가 다른 것을 알 수 있습니다. 여기서 두 코드의 유일한 차이는 "language"와 language 이렇게 큰따옴표의 존재를 제외하고는 차이가 없습니다. 두 코드의 차이점을 아시겠나요?

1번째 행의 "language"는 문자열을 의미합니다. 그대로 출력됩니다. 하지만, 2번째 행에서 language라는 변수에 "python"이라는 문자열을 대입시켰고, 그 대입시킨 language라는 변수를 출력한 것이 바로 3번째 행입니다.

간단히 이야기해서,
1번째 행은 문자열을 그대로 출력한 것
3번째 행은 변수를 출력한 것이기 때문에 결과가 다른 것입니다.

이처럼, 우리는 변수를 활용해서 어떤 자료들을 저장할 수 있고, 그 저장된 자료를 변수를 통해서 다룰 수 있다는 것을 배웠습니다. 처음 접하는 경우 어려움이 있을 수 있으나, 자주 사용하면서 여러분의 머릿속에 잘 자리 잡도록 진행해보겠습니다.

■ 변수(대문자/소문자 구분)

이제 변수에 대해서 우리가 알았습니다. 지금부터는 변수의 특징에 대해서 몇 가지 알아보도록 하겠습니다. 아래의 코드를 보시겠습니다.

■ #예제 C-2

```
>>> Name = "Tom"
>>> nAme = "Paul"
>>> NAME = "Ben"
>>> print(Name)
TOM
>>> print(nAme)
Paul
>>> print(NAME)
Ben
```

name이라는 변수가 있습니다. 그런데 변수가 좀 차이가 있습니다. Name,nAme,NAME 모두 같은 name이라는 변수지만 대문자의 위치가 조금씩 다릅니다. 아래의 결괏값을 보면 변수마다 결괏값이 다른 것을 알 수 있습니다.

여기서 우리가 알 수 있는 것은 변수를 설정할 때 반드시 대/소문자 구분을 해줘야 한다는 것입니다. 꼭 기억해주세요.

■ 기본 자료형

이번에는 기본 자료형에 대해서 학습해보겠습니다. 자료형이란, 우리가 프로그램을 다룰 때 컴퓨터가 연산을 올바르게 하려고 구분 짓는 자료의 구분자라고 생각하시면 됩니다. 예를 들어보겠습니다.

만약 우리가 11을 쓰고 싶습니다. 그럼 몇 가지 방법이 있습니다. 5와 6을 더해서 11을 만들어서 쓸 수도 있지만, 1 옆에 1을 추가해서 11이라는 문자로 쓸 수 있습니다. 인간은 이것을 쉽게 구분하고 정리하지만, 컴퓨터는 그렇게 하지 못합니다. 그러므로 항상 연산하기 위해서는 자료의 형태를 구분해줘야 합니다. 그럼 기본 자료형에는 어떤 것들이 있는지 알아보겠습니다.

- **숫자형(number)** : 수학적 연산에 활용하는 자료형. 정수(int), 실수(float), 복소수(complex)
- **문자열(string)** : 문자를 나타내는 자료형. 문자열(str)
- **불린형(boolean)** : 명제를 참(True)/거짓(False)을 구분하는 자료형. (bool)

간단히 보면 이런 자료형들이 있습니다. 그리고 만약 어떤 변수의 자료형을 알고 싶을 때 사용하는 코드는 아래와 같습니다. 예제를 통해서 알아보겠습니다.

■ #예제 C-3

```
>>> a = 'tom'
>>> type(a)
str
>>> b = 1
>>> type(b)#정수
int
```

이와 같이 type 명령을 통해서 변수의 자료 구조에 대해서 알 수 있습니다.

좀 더 자세하게 알아보겠습니다.

```
>>> my_num = 10.123  #실수
>>> print(my_num)
>>> print(type(my_num))
10.123
```

```
float

>>> my_num = 10
>>> print(my_num)
>>> print(type(my_num))
10
int

>>> my_name = "Tom"
>>> print(my_name)
>>> print(type(my_name))
Tom
str

>>> my_bool = True
>>> print(my_bool)
>>> print(type(my_bool))
True
bool
```

각각의 변수에 따른 형태를 알 수 있습니다. 이처럼 다양한 기본 자료형의 형태를 확인할 수 있습니다. 기본 자료형에 대해서 깊게 공부하는 것도 필요합니다. 하지만 그런 기능들은 실제 프로그램을 만들어 가면서 배워나가 보기로 하고, 꼭 기억해야 할 문자열에서 다소 헷갈릴만한 부분을 알아보도록 하겠습니다.

■ 기본 자료형(문자열)

말 그대로 문자로 나열된 형태의 데이터입니다. 큰따옴표(" ") 또는 작은따옴표(' ')를 통해서 사용합니다. 이 부분에서 꼭 기억해야 할 부분이 있습니다. 예제를 통해서 확인해보겠습니다.

■ #예제 C-4

```
>>> print('This is also a name.')
This is also a name.
>>> print('This is also a "name".')
This is also a "name".
>>> print("This is also a 'name'.")
This is also a 'name'.
```

이 예제를 보는 이유를 아시겠나요? 문자열을 쓸 때 중요한 것은 큰따옴표와 작은따옴표 또한 문자열에 넣어서 사용하고 싶을 때가 있습니다. 이때 작은따옴표를 활용하고 싶다면 전체를 큰따옴표로 묶어주고, 반대의 경우는 작은따옴표로 문자열을 묶어주면 프린트할 수 있습니다.

자 이렇게 변수와 기본 자료형에 관해서 공부를 해봤습니다. 다음 장에서는 수많은 자료형 속에서 우리가 원하는 데이터를 찾아내는 방법에 대해서 알아보도록 하겠습니다.

변수와 자료형(인덱싱-indexing, 슬라이싱-slicing)   Unit. 04

자 이번에는 인덱싱과 슬라이싱에 대해서 알아보도록 하겠습니다.
단어부터 어렵습니다. "인덱싱?-목록? 슬라이싱?-뭐 자르는 건가?"라고 생각하실 것 같습니다. 한국말로 조금 쉽게 표현해보겠습니다.

인덱싱이란, 우리말로는 '색인'을 의미합니다. 사실 전 '색인'이라는 말도 잘 쓰지 않습니다. 그래서 이 책에서는 이 인덱싱의 정의를 "원하는 자료에 번호를 매긴다."라고 정의하겠습니다.
슬라이싱이란, 우리가 자료를 구분하기 위해서 잘라내는 것을 의미합니다.

그럼 다시 정리해보겠습니다. 자료를 자르거나, 번호를 매기는 이유는 무엇일까요? 네, 맞습니다. 자료를 잘라서 구분하면 좀 더 우리가 쉽게 자료를 찾을 수 있고, 번호를 매겨놓으면 그 번호로 자료를 찾을 수 있습니다.
결국, 인덱싱과 슬라이싱을 하는 이유는 우리가 자료를 쉽게 구분하고 찾는 데 필요한 기능입니다. 예를 한번 들어보겠습니다.

■ 인덱싱(원하는 자료에 번호를 매긴다.)

아래와 같은 문자열이 있습니다.

```
'abcdefghijklmnopqrstuvwxyz'
```

이 문자열에서 a부터 z까지 하나씩 번호를 매겨보겠습니다. 특이한 점은, 첫 번째 문자를 0으로 지정하겠습니다.

0	1	2	3	4	5	6	7	8	9	10	11	12
a	b	c	d	e	f	g	h	i	j	k	l	m
13	14	15	16	17	18	19	20	21	22	23	24	25
n	o	p	q	r	s	t	u	v	w	x	y	z

자 이렇게 해놓으면, 우리가 u를 찾기 위해서는 20이라는 숫자를 알면 바로 찾을 수 있습니다
하지만 이렇게 보면 "굳이 그렇게까지 해서 문자를 찾아야 해?"라는 의문이 드시겠죠? 저도 그랬습니다. 그런데 만약 규칙이 있는 문자라면? 그리고 그 문자가 수천, 수만 개의 데이터를 가지고 있다면 이야기가 달라지겠죠? 예시를 보면서 하나씩 이야기해보겠습니다.

- #예제 C-5 –인덱싱

```
>>> language = "python"
>>> print(language[1])
y
>>> print(language[0])
p
>>> print(language[3])
h
>>> print(language[-3])
h
>>> print(language[-5])
y
```

'python'이라는 문자열을 순서를 나눠보면 아래와 같습니다.

0	1	2	3	4	5
p	y	t	h	o	n

그럼 세 번째 행까지는 이 표로 설명할 수 있습니다. 그런데 -3?, -5? 이건 뭘까요? 바로 문자열의 뒤쪽에서부터 오는 순서를 의미합니다. 아래의 그림을 참고하시길 바랍니다.

0	1	2	3	4	5
p	y	t	h	o	n
-6	-5	-4	-3	-2	-1

■ **슬라이싱(자료를 구분하기 위해서 자른다.)**

이번에는 슬라이싱에 대한 예제를 살펴보겠습니다. 슬라이싱의 기본 구조는 아래와 같습니다.
변수[시작 인덱스 : 끝 인덱스 : 한 번에 몇 칸씩 변동시킬 것인가](편의상 증가 폭이라 표현하겠습니다.)
(*주의 공식명칭이 아닌, 설명을 쉽게 하려고 임의로 명명하겠습니다.)

여기서 시작 인덱스 번호부터 요소를 포함하고, 끝 인덱스의 요소는 제외합니다. 마지막으로 한 번에 몇 칸씩 변동시킬 것인가는 말 그대로 요소를 띄엄띄엄 불러올 수 있는 기능입니다. 도저히 글로는 이해하기가 쉽지 않습니다. 슬라이싱 예제를 보겠습니다.

- #예제 C-6

```
>>> language = "python"
>>> print(language[::])
python
>>> print(language[3:5])
ho
>>> print(language[::2])
pto
>>> print(language[1:4:2])
yh
>>> print(language[::-1])
nohtyp
```

첫 번째 프린트 문을 보면, 모든 것이 비어 있습니다. [::] 앞에서 설명했듯이 시작도 끝도, 한 번에 몇 칸씩 이동해야 하는지도 없이 모두 비어있을 경우는 모두 기본 값을 의미합니다. 시작은 0을 끝은 마지막까지 그리고 한 칸씩 변동합니다. 그래서 python이 그대로 출력됩니다.

두 번째 코드를 보면 시작 인덱스는 3입니다. 그리고 끝 인덱스는 5입니다. 앞에서 말씀드린 대로, 3에서 시작해서 5 직전에 멈춥니다. 결과는 ho

0	1	2	3	4	5
p	y	t	h	o	n

세 번째 코드를 보면 시작 인덱스는 0입니다. 그리고 끝 인덱스는 마지막까지 전부입니다. 그리고 증가 폭은 2입니다. 전체를 모두 출력하되, 요소를 2칸씩 띄어서 출력합니다. 결과는 pto

0	1	2	3	4	5
p	y	t	h	o	n

네 번째 코드는 시작 인덱스 1, 끝인 텍스 4, 증가 폭 2입니다. 결과는 yh

0	1	2	3	4	5
p	y	t	h	o	n

다섯 번째 코드는 시작, 끝 인덱스는 기본이고 증가 폭은 -1입니다. 결과는 nohtyp

p	y	t	h	o	n
-6	-5	-4	-3	-2	-1

이렇게 여러 가지 구분이 가능합니다. 왜 이런 원리를 배워야 할까요?

만약, 1000개의 문자가 아닌, 1000개의 웹사이트가 있다고 가정하겠습니다. 이 웹사이트는 우리가 홍보해야 하는 사이트의 주소라고 가정하겠습니다. 그럼 1000개의 모든 사이트에서 홍보하는 게 아닌, 어떤 규칙에 따라서 그 주소를 뽑아야 한다고 가정한다면, 우리는 1000개에서 우리가 원하는 방식으로 자료를 뽑아내야 합니다. 그때 이 인덱싱과 슬라이싱을 통해서 우리가 원하는 데이터를 뽑아낼 수 있습니다. 지금은 이해가 되지 않을 수 있습니다. 그러므로 빠르게 기본을 배우고 현업/부업실습에서 해당 내용을 확인해보도록 하겠습니다.

자료 구조란?   Unit. 05

이번에는 자료 구조(데이터 구조)에 대해서 알아보도록 하겠습니다. 제가 개인적으로 생각하기에 우리가 프로그래밍을 공부하고 사용하는 큰 이유를 2가지로 나눈다면, 하나는 데이터 구조 때문이고 하나는 if/for문 때문이라고 해도 과언이 아닌데요. 왜 데이터 구조가 그렇게 중요할까요?

비전공자 관점에서 데이터 관리를 잘 한다고 하는 사람들을 떠올려봅시다. 어떤 사람이 떠오르나요? 다양하겠지만 회사조직에 있는 분이라면 이렇게 대답할 가능성이 매우 큽니다.

'엑셀을 잘 다루는 사람'

틀린 말도 아닌 것이 우리는 지금 정보의 홍수에서 살고 있습니다. 마음만 먹는다면 매우 다양한 정보를 손쉽게 구하는 것은 일도 아니죠. 하지만! 그 많은 정보 속에서 의미 있는 방향성을 찾기 위해서는 그 정보를 잘 저장하고, 관리하고 분류하는 등의 데이터 활용 능력이 매우 중요합니다. 그 역할을 해주는 가장 쉬운 소프트웨어가 엑셀이기 때문에 우리는 그런 경험을 하는 것이죠.

그런데, 데이터 구조를 잘 활용하면 수백 개의 엑셀을 동시에 사용할 수 있는 효과를 만들 수 있습니다. 아래의 그림을 한번 보겠습니다.

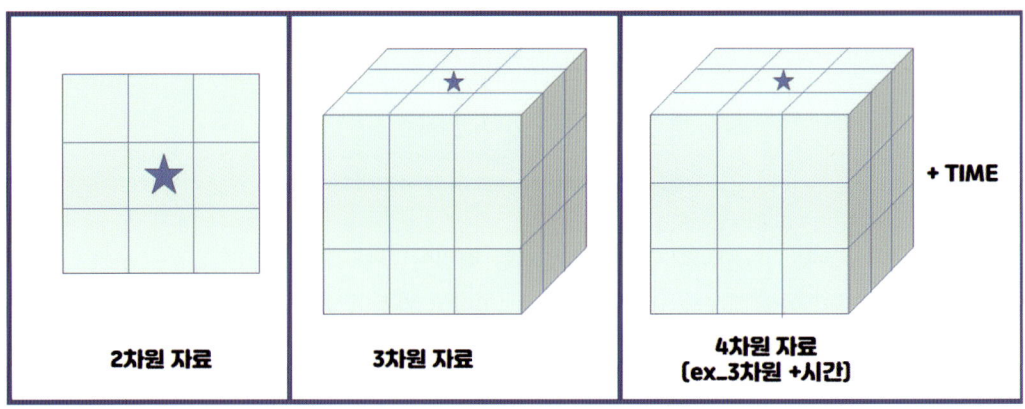

2차원 그림은 x 좌표, y 좌표의 색 정보만 있으면 바로 그릴 수 있습니다.
이것이 엑셀의 기본 Sheet라고 가정하겠습니다.
3차원 그림은 엑셀로 따지면, 기본 Sheet1,2, 3, 4, 5, 6, 7, 8, 9, 10……. 처럼 데이터를 관리할 수 있습니다.
4차원 그림은 엑셀로 따지면, 3차원에서 파일의 여러 버전을 가지고 있는 데이터로 관리할 수 있습니다.
만약, 5차원 6차원 구조를 만들고 싶다면? 엑셀로도 만들 수 있지만, 공수가 많이 들어가게 될 것입니다.
프로그램에서의 데이터 구조는 이를 매우 쉽게 하나의 자료형으로 만들 수 있습니다. 여기서 이런 생각이 들 것 같습니다.
"어떻게? 복잡한 건 매한가지 아닌가?"라고요
과연 그럴까요?
지금부터 우리를 신세계로 이끌어 줄 자료 구조에 관한 이야기를 이제 해보겠습니다.

(*이 책에서는, 모든 자료 구조를 배우지 않고, 자주 사용하는 자료 구조 3개만 언급합니다. 다른 자료 구조들은 필요할 때 그때그때 공부해서 활용하셔도 충분합니다.)

자료 구조_리스트   Unit. 06

첫 번째 공부해 볼 자료 구조는 리스트입니다. 리스트를 알기 위해서는 우리가 자주(?) 가는 도서관에 관한 이야기를 해보겠습니다.
도서관에 가면 책을 찾기 위해서 검색을 합니다. 그럼, 검색 위치가 나오는데 보통 큰 도서관일 경우 [3층, 사회, ㄱ, 53432] 이런 식으로 책 위치가 나오게 됩니다. 우리는 도서관의 3층으로 가서, 사회 관련 서적이 있는 곳으로 가서 "ㄱ"이 있는 책장으로 가서 우리가 원하는 책을 찾게 됩니다. 이렇게 구분을 지어 놓으면 정말 다양한 책들도 이렇게 구분이 가능해집니다. 리스트는 이런 도서관에서 책을 찾는 구조와 매우 비슷합니다.

리스트는 코드로 보았을 때 대괄호 "[&]"로 구분합니다. 그리고 그 속의 자료들은 ","로 구분합니다.

프로그래밍의 측면에서 보면, 1000개의 변수를 따로 만들어서 저장하는 방식을 하나의 리스트로 만들어서 저장할 수 있습니다. 리스트 자료 구조의 특징은 요소의 중복이 가능합니다. 그리고 순서가 있습니다. 몇 번째 자료인지를 알 수 있다는 의미입니다. 이런 순서가 있는 자료를 시퀀스 자료형이라고 합니다만, 우리에게 이런 용어는 그렇게 중요하지 않습니다. 리스트를 통해서 어떤 일을 할 수 있는지 실습을 통해 알아보겠습니다.

■ 리스트 데이터 구조

- #예제 D-1

```
>>> word1 = "is"
>>> word2 = "nice"
>>> my_list = ["bhyunco", "list", word1, word2, 'list']
>>> print(my_list)
["bhyunco", "list", "is" , "nice", 'list']
```

첫 번째 실습을 보겠습니다. word1 과 word2 라는 변수에 각각 "is"와 "nice"를 대입시켰습니다. 그리고 my_list 라는 변수에다가 요소가 5개가 포함된 리스트를 대입시켰습니다.
그리고 my_list를 출력했더니, 5개의 요소가 포함된 리스트로 출력되는 것을 알 수 있습니다. 이처럼 리스트의 요소에는 우리가 알고 있는 기본 자료형이 들어갈 수도 있고 변수가 들어갈 수도 있습니다. 하지만 변수가 들어갔다고 해서, my_list가 변수가 바뀔 때마다 계속해서 바뀌는 것은 아닙니다. 현재는 word1이 "is"라고 되어 있지만 다음에 다른 문자열이나 숫자로 바뀌게 되더라도, my_list를 정의해 준 시점에 따라 내용은 변하기도 변하지 않기도 합니다. 이를 주의해 주세요.

■ 리스트 인덱싱, 슬라이싱

두 번째 실습에서는 리스트에서도 인덱싱과 슬라이싱이 적용되는 것을 보여드리겠습니다

- #D-2 #인덱싱 + 슬라이싱

```
>>> my_list = ['my', 'list', 'is', 'nice', 'list']
#인덱싱
>>> print(my_list[0])
my
>>> print(my_list[1])
list
>>> print(my_list[2])
is
>>> print(my_list[-1])
```

```
list
```

가장 먼저 리스트 인덱싱입니다. 인덱싱은 우리가 자료를 구분하기 위해서 자료에 번호를 붙여주는 것이라고 설명해 드렸습니다. 그런데 우리가 배웠던 인덱싱은 문자열에서의 문자 하나하나의 번호를 붙여주는 방식이었습니다. 리스트에서는 문자 하나하나가 아닌, 요소 하나하나에 번호를 붙인다고 이해하시면 됩니다. 아래의 사진을 보겠습니다.

0	1	2	3	4
'my'	'list'	'is'	'nise'	'list'

다음은 슬라이싱의 첫 번째 예제입니다.

- #슬라이싱 1

```
>>> my_list = ['my', 'list', 'is', 'nice', 'list']
>>> print(my_list[0:3:])
['my','list','is']
>>> print(my_list[1:4:])
['list','is','nice']
>>> print(my_list[:4:])
['my','list','is','nice']
>>> print(my_list[2::])
['is', 'nice', 'list']
```

문자열에서 배웠던 슬라이싱과 마찬가지로, [시작 인덱스 : 끝 인덱스 : 증가 폭]으로 구성되어 있습니다. 보시다시피 해당 인덱스에 맞게 변형된 리스트가 출력되는 것을 볼 수 있습니다.

똑같은 방식으로 증가 폭이 포함된 형태로 실습을 진행해보겠습니다.

- #슬라이싱 2

```
>>> print(my_list[::2])
['my','is','list']
>>> print(my_list[::3])
['my','nice']
>>> print(my_list[::1])
['my', 'list', 'is', 'nice', 'list']
>>> print(my_list[::-1 ])
['list', 'nice', 'is', 'list', 'my']
```

이런 식으로 리스트 자료형에서도 인덱싱/슬라이싱/증가 폭 활용이 가능합니다. 왜 이런 방식의 활용이 가능할까요? 그 이유는 시퀀스 자료형의 특징이 그러하기 때문입니다. 시퀀스 자료형이란 값이 연속적으로 이어진 자료형을 의미하는데 종류에는 list, tuple, range, 문자열 등이 있습니다. 이번 장에서는 tuple을 제외하고 모두 간단히 배워볼 예정입니다. 시퀀스 자료형들은 몇몇 공통된 기능을 활용할 수 있습니다. 바로 자료형의 맨 뒤에 [시작 인덱스:끝인덱스:증가 폭] 이렇게 넣어서 활용할 수 있다는 점입니다. 그러므로 다음에 배우게 될 range에서나 혹은 독학하실 때 배우게 될 시퀀스 자료형이 있다면 모두 이런 방식으로 활용할 수 있다는 점 꼭 기억해주시길 바랍니다.

■ 리스트 요소 추가

다음 실습은, 리스트에 요소를 추가하는 방법을 알아보도록 하겠습니다.

■ #예제 D-3 리스트 요소 추가 append

```
>>> motorcycles = ['kia', 'ssangyong', 'hyundai']
>>> print(motorcycles)
['kia', 'ssangyong', 'hyundai']
>>> motorcycles.append('ducati')
>>> print(motorcycles)
['kia', 'ssangyong', 'hyundai','ducati']
```

motorcycles 라는 변수에 ['kia', 'ssangyong', 'hyundai']를 할당하였습니다. 그 이후에, 'ducati'라는 문자열을 추가하려고 합니다. 요소를 추가하는 방식은 여러 가지가 있는데, 첫 번째 방법은 '.append' 명령어입니다. .append 명령어는 리스트의 맨 마지막에 요소를 추가할 때 사용합니다. 위의 예제에서도 볼 수 있듯이, .append(추가하고 싶은 요소)를 통해서 'ducati'를 집어넣게 되었습니다.

■ #예제 D-4 리스트 요소 추가 insert

```
>>> motorcycles = ['honda', 'kia', 'suzuki']
>>> motorcycles.insert(0 , 'ducati')
>>> print(motorcycles)
['ducati', 'honda', 'kia', 'suzuki']
>>> motorcycles.insert(2 , 'bmw')
>>> print(motorcycles)
['ducati', 'honda', 'bmw', 'kia', 'suzuki']
```

이번에는 리스트의 중간에 우리가 원하는 위치에 요소를 집어넣어 보겠습니다. 이번에도 motorcycles에 요소를 집어넣는데, 이번에는 '.insert' 라는 명령어를 활용해 보겠습니다.
.insert(요소를 추가하고 싶은 위치의 인덱스, 추가하고 싶은 요소) 형태로 명령어를 적어주면 됩니다.

예제를 보시면 아시겠지만, 내가 원하는 인덱스에 그 요소를 집어넣고, 나머지 원래 있던 요소들이 뒤로 한 칸씩 밀리게 됩니다.

이제 요소를 추가하는 방법을 배웠으니, 이번에는 요소를 삭제하는 방법에 대해서도 배워보겠습니다.

■ 리스트 요소 삭제

- #예제 D-5 – 리스트 요소 삭제

```
>>> motorcycles = ['honda','yamaha','suzuki']
>>> print(motorcycles)
['honda','yamaha','suzuki']
>>> del motorcycles[0]
>>> print(motorcycles)
['yamaha','suzuki']
```

리스트의 요소를 삭제하는 방법은 삭제를 원하는 요소의 인덱스를 확인한 다음, del 명령어를 사용해서 요소를 삭제합니다. 다음 예제를 보겠습니다.

■ 리스트 요소 개수 확인

- #예제 D-6

```
>>> cars = ['bmw', 'audi', 'toyota', 'hyundai']
>>> print(len (cars))
4
```

이번 예제는, 리스트의 요소 개수를 계산하는 명령어고, len(리스트) 로 비교적 간단하게 리스트의 요소 개수를 알 수 있습니다. 그런데, 리스트의 요소 개수를 왜 알아야 할까요?
예제에서는 리스트의 길이가 눈에 딱 보입니다. 4개인 것이 너무나도 선명하게 보입니다. 하지만 자료가 방대해질수록 그 부분은 우리가 육안으로 확인할 수 있는 부분을 넘어서게 됩니다. 그리고 리스트는 자료의 추가/삭제가 자유롭게 진행되면서 프로그램이 진행되는데 그때마다 리스트 속에 있는 요소의 개수를 아는 것은 매우 중요합니다. 조금 감이 오지 않으시더라도 현업/부업 적용 부분에서 어떻게 활용되는지 한번 알아보도록 하겠습니다. 조금만 기다려주세요.

자료 구조_딕셔너리(dictionary)   Unit. 07

이번에는 자료 구조의 두 번째 형태 '딕셔너리(dictionary)'에 대해서 알아보겠습니다. '딕셔너리(dictionary)'는 우리말로 '사전'입니다. 자료 구조인데 사전 형태와 비슷하다고 생각하면 됩니다.

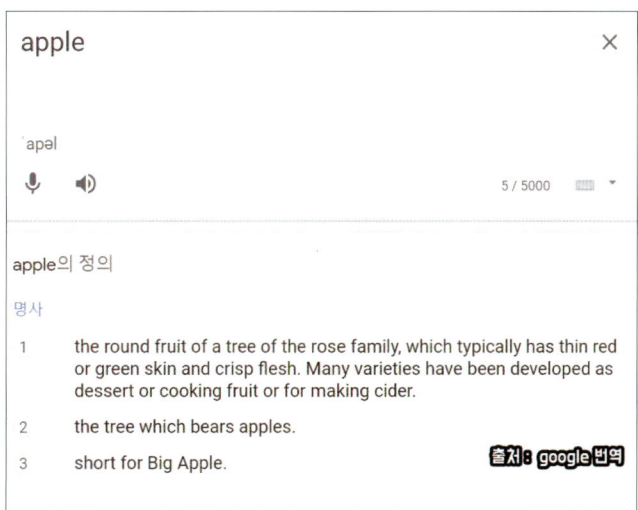

이처럼 하나의 단어에 대응되는 다양한 자료들이 저장될 수 있는 것이 바로 파이썬 데이터 구조 중 하나인 딕셔너리입니다. 앞에서 배웠던 리스트와 비교를 해보면 리스트의 경우 리스트 내부에 들어있는 데이터들은 각각의 의미를 알기가 어렵거나, 기록해놓으려면 번거로운 면이 있습니다. 하지만 딕셔너리는 각각의 데이터에 이름을 붙여 줄 수 있습니다. 나머지 부분은 구조 자체가 조금 다르므로, 예제를 통해서 알아보겠습니다.

■ 딕셔너리(dict) 구조의 이해

- #예제 D-7

```
>>> alien = {'color': 'green','points': 5}
>>> print(alien['color'])
green
>>> print(alien['points'])
5
```

가장 먼저 봐야 할 것은, 딕셔너리의 구조와 자료의 출력을 어떻게 하는지를 알아보겠습니다.
딕셔너리는 중괄호"{}"를 통해서 표현합니다. 그리고 그 중괄호 안에 요소를 ","로 구분합니다. 이때까지는 리스트와 비슷한데, 딕셔너리는 요소를 표현하는 방식이 조금 다릅니다. 이때 딱 2가지만 기억해 주세요.

```
key 값
value 값
```

이 두 가지로 구성되어 있습니다. 위의 예제에서는 key 값은 'color', 'points'가 될 것이고 value 값은 'green', 5가 될 것입니다. 각각을 value 값을 출력하고 싶다면 딕셔너리변수에 대괄호를 달고, key 값을 넣어주면 value 값이 나오게 됩니다.

이처럼 딕셔너리 구조는 요소 하나하나마다 key 값과 value 값이 있어 이 모습이 마치 사전과 같으므로 붙여진 이름입니다.

다음 예제에서 딕셔너리에 요소를 어떻게 추가시키는지 확인해보겠습니다.

■ 딕셔너리(dict) 요소 추가

- #예제 D-8 (요소 추가)

```
>>> alien = {}
>>> print(type(alien))
<class 'dict'>
#딕셔너리의 요소를 추가하는 방법
>>> alien['color'] = 'green'
>>> alien['points'] = 5
>>> print(alien)
{'color': 'green', 'points': 5}

>>> alien['x_position'] = 0
>>> alien['y_position'] = 25
>>> print(alien)
{'color': 'green', 'points': 5, 'x_position': 0, 'y_position': 25}
```

이번에는 만들어진 딕셔너리의 요소를 추가해보겠습니다.

먼저 첫 행에서 alien이라는 변수에 비어있는 딕셔너리를 만들어줍니다. 그리고 두 번째 행에서, alien의 자료 구조를 검사해보니 'dict'라고 뜨는 것을 봐서 정상적으로 딕셔너리 구조가 만들어졌습니다.

세 번째 행에서 alien 딕셔너리 변수의 key 값으로 'color'를 설정하고 거기에 대응되는 value 값으로 'points'를 대입하고 실행시켜 줍니다. 네 번째 행도 같은 원리로 작업합니다.

결과를 보면, {'color': 'green', 'points': 5} 가 뜨는 것을 알 수 있습니다. 이처럼 key 값에 대응되는 value 값을 함께 설정해서 명령을 실행해주면, 딕셔너리의 요소가 추가되는 것을 알 수 있습니다.

■ 딕셔너리(dict) value 요소 수정

- #예제 D-9 (요소 수정)

```
>>> alien = {'color': 'green'}
>>> print("The alien is " + alien['color'] + ".")
The alien is green.

>>> alien['color'] = 'yellow'
>>> print("The alien is " + alien['color'] + ".")
The alien is yellow.
```

리스트에서는 요소를 수정하지 못하고, 삭제하고 다시 집어넣어줘야 하지만, 딕셔너리는 바로 수정할 수 있습니다. 단 key 값은 변하지 않고 value 값만 수정할 수 있습니다.
방식은 간단합니다. 요소를 처음에 추가했듯이 똑같이 명령을 실행시키되, 바꾸고 싶은 value 값을 넣어주면 됩니다. 그럼 기존에 있던 value 값이 새로운 값으로 교체됩니다.

■ 딕셔너리(dict) 요소 삭제

- #예제 D-10 (요소 삭제)

```
>>> alien = {'color': 'green', 'points': 5 }
>>> print(alien)
{'color': 'green', 'points': 5}

>>> del alien['points']
>>> print(alien)
{'color': 'green'}
```

이번에는 딕셔너리 요소 삭제를 진행해보겠습니다. 리스트에서 삭제할 때 썼던 del 명령어를 통해서 요소를 삭제하게 됩니다. 특이한 점은, key 값을 집어넣어주면, value가 함께 삭제되는 것을 알 수 있습니다. 딕셔너리에서는 이처럼 key 값과 value 값은 항상 붙어 다니는 것을 알 수 있습니다.

■ 딕셔너리(dict) key, value, item 추출법

- #예제 D-11

```
>>> alien = {'color': 'green', 'points': 5 }
>>> alien_keys = list(alien.keys())
```

```
>>> print(alien_keys)
['color', 'points']

>>> alien_values = list(alien.values())
>>> print(alien_values)
['green', 5]

>>> alien_items = list(alien.items())
>>> print(alien_items)
[('color', 'green'), ('points', 5)]
```

(주의 : 모든 변수를 list 화 한 이유는 우리가 배웠던 부분을 눈에 보기 쉽게 하도록 설정한 것입니다. 만약 앞에 list를 붙이지 않을 때는 dict_keys, dict_values, dict_items 라는 형태로 출력되지만 기초를 배우는 여러분에게는 조금 헷갈리는 개념으로 다가올 수 있습니다. 이에, 데이터를 가져와서 가공하기 편한 list로 만들어서 실습을 진행합니다. 그리고 이 방식은 책 전반에 걸쳐 나올 수 있음을 미리 공지드립니다.)

긴 코드이긴 하지만 처음에는 alien.keys() 로 key 값들을 모두 불러올 수 있고, alien.values( )를 통해서 value 값을 가져올 수 있습니다.

그리고 key 값과 value 값을 함께 가져오고 싶다면, alien.items()를 통해서 함께 불러올 수 있습니다. 이렇게 우리는 딕셔너리를 자유자재로 불러올 방법을 안다는 것은 딕셔너리 자료를 활용할 때 매우 유용하게 사용할 수 있다는 것을 의미합니다.

■ 딕셔너리(dict) value 값의 특징

- #예제 D-12

```
>>> my_dict1 = {
    'key_1': 'first_value',
    'key_2': 2 ,
    'key_3': 3.14 ,
    'key_4': True ,
    'key_5': [4 , 2 , 1 ],
    'key_6': {'inner_key': 6 }
    }
>>> print(my_dict1)
{'key_1': 'first_value', 'key_2': 2, 'key_3': 3.14, 'key_4': True, 'key_5': [4, 2, 1],
'key_6': {'inner_key': 6}}
```

이번에는 value 값의 특징에 대해서 이야기해보도록 하겠습니다. 지금까지 배운 것처럼 key 값과 value 값을 쓰는 것 좋습니다. 그런데, 굳이 이걸 써야 하는 이유가 사전 형태라는 단순한 이유로는 조금 아쉽습니다. 위의 예제를 보면서 딕셔너리의 장점을 알아보겠습니다.

보시면, value 값들의 순서대로 문자열(str), 정수(int), 실수(float), 불린형(bool), 리스트(list), 딕셔너리(dict)로 입력이 가능한 것을 알 수 있습니다. 이처럼 딕셔너리의 value 값들이 다양한 자료 구조로 표현할 수 있다는 것은 복잡하고 많은 자료를 간단히 하나의 딕셔너리 구조에 담을 수 있다는 이야기이기도 합니다. 자 조금씩 어려워집니다. 그리고 계속되는 의문점이 있을 것 같습니다. "그래서 어떻게 써먹어야 하는 거지?"라는 의문이 말입니다. 이제 거의 마무리 되어갑니다. 조금만 참고 나머지도 배워보도록 하겠습니다.

■ 딕셔너리(dict) key 값의 특징

■ #예제 D-13

```
>>> my_dict2 = {
    4 : 'four',
    1.5 : 'one point five',
    'string_key': 'string_value',
    True : 'True',
    [1,2, 3] : 'True',
    {10:'ten'} : 'a dictionary'
    }
>>> print(my_dict2)
-----------------------------------------------------------------
TypeError         Traceback (most recent call last)
<ipython-input-35-d506ac7e2bdf> in <module>
----> 1 my_dict2 = {
  2   4: 'four',
  3   1.5: 'one point five',
  4   'string_key': 'string_value',
  5   True: 'True',

TypeError: unhashable type: 'list'
```

이번에는 key 값이 될 수 있는 데이터 종류를 알아보겠습니다. 일단 위의 코드를 바로 실행시키면 오류가 발생합니다. 오류가 나는 이유는 무엇일까요? 오류 메시지를 보고 그 내용을 구글에 검색해볼 수 있습니다. "unhashable type: 'list'" → 이 오류의 의미는, list는 key 값이 될 수 없다는 의미가 있습니다. 마찬가지로 dict 값도 key 값이 될 수 없습니다.

반면에 나머지 "4"-정수(int), "1.5"-실수(float), "'string_key'"-문자열(str), "True"-불린형(bool)는 key 값이 될 수 있습니다.

그래서 정상적인 딕셔너리를 만들어내려면 아래와 같이 코드를 써야 합니다.

- #예제 D-13

```
>>> my_dict2 = {
    4 : 'four',
    1.5 : 'one point five',
    'string_key': 'string_value',
    True : 'True',
    }
>>> print(my_dict2)
{4: 'four', 1.5: 'one point five', 'string_key': 'string_value', True: 'True'}
```

결국은 우리가 기억해야 할 것은, key 값으로는 값을 아무거나 쓸 수 없다는 사실만 기억하고 넘어가겠습니다.

자료 구조_range   Unit. 08

이번에 학습할 자료 구조의 형태는 range입니다. range는 매우 단순한 데이터 구조이지만, 향후 배우게 될 for 문에서 매우 자주 쓰이는 구조입니다. range는 시퀀스 자료형으로, 리스트, 문자열 등과 함께 인덱싱&슬라이싱이 가능합니다. 예제를 보면서 range를 익혀보겠습니다.

- #예제 D-14

```
>>> my_range = range(5)
>>> print(my_range)
range(0,5)
>>> print(list(my_range ))
[0,1,2, 3, 4]
```

range를 한마디로 표현한다면, "0부터 설정한 수까지의 정수의 나열"이라고 볼 수 있습니다. 첫 행에서 range(5)가 의미하는 것은 보시다시피 [0,1,2, 3, 4]와 같은 의미로 쓰이게 됩니다.

■ #예제 D-15

```
>>> my_range = range(2,5)
>>> print(list(my_range))
[2,3,4]
```

range의 인덱싱&슬라이싱에 관한 내용입니다. 사용형태는 리스트와 조금 다르긴 하지만, 시작 인덱스, 끝인덱스, 증가 폭을 설정할 수 있습니다.

■ #예제 D-16

```
>>> my_range = range(1 , 7 , 2 )
>>> print(list(my_range ))
[1,3,5]
```

range(5)

0	1	2	3	4
'my'	'list'	'is'	'nise'	'list'

range(2,5)

0	1	2	3	4

range(1,7,2)

0	1	2	3	4	5	6

조건문/반복문   Unit. 09

자 파이썬을 구동시키기 위한 최소한의 지식 마지막 장입니다. 바로 IF문과 FOR문.
제가 이 장을 시작할 때 언급했던 프로그래밍을 해야하는 가장 큰 이유를 2개로 나눈다면, 하나는 데이터 구조였고, 나머지 하나는 이 if문과 for문입니다. 그만큼 이 2개의 구문은 우리가 프로그램을 구동하기 위해서 가장 중요한 기능이 있습니다. 그것은 바로 인간의 의사결정(if)과 반복행동(for)을 구현해 낼 수 있기 때문입니다.
그럼 IF문부터 알아보도록 하겠습니다.

■ IF문

만약 현업에서 엑셀을 자주 활용하는 분이 계신다면, if문의 위력에 대해서는 잘 알고 계실 것입니다. 다양한 자료들의 크기나 개수를 비교해서 어떤 결괏값을 낼 수 있도록 하는 큰 힘을 가지고 있습니다. IF문의 기본 사용 방식은 아래와 같습니다. [들여쓰기 잊지 마세요]

```
if (조건 A):
    (조건 A가 True일 때 해당 코드가 실행됩니다.)
elif (조건 B):
    (조건 A가 False인 상태에서, 조건 B가 True라면 해당 코드가 실행됩니다.)
else:
    (조건 A도 조건 B도 False인 상태라면, 해당 코드가 실행됩니다.)
```

if문은 자동화의 가장 기초적인 원리인 의사결정을 해낼 수 있습니다. 예제를 보면서 설명하겠습니다. (ㅂㅂㅂㅂ들여쓰기 빈칸 4칸을 의미합니다.)

- #예제 E-1

```
>>> a = 34
>>> b = 33
>>> if a > b :
>>> ㅂㅂㅂㅂprint("a is greater than b")
>>> elif a < b :
>>> ㅂㅂㅂㅂprint("a is less than b")
>>> else :
>>> ㅂㅂㅂㅂprint("a is not greater than b and not less than b")
"a is greater than b"
```

a가 34고 b가 33입니다. 당연한 이야기지만 a가 b보다 큽니다. 이 경우, 세 번째 행의 "if a>b" 부분을 충족하게 됩니다. 그 조건을 만족하게 되면, 4번째 행의 코드인 print("a is greater than b")가 실행되게 됩니다. 조건을 조금 바꿔볼까요? a를 33으로 바꾸고, b를 34로 바꿔서 다시 실행해보겠습니다.

- #예제 E-1

```
>>> a = 33
>>> b = 34
>>> if a > b :
>>> ㅂㅂㅂㅂprint("a is greater than b")
>>> elif a < b :
>>> ㅂㅂㅂㅂprint("a is less than b")
>>> else :
>>> ㅂㅂㅂㅂprint("a is not greater than b and not less than b")
"a is less than b"
```

이 경우, 세 번째 행의 조건 "if a > b"가 성립되지 않습니다. (False) 그런 경우 바로 다른 경우를 찾습니다. 바로 5번째 행의 "elif a<b"입니다. elif의 의미는 else if라는 의미입니다. 결국, 한국말로 하면 "if문의 조건에 맞지 않으면 다음 조건"이라고 이해하시면 됩니다.

a는 33이고 b는 34이기 때문에 5번째 행인 "elif a<b" 는 당연히 성립됩니다. 그렇게 "a is less than b"가 출력이 되게 됩니다.

마지막으로 한번 또 꼬아보겠습니다. a를 33으로, b를 33으로 바꿔보고 실행해보겠습니다.

■ #예제 E-1

```
>>> a = 33
>>> b = 33
>>> if a > b :
>>>     print("a is greater than b")
>>> elif a < b :
>>>     print("a is less than b")
>>> else :
>>>     print("a is not greater than b and not less than b")
a is not greater than b and not less than b
```

이번에는 설명은 생략하겠습니다. if에서도, elif에서도 만족하지 않은 경우가 발생했습니다. 이때 사용하는 명령이 else입니다. if문의 대장은 if입니다. elif나 else는 if문이 있어 줘야지 뒤따라서 나올 수 있습니다.

그렇게 강조한 중요한 if문이지만 원리는 단순합니다. 그렇게 어렵지도 않습니다. 하지만 이 구문이 해주는 역할은 상상을 뛰어넘습니다. 추후 현업적용 실습에서 증명해보겠습니다.

■ for문

이번에는 for문에 대해서 알아보겠습니다. for문은 특정 조건까지의 반복작업을 나타냅니다. if문을 통해서 의사결정을 내렸으면, for문을 통해서 계속 반복행동을 해냅니다. 이로써 자동화가 완성되는 것입니다.

일단 for문의 사용법은 다양합니다. 그리고 프로그래밍을 공부해보지 않은 분들에게는 생소할 수 있습니다. 일단 "비현코"라는 단어를 100번 출력하는 것을 가정하고 for문을 쓸 때와 쓰지 않을 때의 차이를 알아보겠습니다.

■ for문을 쓰지 않을 경우

```
>>> #100번 반복하기
>>> print("비현코")
>>> print("비현코")
```

```
>>> print("비현코")
>>> #... 생략
>>> print("비현코")
>>> print("비현코")
비현코(첫번째)
비현코
... 생략
비현코
비현코(100번째)
```

- for문을 쓸 경우

```
>>> for a in range(100):
>>>     print("비현코")
비현코(첫번째)
비현코
...생략
비현코
비현코(100번째)
```

100줄의 코드, 2줄의 코드 무엇을 선택해야 할까요? 당연히 2줄을 선택해야 합니다. 지금부터 이 2줄의 코드를 해부해보겠습니다.

for (변수) in (자료 구조):
　　반복할 코드

위의 for문을 보면 자료 구조에 들어있는 자료를 순서대로 하나씩 뽑아서 변수에 대입합니다. 그리고 그 상태에서 반복할 코드를 실행시킵니다. 이 반복할 코드는 자료 구조에 들어있는 자료를 모두 쓸 때까지 반복됩니다. 이 또한 글로 설명해도 이해하기는 쉽지 않습니다. 예제를 통해서 배워보겠습니다.

- #예제 E-2

```
>>> numbers = [0, 1, 2, 3, 4 ]
>>> for a in numbers :
>>>     print(a)
0
1
```

```
2
3
4
```

numbers라는 리스트가 있습니다. 이 리스트에는 요소가 5개(0, 1, 2, 3, 4) 있습니다. 이제 a라는 변수에 리스트의 요소를 하나씩 대입하고, 아래의 print(a) 코드를 실행시킵니다. 처음에는 0이 그 다음에는 1이 계속해서 4까지 총 5개의 숫자가 출력된 것을 확인할 수 있습니다. 아직은 조금 헷갈릴 수 있습니다. 다음 예제를 보겠습니다.

- #예제 E-3

```
>>> for a in range(10):
>>>     print(a)
0
1
..중략
8
9
```

(ㅁㅁㅁㅁ 이후부터는 들여쓰기 4칸을 표시하지 않겠습니다. ":" 이 온 이후 다음 칸에 오는 자식 집단에 대해서는 항상 들여쓰기를 쓰는 것을 잊지 마세요)

이번에도 예제 E-2와 동일하게 설명해보겠습니다. range(10)은 앞에서도 설명해 드렸지만, 리스트로 따진다면, [0, 1, 2, 3, 4, 5, 6, 7, 8, 9]를 의미합니다. 가장 먼저 a라는 변수에 첫 번째 요소인 0을 대입하고 print(a) 코드를 실행시킵니다. 그 다음은 1을 대입하고, 그 다음은 2를 대입하는 방식으로 계속해서 9까지 반복합니다. range(10)의 마지막 요소인 9까지 출력되고 나면, for문은 종료가 됩니다. for문을 처음 접하게 되면 매우 혼란스럽습니다. 우리는 지금까지 이런 역할을 하는 작업을 많이 해보지 않았기 때문입니다. 하지만, 어렵게 생각하지 않고, 원리만 따진다면 결국은 정해진 데이터를 순서대로 하나씩 하나씩 꺼내서, 변수에 대입하는 것 그 이상도 이하도 아닌 단순한 규칙입니다. 그리고 이런 for문의 가장 기본원리로 포문은 모든것이 설명됩니다. 계속해서 예제를 살펴보겠습니다.

for문 안에서의 변수의 변화

- #예제 E-4

```
>>> fruits = ['lemon', 'kiwi', 'orange']
>>> for a in fruits :
>>>     print("I like " + a + ".")
```

```
I like lemon.
I like kiwi.
I like orange.
>>> print("I ate " + a  + " today.")
I ate orange today.
```

이번 예제에서는, for 문의 진행되면서, 그 속에서 변수 'a'에게 발생하는 변화를 한번 살펴보겠습니다. 먼저 **첫 번째** 행에서 fruits라는 변수에 3개의 요소가 들어있는 리스트를 대입합니다.

두 번째 행에서 for문이 시작됩니다. fruits의 첫 번째 요소인 'lemon'이 a에 대입됩니다. 그리고 **세 번째** 행의 print문이 실행됩니다. ('I like lemon')

다시 두 번째 요소인 'kiwi'가 a에 대입됩니다. 그리고 세 번째 행의 print문이 또다시 실행됩니다. ('I like kiwi')

마지막으로 세 번째 요소인 'orange'가 a에 대입됩니다. 세 번째 행의 print문이 또다시 실행됩니다. ('I like orange')

이렇게 for문이 종료되고 난 뒤, a라는 변수는 'orange'라는 문자열을 가진 상태로 계속 유지가 됩니다. **네 번째** 행의 프린트문이 실행되고 나면 그 사실을 알 수 있습니다. ('I ate orange today')

이처럼 우리가 for문의 첫 시작에 사용한 변수 'a'는 for문이 진행되는 동안 다양한 값을 받아들이고 마지막의 요소까지 받아들인 다음, 그 상태로 포문이 종료됩니다.

여기서 'a'는 다른 단어나 문자를 써도 무방합니다. (ex - I, j, k 등등) for문을 이해하기 쉽게 표현하기 위한 어떤 문자를 선택해서 활용하는 것이 좋습니다.

■ for문 응용(리스트 요소 추가)

- #예제 E-5

```
>>> squares =[]
>>> for a in range(5):
>>>     b  = a*2
>>>     squares. append(b)
>>> print(squares)
[0,2,4,6,8]
```

이번에는 몇 가지 for문의 응용을 통해서 활용법을 배워보도록 하겠습니다. for문의 활용법을 배우는 것은 매우 중요합니다. 우리가 일반적으로 반복적인 행동을 통해서 자료를 저장하는 경우가 많기 때문입니다. 자료를 저장해보도록 하겠습니다.

1행에서 squares 라는 비어있는 리스트를 생성합니다.

2행의 포문을 통해 자료를 하나하나 저장해보겠습니다. 먼저, range(5)는 [0, 1, 2, 3, 4]를 의미합니다.

첫 번째 요소인 0이 'a'라는 변수에 대입됩니다.

3행에서는 새로운 변수인 'b'를 'a*2'의 값에 대응합니다. 현재는 첫 번째 요소를 기반으로 반복문이 실행되고 있으므로 'b'에는 0이 대입됩니다. (b = 0*2)

4행에서 맨 앞에 만들어 놓은 squares 라는 비어있는 리스트에 'b' 변수를 추가합니다. 그리고 다시 for문의 반복코드(3, 4행)를 실행합니다. 두 번째 반복문이 실행되면 이번에는 'a' 값이 0이 아닌 1이 됩니다. 그럼 당연히 b 값은 2가 그 다음에는 어떻게 될까요?

- 1번째 반복문 a = 0, b = 0
- 2번째 반복문 a = 1, b = 2
- 3번째 반복문 a = 2, b = 4
- 4번째 반복문 a = 3, b = 6
- 5번째 반복문 a = 4, b = 8

그렇게 하나씩 대응하여 'squares'는 요소가 하나씩 생겨나고 최종적으로 5개의 새로운 요소가 들어가 있는 리스트가 됩니다.

■ for문 응용(딕셔너리)

■ #예제 E-6

```
>>> my_dict ={
>>>         "a": "apple",
>>>         "b": "banana",
>>>         "g": "grape",
>>>         "k": "kiwi",
>>>         "o": "orange"
>>>     }
>>> for a in my_dict:
>>>     print(a)
a
b
g
k
o
```

이번 실습에서는 딕셔너리(dict)를 반복문을 통해서 출력해보겠습니다. 특이한 점은, 딕셔너리를 반복문에 넣고 for문을 실행하면, 딕셔너리(dict)의 key 값만 출력되는 것을 볼 수 있습니다. 다시 말해서, for문이 실행되는 동안 변수 'a'에 대입되는 자료는 'my_dict' 딕셔너리 자료의 key 값이 순서대로 대입된다는 것을 알 수 있습니다.

만약, key 값이 아닌 value 값을 얻고 싶으면 어떻게 해야 할까요?

- #예제 E-6

```
>>> my_dict ={
>>>         "a": "apple",
>>>         "b": "banana",
>>>         "g": "grape",
>>>         "k": "kiwi",
>>>         "o": "orange"
>>>     }
>>> for a in my_dict.values():
>>>     print(a)
apple
banana
grape
kiwi
orange
```

그리고, key 값과 value 값을 함께 얻고 싶다면 아래와 같이 하면 됩니다.

- #예제 E-6

```
>>> my_dict ={
>>>         "a": "apple",
>>>         "b": "banana",
>>>         "g": "grape",
>>>         "k": "kiwi",
>>>         "o": "orange"
>>>     }
>>> for a in my_dict.items():
>>>     print(a)
('a', 'apple')
('b', 'banana')
('g', 'grape')
('k', 'kiwi')
('o', 'orange')
```

딕셔너리 자료 구조도 for문을 통해서 활용할 일이 많으므로 이 부분에 대해서 기억하고 넘어가겠습니다.

■ for문 응용(2중 for문)

자 우리는 이제 for문을 통해서 리스트(list), range, 딕셔너리(dict)의 자료를 반복해서 가져오고 출력, 연산하는 방법을 배웠습니다. 그런데, for문의 2중으로 겹쳐서도 사용할 수 있습니다. "왜 이렇게 복잡한 걸 배우는 거지?"라고 생각하실 수 있으므로 간단한 예시를 들어보겠습니다.

비현코 대리는 시장조사를 하기 위해서, 모바일게임 커뮤니티 인터넷카페 20개의 게시판에 각각 올라온 최근 100개의 게시물을 가져와야 한다. 그런데 비현코 대리는 for문을 통해서 1개의 게시판의 100개의 게시물을 가져올 수 있는데, 20개의 게시판을 하나하나 찾아가서 그 코드를 실행시키는 것이 매우 시간이 오래 걸린다. 이럴 때는 어떻게 해야 할까?

라는 상황이 발생했다고 가정하겠습니다. 만약 이중 포문을 사용할 수 있다면 20개의 게시판에 들어가서 각각 100개의 게시물을 가져올 수 있게 됩니다. 물론 아직 게시판의 글을 가져오는 방법을 배우지는 않았지만, for문을 사용해서 이런 문제도 해결합니다. 그러므로 우리는 2중, 3중, N 중 for문을 사용할 줄 알아야 합니다. 그럼 실습으로서 알아보겠습니다.

■ #예제 E-7

```
>>> for i in range(2 ): # i : 0, 1
>>>     for j in range(3 ): # j : 0, 1, 2
>>>         print(i , j )
0 0
0 1
0 2
1 0
1 1
1 2
```

갑자기 i? j? 가 나타나서 놀라셨나요? 앞에서도 말씀드렸지만, for문 안에 들어가는 변수는 우리가 일반적으로 변수 설정할 때 쓰는 문자열로 들어가도 큰 문제가 없습니다. 여기서 i, j 대신 a, b를 사용해도 큰 문제가 없다는 것입니다. 하지만 파이썬 코드를 사용할 때 많은 사람은 i를 많이 사용합니다. (index의 약자이기 때문에) 그래서 이번 실습에서는 이렇게 바꾸어서 실습을 진행하겠습니다.

1번째 코드에서 i는 순서대로 0, 1이 대입되게 됩니다. 그럼, 먼저 0이 대입된 상황에서 아래의 for문에서는 j에 0, 1, 2가 순서대로 대입됩니다. 조금 헷갈리겠지만, 우리가 배웠던 for문을 통해서 충분히 이해할 수 있는 부분입니다. 차분히 해당 코드를 연습해보고 2중 for문을 익혀보도록 합시다.

■ while문(무한반복문)

while 문은 반복문입니다. 그런데, 이 반복문은 일정 조건이 성립될 때까지 무한으로 진행됩니다. for문과 if문이 합쳐져 있다고 생각을 하면 크게 다르지 않을 것입니다.

while문의 기본 사용법은 아래와 같습니다.

> while (조건 - 이 조건이 유지되는 동안은 무한으로 반복):
>   반복할 코드
>   while문을 종료시키기 위한 장치(변화식)

생각보다 간단하죠?

이번에도 예제를 통해서 배워보겠습니다.

■ #예제 E-8

```
>>> number = 1
>>> while number < 10 :
>>>     print(number)
>>>     number = number + 1
1
2
..중략..
8
9
```

'number' 변수에 1을 대입하고, while문을 진행합니다. while문이 끝나는 시점은 "number<10"이 성립되지 않을 때까지입니다. 그런데, 여기서 "number = number +1"이 하는 역할이 바로 while문을 종료시키기 위한 장치입니다. 반복문이 하나씩 진행될 때마다 'number'는 숫자를 하나씩 부여받게 되고, 출력까지 진행될 것이고 이 변수가 10이 되는 순간 while문이 종료되기 때문입니다.

■ 반복문 제어(continue, break)

반복문을 제어하는 법을 배워보겠습니다. 반복문을 제어해야 하는 이유는 정말 다양한 방식으로 코드를 반복해서 실행하지만, 그만큼 다양한 상황에서 반복문을 정지시키거나, 코드 진행을 잠시 보류하거나 해야하는 상황들이 발생할 수 있습니다. 이때 반복문을 제어하기 위한 명령어를 알아보겠습니다. break(반복문 전체를 중단)와 continue(해당 루프만 중단하고 계속 진행)를 예제로 학습해 볼 것입니다.(여기서 말하는 루프는 반복문이 여러 번 돌아갈 때 그 중 한번 돌아가는 사이클을 이야기합니다. 예를 들어 , "for a in range(100):"이 있다고 치면, 100번의 루프가 진행됩니다.)

- #예제 E-9

```
>>> i = 1
>>> while i < 6 :
>>>     print(i)
>>>     i = i + 1
>>>     if i == 3 :
>>>         break
>>>     print("!")
1
!
2
```

먼저 break문을 보겠습니다.

3번째 행에서 코드가 진행되면서 print문을 통해서 최초에는 '1'이 출력됩니다.

4번째 행에서 i는 "i=i+1"을 통해서 2로 변경됩니다.

5번째 행에서 if문을 만나는데, i가 3과 똑같을 때 반복문을 멈추게 합니다. 이번에는 i가 2이기 때문에 반복문이 멈추지 않습니다.

7번째 행에서 "!"를 프린트합니다.

그리고 다시 반복문의 처음으로 돌아와서 3번째 행부터 진행이 됩니다. 그런데 문제가 생깁니다. 두 번째 루프(4번째 행)에서 i는 3이 되어버렸습니다.

그럼 두 번째 루프의 if문에서 break 명령어가 실행됩니다. 이렇게 반복문은 종료가 됩니다. break가 실행되고 나면, 반복문은 강제 종료됩니다. 아래는 break 대신 continue를 사용한 명령어입니다. 한번 확인해보겠습니다.

- >>> #예제 E-10

```
>>> i = 1
>>> while i < 6 :
>>>     print(i)
>>>     i = i + 1
>>>     if i == 3 :
>>>         continue
>>>     print("!")
1
!
2
3
```

```
!
4
!
5
!
```

차이점이 보이시나요? break는 반복문을 완전히 정지시키지만, continue는 해당 루프만 정지시키고 다음 루프로 넘어가는 것을 알 수 있습니다.

- ##### 예제 E-11 –함수

```
>>> def function(a ):
>>>     a = a + 3
>>>     return a+3
>>> function(5 )
11
```

이번에는 함수에 대해서 조금만 짚고 넘어가겠습니다. 함수를 사용하는 가장 큰 이유는 방대해지는 코드를 만들고, 그 코드의 기능을 반복적으로 사용할 때 해당 코드를 단축해서 하나의 키워드로 사용할 수 있기 때문입니다.

함수의 기본 문법을 보겠습니다.

> def 함수이름(매개변수):
>   실행시키고 싶은 코드
>   return 출력되는 값

여기서 출력되는 값이란 우리가 배운 print 명령어를 의미하는 것이 아닌 해당 함수를 구동시켰을 때 그 함수의 연산 결과로 도출되는 값을 의미합니다. 함수에 대해서는 실습에서 자주 사용할 예정입니다. 일단 이번 장에서는 기본개념만 익히고 다음으로 넘어가겠습니다.

■ 기타 자주 쓰이는 구문

- 문자열 안에 변수치환

```
>>> abc = '비현코'
>>> efg = f '{abc}의 파이썬 강의는 실용적이다.'
>>> print(efg)
비현코의 파이썬 강의는 실용적이다.
```

문자열을 출력할 때 변수를 넣어서 활용할 수 있습니다. 이런 방법이 있다는 것을 기억하시길 바랍니다.

- **try-except 구문(예외처리)**

```
>>> abc=1/0
Traceback (most recent call last):
ZeroDivisionError: division by zero
```

위의 코드를 실행시키면, 1을 0으로 나누는 방식 때문에 코드 계산의 에러가 발생합니다. 하지만 아래와 같이 예외처리 구문을 활용하면 이런 오류가 발생하지 않도록 코드 설계가 가능해집니다.

```
>>> try:
>>>     abc=1/0
>>> except:
>>>     print("오류발생")
오류발생
```

이 또한, 이런 방법이 있다는 것을 기억하시길 바랍니다.

■ 파이썬 학습을을 위한 최소한의 지식 학습 종료

고생하셨습니다. 지금까지 "최소한"이라는 말이 무색하게 꽤 많은 내용을 배웠습니다. 어떠셨나요? 파이썬을 배우려고 고군분투했던 경험이 있던 분들은 매운 쉽고 빠른 시간이었을 것이고, 처음 배우시는 분들은 그래도 시간이 조금은 걸렸을 것입니다.

이제 본격적으로 현업에 적용하는 파이썬 코딩을 배우게 될 것인데요, 여러분께서 꼭 기억하셔야 할 것은 코딩하다가 만나는 오류나, 배우지 않은 지식을 접할 수 있다는 것입니다. 그때 여러분들은 어떤 감정이 들게 될까요? 매우 당황스러울 것입니다. 하지만 지금까지 배웠던 다소 '약식'의 파이썬 기본 지식을 가지고도, 많은 것을 이해할 수 있을 것입니다. 그러니 여러 문제를 만났을 때 해결할 수 있다는 자신감만 있으면 검색이든 유추든 해결이 가능할 것입니다.

하지만 앞으로 학습하면서, 다음 장으로 넘어가기 전에 꼭 알고 가셔야 할 일이 있습니다.
결론부터 말씀드리자면 우리는 "게릴라"식으로, 그리고 "넓고 얕게" 파이썬 공부를 해나갈 것입니다.
우리는 앞서 WIN/Mac 환경설정에서 인터넷이 자동으로 열리는 것을 경험하였습니다. 그렇다고 '인터넷은 이렇게 열면 됩니다.'라고 단순 정리하기에는 무엇인가 찝찝한 부분이 있습니다. 하지만 반대로 인터넷이 왜 작동되는지에 대해서 하나하나 그 원리에 대해서 깊게 이야기를 해나간다면 그것 또한 너무 많은 시간이 소비되게 됩니다. 어떻게 해야 할까요?
다시 한번 강조하지만, 많은 비전공자가 파이썬을 공부할 때 포기하는 가장 큰 이유는 내 삶에 바로 사용할 수가 없기 때문입니다. 파이썬의 목적은 공부가 아닌 활용이라고 계속해서 말씀드렸다고 하지만, 그것이 기본 문법에 관한 공부가 필요 없다는 이야기는 당연히 아닙니다.

우리는 앞으로 파이썬을 활용하는 단계에서 다양한 지식을 접하게 될 것입니다. 그런데 이 책에서 다루는 그 지식은 파이썬을 앞으로 사용해 나가면서 만나게 수많은 지식의 극히 일부(이지만 매우 중요한 내용)입니다. 필자 또한 지금도 파이썬에 관한 공부를 틈틈이 하고 있습니다. 공부를 게을리하지 않는 이유는 새로운 분야에 필자의 프로그래밍을 적용하기 위해 그때그때 필요한 것을 공부하고 있습니다. 앞으로 만나게 될 여러 문제를 깊게 이해하시는 것이 중요합니다만, 그 내용을 이해하지 못하거나 원리를 모르더라도 사용할 수 있으면 그뿐입니다. 필자의 경험에 의하면 이해하지 못했던 원리들이 활용하면서 이해되는 경우가 더 많았습니다.

다음 장에서 만나게 될 여러 문제를 같이 해결해나가면서 공부를 위한 파이썬이 아닌 현업 활용을 위한 파이썬을 학습해보도록 하겠습니다. 다음 장에서 뵙겠습니다.

현업에 바로 적용하기

CHAPTER 03

이번 chapter에서는 우리가 업무를 하다 보면 경험하는 반복 작업(소위 노가다)을 파이썬 코딩을 통해 해결해 보는 실습을 진행해보도록 하겠습니다. 여러분들에게는 업무를 하면서 해결하고 싶은 혹은 필요로 하는 반복 작업이 어떤 것들이 있나요?

보고서작성, 데이터 분석 및 의미 있는 결과 도출처럼 창의성이 필요한 업무부터, 매일, 매주, 매달 반복 해야하는 서무, 시장동향 분석과 같이 루틴 하게 해야하는 업무, 그리고 회의준비, 의전, 커피 타기, 생수통 갈기, 청소하기…. 등과 같은 잡무까지 할 일이 정말 많습니다. 모두 정말 많은 일을 하고 계실 텐데요.

이 중에서 우리가 루틴 하게 하는 몇 가지 일들을 누군가 해줄 수 있다면 어떨까요? 당장 생수통 갈기, 청소하기, 커피 타기 이런 일들까지는 아니더라도 우리가 컴퓨터로 할 수 있는 일들은 작은 자동화부터 배워보기로 할까요?

또다시 필자의 예를 들어보겠습니다.

필자가 있었던 부서는 매일 판매실적을 점검하고 관리 해야하는 관리조직에 있었습니다. 그때 출근은 9시까지였으나 임원/팀장 회의는 항상 8시 30분에 진행되었습니다. 8시 30분 회의에 들어가는 자료 준비를 필자가 맡았었는데 이게 여간 번거로운 일이 아니었습니다.

일단 7시 15분에 회사에 도착해서, 전날 나왔던 실적을 모두 내려받습니다. 어려운 일은 아니지만, 시간이 20분 정도 걸립니다.

두 번째로는 내려받은 자료 시트를 취합하여 필자가 만들어 놓은 서식에 하나하나 옮겨 담는 작업을 합니다. (누가 봐도 예뻐야 하니깐요)

그런 디자인 작업이 또 20분 정도 걸립니다.

그리고 모두 만들어진 자료를 각 임원/팀장들에게 메일을 쏩니다. 사실 이거는 10분도 안 걸리죠.

이렇게 8시 20분에 보내놓으면? 임원/팀장들께서 8시 30분 회의 때 이 내용을 가지고 회의 진행이 가능합니다. 자, 8시 20분부터 9시까지 필자는 쉴까요? 그랬으면 좋겠지만 회사는 필자가 노는 걸 놔두지 않습니다. 그냥 화장실 가서 오늘 주식, 코인 뭐 살지 어느 정도 보다가 상사의 부름에 8시 30분부터 업무에 임하게 되죠.

공감이 가시나요? 아니면 "요즘 그런 회사가 어디 있어~" 하셨나요? 필자가 지인들과 이야기해본 결과 필자가 다니는 회사는 평범한 수준이었습니다. 더 심한 곳들도 있죠!

자, 그런데 말입니다. 이 업무를 만약 파이썬으로 진행한다면 이 내용을 어떻게 진행할 수 있을까요? 결론부터 말씀드리자면, 50분 걸리는 일, 1분이면 가능합니다. 그럼 필자는 8시 15분쯤 출근해도 큰 문제가 없고, 매일 아침 1시간을 확보할 수 있게 되었습니다.

어떻게 이런 일이 가능할까요? 하나씩 뜯어볼까요?
(여기서부터는 모르는 단어가 나옵니다. 단어에 집중하지 마시고, 내용에 집중해주세요. 설명은 하나하나 해드리겠습니다.)

1. 인터넷 정보가져오기 - Selenium을 활용해서 자동으로 가져옵니다.
2. 엑셀 데이터 취합 - Pandas를 활용해서 취합 및 편집을 진행합니다.
3. 디자인 작업 - Seaborn을 활용해서 만들어진 데이터의 그래프를 자동으로 그려줍니다.
4. 만들어진 데이터들을 - PPT 보고서 자료에 넣는 것으로 마무리합니다.
5. 그리고 만들어진 자료를 정해놓은 메일에 전달합니다.

자 무슨 말인지 잘 모르시겠나요? 하지만 실제로 파이썬으로 이런 역할을 통해서 문제를 해결할 수 있습니다. 이번 장의 실습에서 일부를 다뤄보도록 하겠습니다.

우리가 회사에서 파이썬이 있어야 하는 상황 예시 — Section. 01

일단 우리가 실습할 상황의 예시를 설정해보겠습니다. 지금부터 직장인 드라마 한편 시작하겠습니다.

팀장: 비대리, 요즘 세상이 너무 자주 바뀌어서, 트렌드 따라가기가 너무 어려워…최근 "유튜브"에 대한 기사들을 좀 요약해줄 수 있겠나?

비현코 대리: 네^^. 저 일 잘하는 거 아시잖아요? 내일까지 정리해서 드릴게요!
(팀장 퇴장)

비현코 대리: 자, 일단 인터넷에 있는 기사들을 모두 가져와서 제목 / 본문별로 저장하고 워드 클라우드로 저장해서 만들어 드려야겠다! 디자인 작업도 하고 ^^
비현코 대리(-작업 진행 중- 기사 100개를 정리하는 중 약 1시간에 10개씩 정리, 2일 정도 소요)

비현코 대리: 팀장님, 완료했습니다. 최근 뉴스 100개를 정리하고 자주 쓰인 단어를 정리해서 워드 클라우드로 정리했고, 기사도 순서대로 엑셀로 정리했어요. 보시면 될 듯합니다!

팀장: 오…. 역시 비대리. 잠시만 기다려봐!
팀장(임원에게 보고한다 …. 임원이 크게 칭찬하는 모습)

비현코 대리: (헐… 불안 불안한데…?)

팀장: 비대리! 상무님이 이런 좋은 자료는 트렌드 파악을 위해서 매일매일 만들어서 매일 아침 팀장/임원 회의 때 쓰고 싶다고 하시네! 앞으로 매일매일 아침에 부탁해!^^

비현코 대리: 아…. 네… 알겠습니다. (뭐 되겠지…)
(며칠 후)

비현코 대리: 그래도 처음 만들 때는 10시간씩 걸렸는데, 이제는 루틴 하게 되네!
인터넷 기사 점검하고, 엑셀로 만들고 워드 클라우드 작업을 하고, 만들어진 자료를 메일로 전달하니 이제는 1시간이면 충분히 만드네
참 다행이네…….

정말 다행일까요?

앞에서 말씀드렸지만 인터넷 기사 체크, 엑셀변환, 워드 클라우드 제작, 만들어진 자료를 메일로 전달하는 것 등은 1분 만에 진행할 수가 있습니다.

이제 Chapter 3에 포함된 아래의 파일을 열어 내용을 살펴보겠습니다.

가장 먼저 조금 더 구체적으로 우리가 코드로 구현할 내용을 설정해보겠습니다.

> **비현코의 코드 설계 노트**
>
> 1. 인터넷에서 내가 원하는 정보 자동으로 가져오기
>   인터넷에 있는 특정단어("유튜브")와 관련된 기사 00개의 제목을 가져온다.
> 2. 엑셀 자동화 및 워드 클라우드 자동 생성
>   - 가져온 기사 00개를 엑셀 한 시트로 만든다.
>   - 가져온 기사 제목을 모아서 워드 클라우드*로 제작한다.
> 3. 이메일 자동화
>   - 제작된 이미지를 원하는 곳으로 전송한다.
> 4. 시황보고서 자동제작프로그램 제작
>   - 지금까지 만든 모든 코드를 하나의 코드로 만들어서 실행한다.

여기서 제가 코드 설계 노트라고 적어두었는데요, 앞으로 실제 프로젝트를 진행하기 전에 항상 먼저 이런 설계 노트를 먼저 보여드리겠습니다. 이 코드 설계 노트가 중요한 이유는 우리가 어떤 형태로 프로그램을 만들지에 대한 전체 틀을 만들고 가지 않으면 개발하는 내용이 산으로 갈 우려가 있기 때문입니다. 코드가 길어질수록 '여긴 어디? 나는 누구 ?'와 같은 혼돈에 빠지기 쉬우므로 내가 지금 개발하고자 하는 코드가 무엇인지 확실히 인지하고 앞으로 나아가기 위한 하나의 설계도라고 생각하시면 됩니다. 쥬피터노트북(jupyter notebook)에서도 항상 "#"을 통한 주석으로 이 내용을 적고 하나씩 하나씩 도장 깨기를 하듯이 앞으로 나아가시면 됩니다.

인터넷에서 내가 원하는 정보 자동으로 가져오기   Section. 02

먼저 인터넷에서 우리가 원하는 정보를 가져오는 단계를 한번 사람이 하듯이 나누어볼까요?

- 1. 인터넷창을 킨다.
- 2. 정보검색이 가능한 사이트에 접속한다.
- 3. 원하는 키워드("유튜브")를 검색 창에 검색한다.
- 4. URL 분석을 통한 웹 접근.
- 5. 원하는 정보를 나열하고, 제목을 하나씩 엑셀에 담는다.

정도로 나눌 수 있을 것 같습니다.

이제 이 다섯 단계를 하나씩 해결해 보겠습니다.

> **실습 시작전 주의사항!**
> 책에 적혀있는 여러 코드들은 대상 사이트의 구조 변경이나 API 호출 기법의 변경이 발생할 경우 코드가 실행되지 않을 수 있습니다. 매 Chapter의 시작지점에서 강의자료를 그때 그때 다운 (http://bit.ly/3yY2CUC) 받아서 갱신해주세요. 책에 적혀있는 코드는 변화되지 않지만, 강의자료는 문제가 생길 때마다 구동될 수 있는 코드로 변경하고 설명을 적어두었습니다.

■ 1. 인터넷 창을 킨다.

■ #1-1. 인터넷 창 열기

```python
!pip install selenium==4.1.5
!pip install webdriver_manager
from selenium import webdriver
from selenium.webdriver.chrome.service import Service
from webdriver_manager.chrome import ChromeDriverManager
from selenium.webdriver.common.by import By
service = Service(executable_path=ChromeDriverManager().install()) #크롬드라이버 설치
options = webdriver.ChromeOptions()
options.add_argument('--no-sandbox')
driver = webdriver.Chrome(service=service)
```

(selenium 라이브러리 버전 4.0이 넘어가면서 인터넷을 구동시키기 위해서 chromedriver.exe를 활용하지 않아도 인터넷을 구동시킬 수 있는 방법이 생겼습니다. 실습자료에 업데이트 해놓은 코드를 활용해서 selenium을 통한 인터넷 구동을 더욱 쉽게 진행하시길 바랍니다.)처음 보는 형태의 코드가 나왔습니다. '!' 라는 코드 뒤에 'pip install selenium'이라는 코드가 붙어있습니다. 이 코드는 쥬피터노트북(jupyter notebook)에서 파이썬을 구동시키는 코드가 아닌 터미널 창(컴퓨터 시스템-cmd 창)에서 구동시키는 패키지*(패키지는 코드들의 묶음이라고 생각하시면 됩니다) 설치 명령입니다. chapter 2의 마지막 부분에서 안내해드린 '넓고 얕은 게릴라'식 공부법 기억하시나요? 우리가 알아야 할 것은 쥬피터노트북(jupyter notebook)에서 새로운 패키지를 설치하기 위해서는 해당 코드('!pip install 패키지명')를 적어야 한다는 것입니다.

간단히 알아보고 넘어가겠습니다.

- **라이브러리/패키지/모듈/클래스/함수?**

먼저, 패키지? 라이브러리? 모듈? 클래스? 함수? 우리는 앞으로 이런 단어들을 접하게 될 것입니다. 그냥 한마디로 하면 이 모든 것들은 매번 코드를 써서 기능을 구현시킬 수 없으므로 쉽게 누군가 만들어 놓은 "코드 묶음" 정도로 생각하시면 됩니다. 우리가 이런 "코드 묶음"을 만들어서 사용해야 할 일이 개인의 자동화에서는 크게 많지 않습니다. 이런 내용은 이 책에서도 활용할 일이 있겠지만 '함수' 정도만 사용될 예정입니다.(조금 더 자세한 정보를 원하신다면 python 공식 문서나 구글링을 통해서 학습해보시길 권장해드립니다.) 아래의 그림은 해당 개념에 대한 도식화입니다.

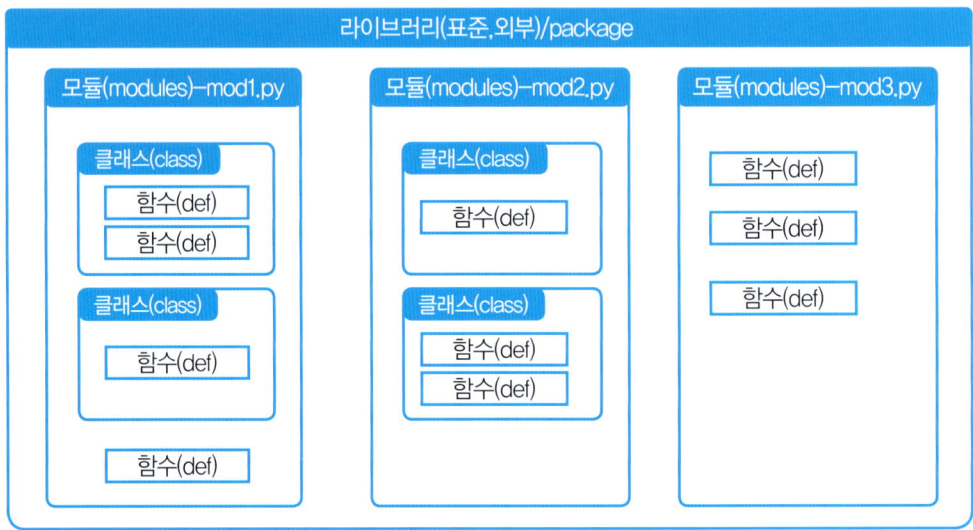

- **selenium 라이브러리**

두 번째 짚고 넘어가야 할 지식은 바로 selenium이라는 라이브러리입니다. 일단 selenium의 공식 문서를 확인할 수 있는 곳은 아래의 URL에 있습니다. [https://www.selenium.dev/documentation/en/]

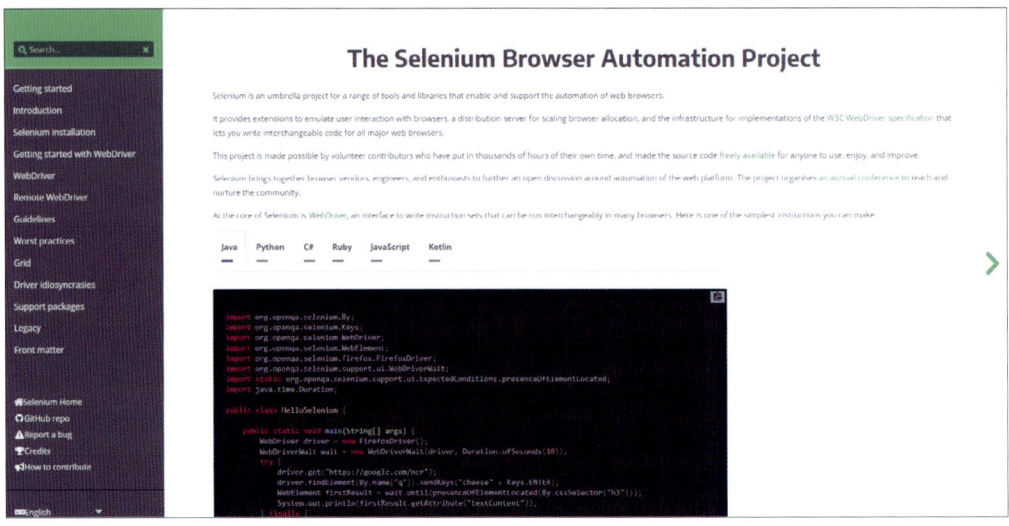

파이썬의 공식 문서와 마찬가지로 매우 방대한 내용의 공식 문서가 존재하고 있습니다. 특히 눈에 띄는 것은 파이썬뿐만 아니라, Java/c#/ruby 등 다양한 언어에서도 해당 기능을 활용할 수 있다는 점이 인상 깊습니다. 언어마다 사용법의 차이는 있겠지만 매우 다양한 방식으로 사용이 가능한 라이브러리라는 것을 알 수 있습니다. 셀레니움 라이브러리에서 우리가 활용할 내용은 매우 다양하지만, 기본적으로 인터넷을 실행시키고, 정보를 입력하고, 출력된 정보를 가져오는 역할을 합니다. 이번 실습에서 해당 기능을 활용하여 배워보겠습니다. 조금 더 깊게 공부해보고 싶으시다면, 공식 문서를 통해서 학습하시기를 권장해드립니다.

다시 돌아와서, 코드를 실행시켜보겠습니다. 이번 실습부터는 반드시 본인이 직접 하나하나 코드를 따라치시면서 따라와 주시길 바랍니다.

- #1-1. 인터넷에 접속한다

```
>>> !pip install selenium
>>> from selenium import webdriver
>>> driver=webdriver.Chrome("chromedriver.exe")
#반드시 chromedriver.exe가 현재 실행하고있는 .ipynb 파일과 같은 폴더에 들어가야 합니다.
```

1번째 행은 selenium 라이브러리를 설치하는 명령어입니다.

2번째 행은 설치된 selenium 라이브러리에서 webdriver라는 모듈을 가져오는 역할을 합니다. 조금 어려우시다면 누군가가 만들어 놓은 코드를 사용하기 위해서 그 코드 묶음을 가져오는 것으로 이해하시면 충분합니다.

3번째 행은 크롬 드라이버를 통해서 구동시키는 인터넷 창을 driver라는 변수에 대입시킵니다. 이 명령어를 조금 구분해보겠습니다. webdriver.Chrome이라는 것은, webdriver 모듈의 내부에 있는 코드인 Chrome이라는 이름으로 만들어진 또 다른 코드 묶음을 실행시키는 것을 의미합니다. Chrome이라는 코드 묶음은 괄호 안에 들어있는 ("chromedriver.exe") 라는 문자열의 파일을 찾아 해당 소프트웨어를 활용하여 인터넷을 구동시킵니다. 아래와 같이 인터넷 창이 켜지게 되었다면 다음으로 넘어가겠습니다.

> **주의!**
>
> 이 책에서 웹의 자료를 크롤링(웹 정보 가져오기)하는 방법을 설명하겠지만, 합법적으로 자료를 수집하고 사용하는 것은 독자 여러분들의 몫입니다. 접근 권한이 있는 저작권 자료를 가져와서 분석 목적으로 사용할 수는 있겠지만, 원작자의 허가 없이 본인이 다른 사람에게 공유하거나 내려받게 하면 안 됩니다. 또한, 잦은 크롤링으로 상대방 시스템 성능에 지장을 줄 때도 문제가 될 수 있으므로, 합법적으로 허용되는 범위를 잘 확인하여 웹 크롤링을 진행하시길 바랍니다.
>
> 이 책 또한, 향후 발생할 송사를 막기 위해 정식으로 크롤링이 가능한 웹사이트를 컨택하였고, 현재 필자가 온라인 강의를 하고 있는 class101의 특별한 동의를 얻어서 class101의 검색 기능으로 나오는 여러 강의 목록을 뉴스 대신에 가져오는 실습을 진행하겠습니다.
>
> 만약, 실제 검색사이트를 활용해보고 싶은 독자님들께서는 이번 실습에서 학습하신 내용을 바탕으로 합법적인 방법으로 다양한 크롤링을 진행하시길 바랍니다.

■ 2. 검색이 가능한 웹사이트(class101)에 접속한다.

- #1-2. 원하는 사이트에 접속한다.(https://class101.net)

```
>>> driver.get("https://class101.net")
```

이제, 클래스101에 접속해보겠습니다. driver라는 변수는 selenium 라이브러리에서는 그 내부의 코드 묶음 중 "get"이라는 명령어를 통해 원하는 URL로 인터넷에 접속할 수 있는 기능을 제공합니다. 다시 말해서, driver.get("접속하고자 하는 인터넷 URL")로 우리가 원하는 웹사이트에 접속할 수 있습니다.

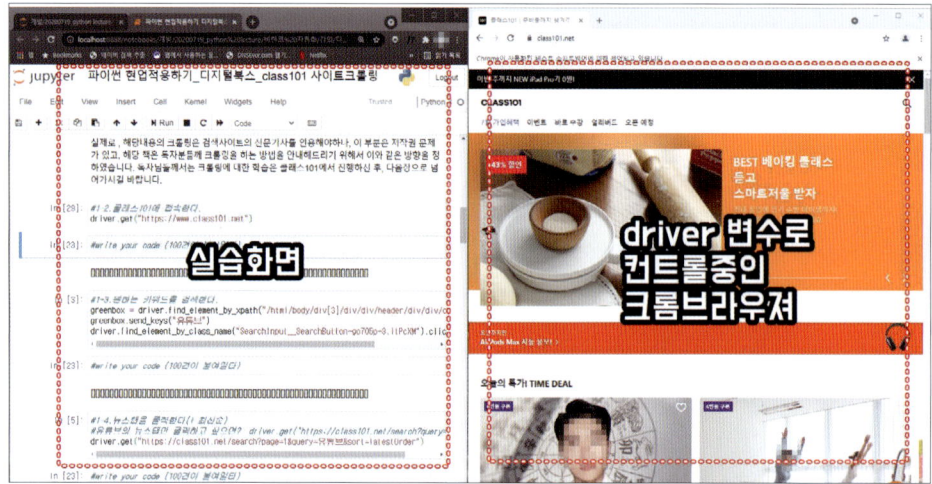

**지금부터 실습은 위의 화면처럼 왼쪽에는 쥬피터노트북(jupyter notebook)을 열어두고, 오른쪽에는 우리가 제어하고 있는 크롬 브라우저(driver에 대입된 브라우저)를 반반 띄워놓고 실습에 임해주시길 바랍니다.

■ 3. 원하는 키워드("유튜브")를 검색 창에 검색한다.

이제, 우리는 검색 창에 우리가 원하는 '유튜브'라는 단어를 친 다음 Enter↵를 눌러서 검색해야 합니다. 사람이 하는 이 일을 컴퓨터가 실행하게 해보겠습니다.

일단 먼저 인간이 하는 행동을 세분화해보겠습니다.

- 1) 검색 창을 찾는다.
- 2) 검색 창에 원하는 키워드("유튜브")를 타이핑 친다.
- 3) 검색을 눌러, 검색엔진을 작동시킨다.

정도로 단계가 나누어지는데요. 이제부터 이 3단계를 프로그램으로 실행해보겠습니다.

- **1) 검색 창을 찾는다.**

검색 창을 찾기 위해서는 인터넷을 통해서 우리가 보고 있는 사이트가 어떤 식으로 우리에게 보이는지를 알아야 합니다. 이때 우리는 앞에서 배웠던 "HTML 구조"를 활용하게 될 것입니다. 앞에서도 말씀드렸지만 우리는 웹사이트를 제작하는 것이 아닌 이상, HTML 구조는 우리가 너무 상세하게 알 필요가 없습니다. 단지 이 구조에서 해당 화면의 어떤 부분이 코드의 어느 부위인지만 알아도 충분합니다.

먼저, 인터넷 창에서 F12를 눌러 인터넷 화면을 구성하는 HTML을 살펴보겠습니다.

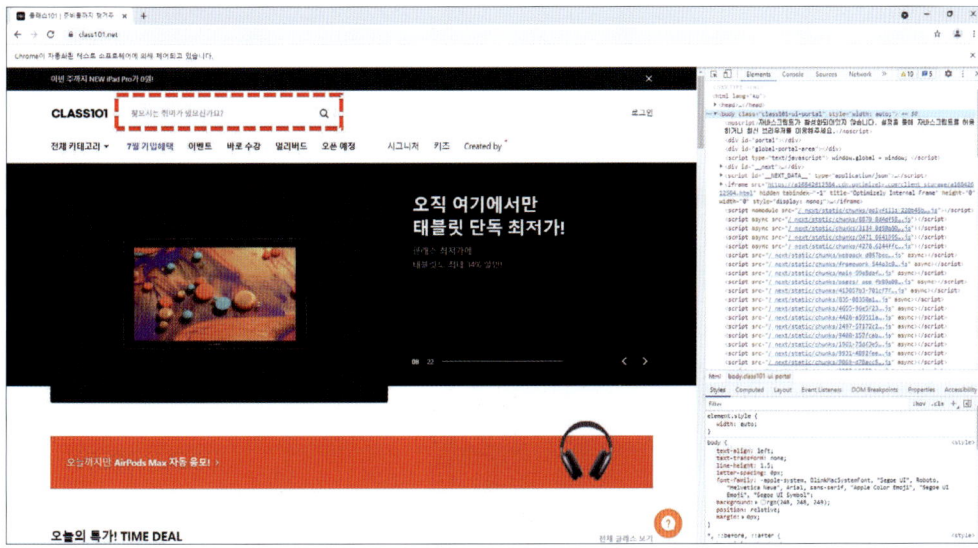

검색 창을 우리가 눈으로 찾았듯이, HTML 코드로 보았을 때 위의 그림에서 표시한 부분이 어떤 코드에 해당하는지를 찾을 수 있습니다. 아래와 같은 방법으로 말이죠.

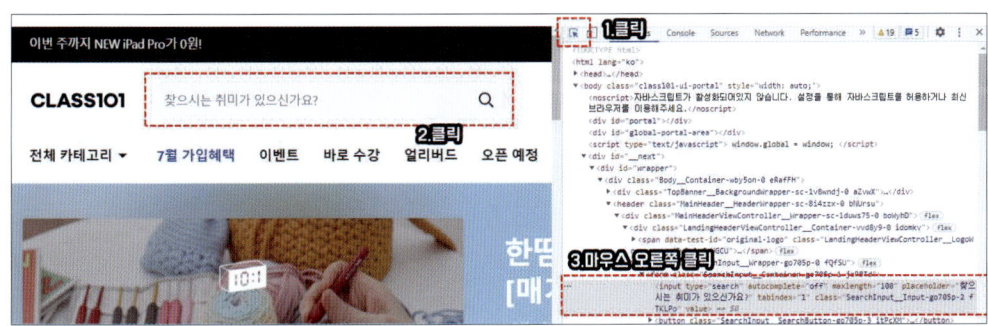

위의 그림에서 알 수 있듯이, F12를 눌러 개발자 도구를 열고 순서에 따라 해당 화면을 클릭하면 검색 창에 해당하는 코드가 어떤 부분인지 알 수 있습니다. 여기서 마우스 오른쪽을 클릭해서 Copy 〉 Copy full xpath를 순서대로 복사합니다.

여기서 잠깐 | xpath란?

XPath(XML Path Language)는 W3C의 표준으로 확장 생성 언어 문서의 구조를 통해 경로 위에 지정한 구문을 사용하여 항목을 배치하고 처리하는 방법을 기술하는 언어이다. XML 표현보다 더 쉽고 약어로 되어있으며, XSL 변환(XSLT)과 XML 지시자 언어(XPointer)에 쓰이는 언어이다. XPath는 XML 문서의 노드를 정의하기 위하여 경로 식을 사용하며, 수학 함수와 기타 확장 가능한 표현들이 있다.

출처:위키백과 – https://ko.wikipedia.org/wiki/XPath

"xpath"라는 것을 정확히 이해하기는 어렵습니다. 그러므로 우리는 xpath를 HTML 문서에서 해당 코드의 위치를 알기 위한 주소&경로 정도로 이해하고 넘어가도록 하겠습니다. (넓고 얕은 게릴라식 학습법! 잊지 마세요!)

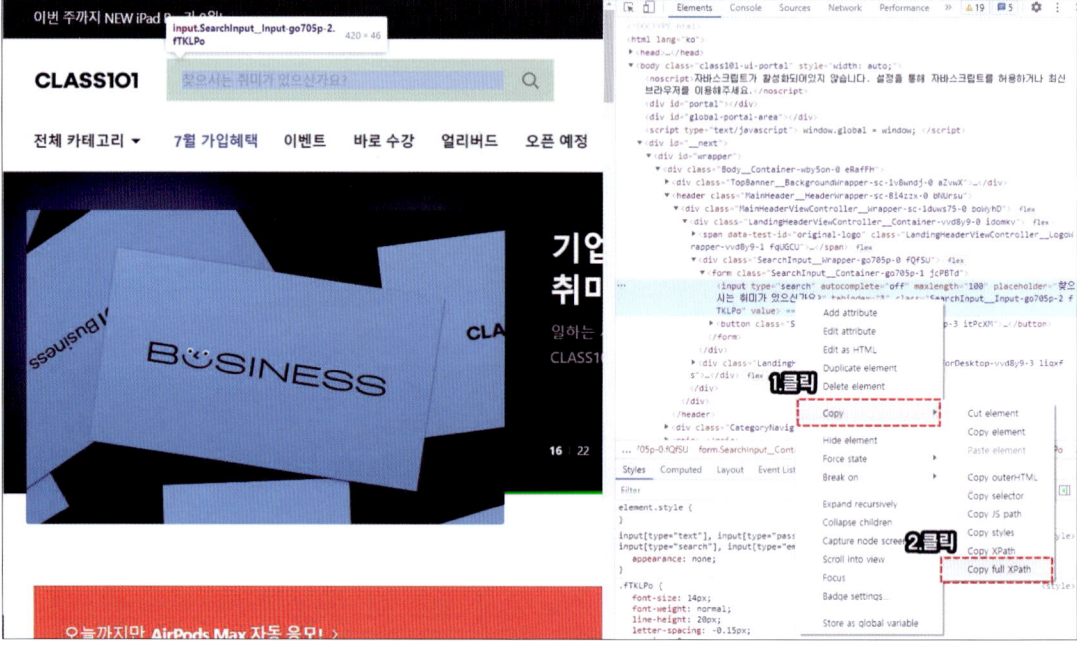

이렇게 복사한 xpath를 활용해서 이제 검색 창에 "유튜브"라는 단어를 입력해보겠습니다.

- #1-3. 원하는 키워드를 검색한다.

- #검색창 클릭

```
driver.find_element_by_xpath("복사xpath").click()
```

- #원하는 검색창 찾기(2022.10.03 업데이트)

```
greenbox = driver.find_element_by_class_name("css-tr85ik")
```

- #원하는 단어 입력하기

```
greenbox.send_keys("유튜브")
```

위의 코드를 해석해보겠습니다.

1번째 행은 class101의 검색어를 입력하는 장소를 앞에서 복사해 둔 xpath로 찾아서 클릭을 하게 합니다. 클릭을 먼저 하게 하는 이유는 클릭을 해야지 이후 검색창에 검색어 입력을 할 수 있게 활성화가 되기 때문입니다.

2번째 행은 'greenbox'라는 변수에 driver.find_element_by_class_name('복사한 클래스명')라는 코드를 대입합니다. 이 코드가 의미하는 것은, driver[현재 제어되고 있는 인터넷 창]에서 우리가 선택한 class_name이 있는 위치에 있는 요소를 가져오라는 뜻입니다. class_name이 가리키는 위치는 바로 우리가 선정한 검색어를 입력할 수 있는 창을 의미합니다.

> **여기서 잠깐** **selenium 라이브러리에서 HTML 코드의 위치를 찾는 방법**
>
> driver는 우리가 제어하고 있는 창을 의미합니다. 여기서 다양한 방식으로 우리가 보고 있는 화면의 HTML 요소를 찾아낼 수 있습니다.
> 하나 실습을 해보겠습니다. 쥬피터노트북(jupyter notebook)의 비어있는 행을 하나 추가한 다음 "driver. find"라고 아래와 같이 쓰고, Tap 키를 눌러보겠습니다.
>
>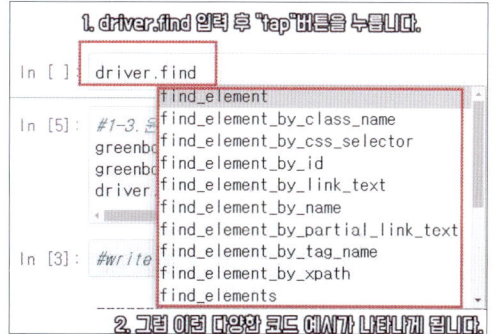
>
> 정말 다양한 코드 예시가 나타납니다. 이 방식은 자동완성 기능인데 코딩을 편리하게 하려고 쥬피터노트북(jupyter notebook)에서 이런 기능을 제공해줍니다. 여기서 우리는 인터넷에 있는 요소를 찾기 위해서 다양한 방법을 시도해볼 수 있습니다. 자주 쓰이는 요소 찾기 구문을 설명해보겠습니다.
>
> - **find_element_by_xpath** : xpath를 통해서 경로를 찾습니다. 절대 경로일 경우가 많아서 유일무이한 위치의 경우 사용합니다.
> - **find_element_by_class_name("----")** : html 코드를 보면 class="----" 이라는 코드가 있습니다. 이러한 class를 기반으로 요소를 찾아냅니다.
> - **find_element_by_tag_name("태그 이름")** : html 코드를 보면 맨 앞에 〈a ── /a〉 혹은 〈li ──/li〉 와 같은 형태로 문서가 구성되어 있습니다. 이런 구성의 맨 앞에 단어 'a', 'li' 등을 태그라고 합니다. 이렇게 태그를 기반으로 요소를 찾아냅니다.
> - **find_element vs find_elements** : 앞서 이야기한 class나 태그는 하나의 html 문서에 같은 단어로 많이 쓰입니다. 이때 해당하는 모든 요소 중 제일 처음 나오는 것을 가져오고 싶다면 element를 쓰고, 모든 요소를 다 가져오고 싶다면, elements를 씁니다.

- **2) 검색 창에 원하는 키워드("유튜브")를 타이핑 친다.**

3번째 행은 이제, 이 창에다가 "유튜브"라는 단어를 입력하는 역할을 합니다. 이번에는 .send_keys("유튜브") 라는 코드로 이 역할을 대신합니다. [.send_keys는 selenium에서 지원하는 method를 의미합니다] 그리고 이 코드까지 실행하면 아래와 같이 '유튜브'라는 단어가 검색 창에 입력됩니다.

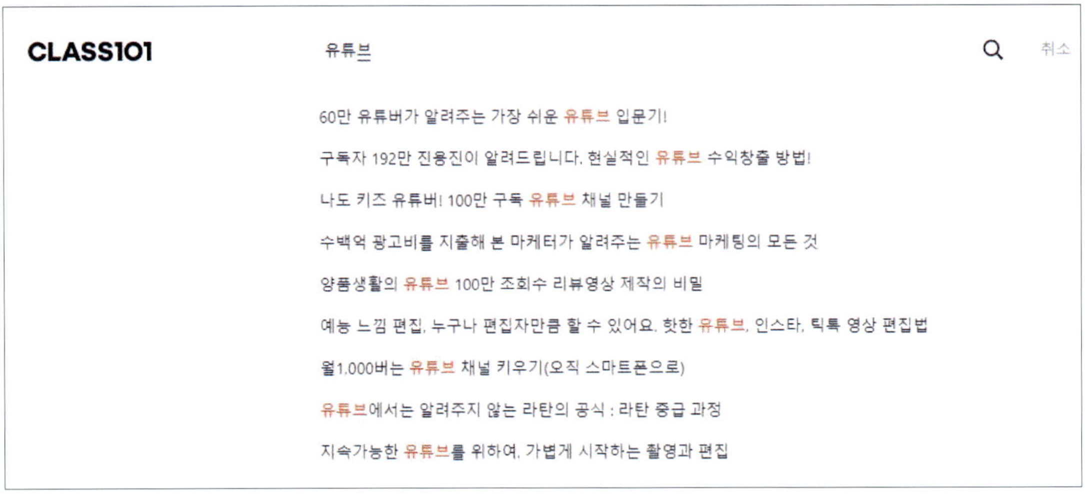

- **3) 검색을 눌러, 검색엔진을 작동시킨다.**

다음 단계는 검색 버튼을 누르고 검색엔진을 작동시킵니다. 앞서 찾아둔 greenbox 변수에 바로 아래와 같이 'ENTER' 키를 입력시킵니다.

- #원하는 부분을 엔터치기

```python
from selenium.webdriver.common.keys import Keys
greenbox.send_keys(Keys.ENTER)
```

또 새로운 명령어가 나타났습니다. 바로 .send_keys(Keys.ENTER) 인데요, 쉽게 설명해서 우리가 찾은 요소를 마우스로 클릭하듯이 행동을 하게 만드는 셀레니움 라이브러리의 기능입니다.

이렇게 실행시키면, 검색결과가 나타나게 됩니다.

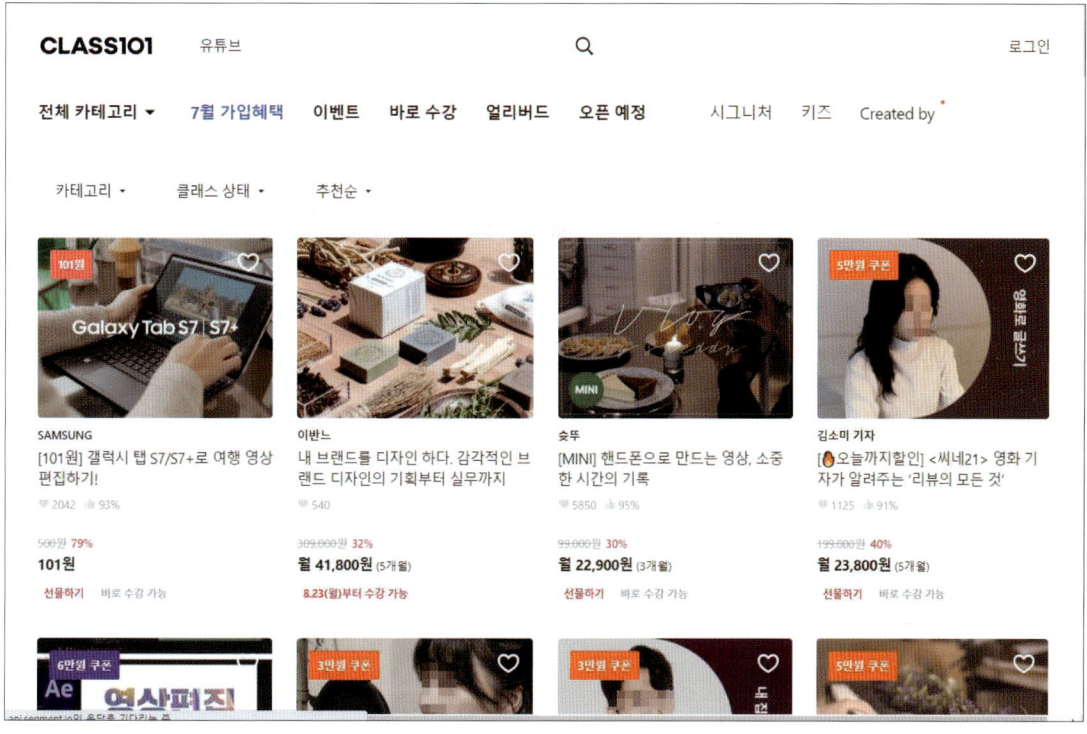

■ 4. URL 분석을 통한 웹 접근

자, 이런 방식으로 또다시 코드를 짜서 우리가 원하는 검색경로를 클릭&타이핑만으로도 원하는 검색결과를 볼 수 있습니다. 지금까지 했던 방식과 똑같이 클릭 위치를 찾아서 진행하면 되겠죠. 하지만, 실습을 계속해보시면서 느끼시겠지만, 이런 물리적 위치를 찾아서 클릭하는 것은 생각보다 코드를 짜는데 시간이 조금 걸릴 수 있습니다. 필요하다면 사용해야겠지만, 다른 방법이 있다면 굳이 사용할 필요가 없습니다. 우리의 목적은 기능을 만들어내는 것에 목표를 가지고 있으니깐요!

잠시 현재 검색된 창의 URL을 확인해볼까요?

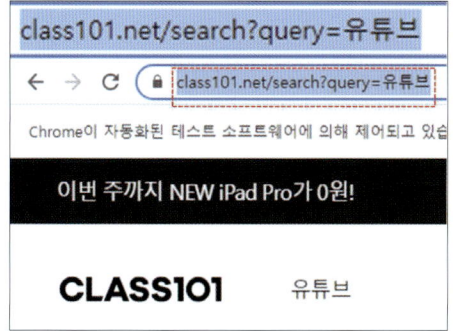

CHAPTER 03 _ 현업에 바로 적용하기 • **123**

매우 복잡해 보이지만, 결국 맨 마지막의 "유튜브"라는 단어가 검색되어 있으니 이런 링크가 뜨는 것을 알 수 있습니다. 계속해서 "비현코"라는 단어를 검색해서 확인해보겠습니다.

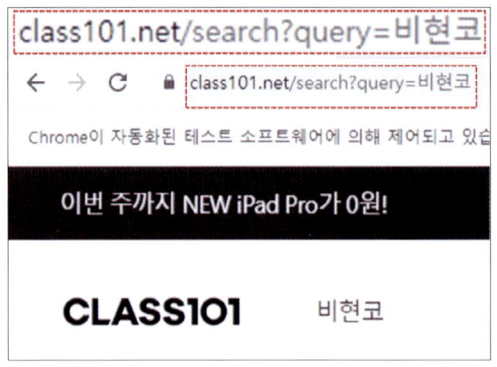

무엇인가를 발견하셨나요? 네 맞습니다. 모든 URL은 같고 "유튜브"와 "비현코"라는 단어만 다릅니다. 그렇다는 것은 우리가 URL에 대한 규칙만 알면 힘들게 클릭하거나 타이핑을 자동으로 치지 않더라도, 바로 우리가 원하는 정보에 접근할 수 있다는 이야기입니다.

주저하지 말고, 바로 클래스101(class101.net)에 접속한 다음, "유튜브"를 검색하고 '최신순'으로 설정을 바꾸고 나타나는 URL을 복사해보겠습니다.

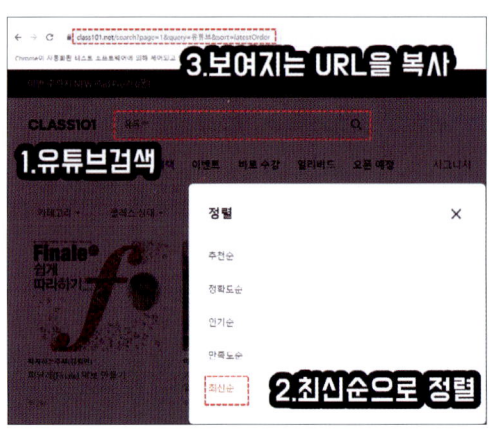

그리고 가져온 URL을 쥬피터노트북(jupyter notebook)의 빈 칸에 넣어보겠습니다.
그런데, 이상한 문제가 발생합니다

```
복사(Ctrl+C)한 URL :
https://class101.net/search?page=1&query=유튜브&sort=latestOrder
붙여넣기(Ctrl+V) 한 URL:
https://class101.net/search?page=1&query=%EC%9C%A0%ED%8A%9C%EB%B8%8C&sort=latestOrder
```

왜 이런 일이 발생하는 걸까요?

간단한 원리만 설명해드리면, '유튜브'는 한글입니다. 그리고 파이썬 프로그래밍은 기본적으로 다른 장치를 취하지 않는 이상 한글을 바로 해석하지 못합니다. 그래서

%EC%9C%A0%ED%8A%9C%EB%B8%8C

이런 식으로 '유튜브'라는 한글을 파이썬 프로그램이 알아들을 수 있는 말로 변환한 것입니다.(만약 이 부분에 대해서 조금 더 궁금하시다면 구글에 ASCII, EUC-KR, CP949와 같은 단어를 검색해서 한글을 컴퓨터가 이해하기 위해 만들어진 여러 역사를 한번 살펴보길 바랍니다.)

결국, 우리는 아래와 같은 코드로 따로 '뉴스 탭'을 클릭하지 않고 URL만으로 접속할 수 있습니다.

■ #1-4. 뉴스 탭을 클릭한다

```
>>>driver.get("https://class101.net/search?page=1&query=%EC%9C%A0%ED%8A%9C%EBB%B8%8C&sort=latestOrder")
```

■ 5. 원하는 정보들을 나열하고, 제목을 하나씩 엑셀에 담는다.

이제 정보를 가져오는 마지막 단계입니다. 일단, 검색으로 출력된 자료들을 가져와야 합니다. 앞에서 배웠던 대로, F12 누르고, 요소 찾기 화살표를 눌러 첫 번째 클래스에 마우스를 클릭을 따로 하지 말고, 올려만 보겠습니다. 두 번째 클래스에도 마우스를 올려보도록 하겠습니다. 세 번째도 네 번째도 계속 확인을 해보겠습니다. 뭔가 발견한 게 있나요?

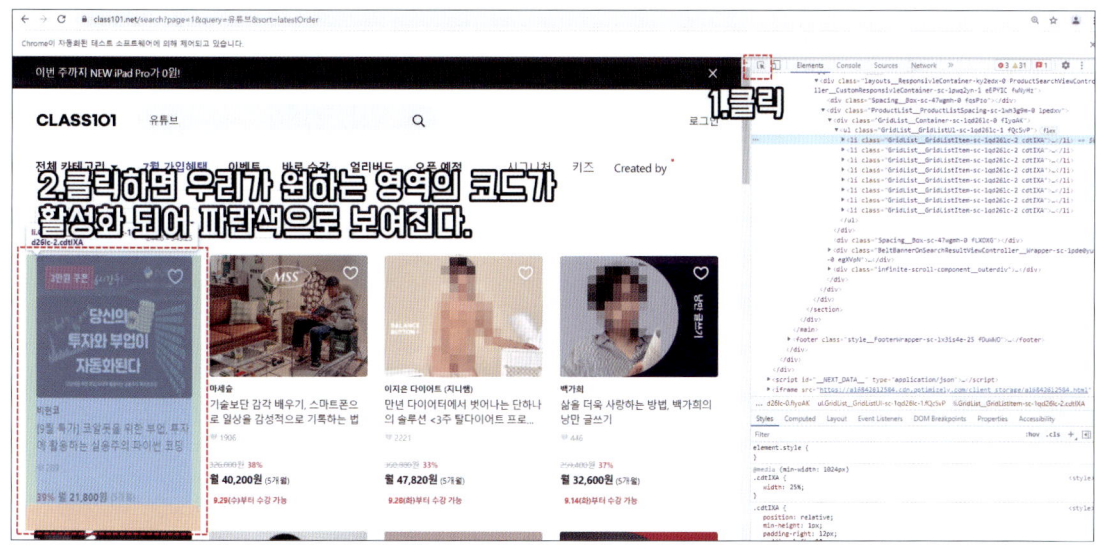

아래의 그림과 같이 클래스 하나마다 대응되는 html 코드가 있는 것을 확인할 수 있고, 이 코드는 〈li---/li〉라는 형태로 구성되어 있는 것을 알 수 있습니다. 우리는 클래스를 모두 가져와야 하므로 이 〈li---/li〉로 되어 있는 요소들을 모두 가져와야 합니다.

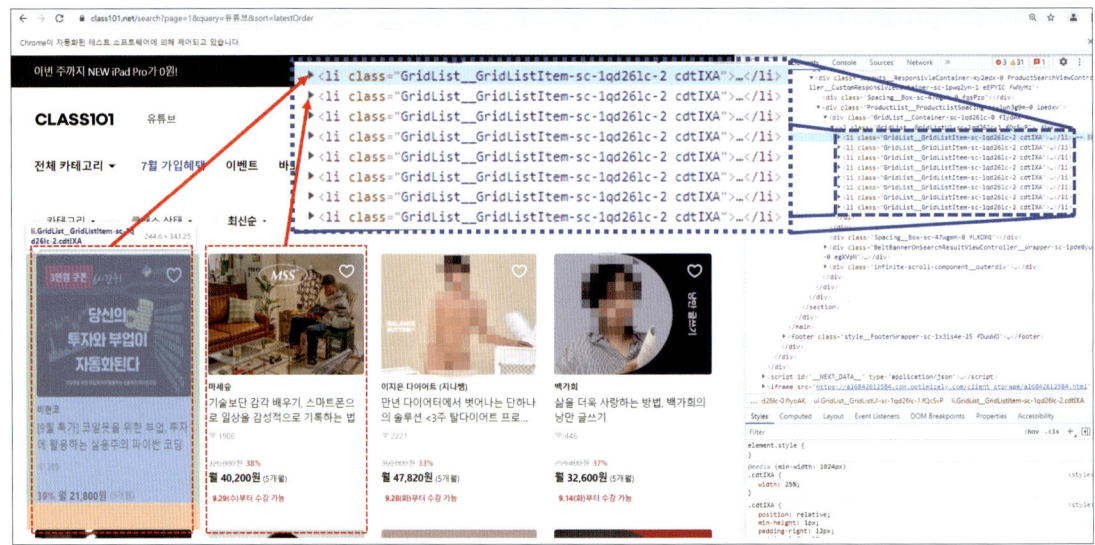

그런데 여기서 의문점이 하나 생깁니다. 우리가 보고 있는 'li' 태그는 과연 여기에만 존재할까요? 여기에만 존재할지 안 할지 확실치 않다면, 코드를 확실하게 설정하는 게 좋습니다. 그래서 기사들이 모여 있는 'li' 태그의 상위 요소인 'class=GridList__GridListUl-sc-1qd26lc-1 fQcSvP'를 모두 가져오겠습니다.

그 이후, 가져온 요소들을 하나씩 저장할 예정입니다.

- #1-5. 검색된 강의를 최신순으로 배열하여 리스트 변수에 담는다.

```
>>> first_sel = driver.find_element_by_class_name("GridList__GridListUl-sc-1qd26lc-1.fQcSvP")
>>> second_sel = first_sel.find_elements_by_tag_name("li")
>>> news_title_lists = []
>>> for a in second_sel:
```

```
>>>     news_title_lists.append(a.text.split("\n")[1])
>>> news_title_lists
```

코드를 하나씩 보면서 좀 더 상세하게 안내해드리겠습니다.

```
>>> first_sel = driver.find_element_by_class_name("GridList__GridListUl-sc-1qd26lc-1.fQcSvP")
```

위에서 잠깐 언급 드렸지만, 우리는 클래스가 모두 포함된 요소들을 가져와야 합니다. 그렇게 하려면 먼저 class명이 'GridList__GridListUl-sc-1qd26lc-1 fQcSvP'인 요소를 가져옵니다. (클래스명 중간의 빈 칸은 "." 마침표로 이어주는 것을 잊지마세요)
"li" 태그로 가져오는 것도 생각해볼 수 있지만, 다른 쪽에도 'li' 태그가 있으면 필요 없는 요소들까지 모두 가져와야 하는 상황이 발생합니다. 그래서 일단, 'GridList__GridListUl-sc-1qd26lc-1 fQcSvP'라는 클래스 명이 들어있는 요소를 통째로 가져온(element) 뒤 'li' 태그를 (elements)로 모두 가져옵니다. 그리고 first_sel이라는 변수에 이 요소를 저장해줍니다.

```
>>> second_sel = first_sel.find_elements_by_tag_name("li")
```

다음은, 가져온 이 요소들 속에 있는 'li' 태그 모두를 가져오고(elements) second_sel이라는 변수에 대입해줍니다. 이제 'second_sel'이라는 변수에 다양한 정보가 저장되어 있습니다. 정보? 라 하면 데이터 구조를 의미합니다. "type(second_sel)"이라는 명령어를 실행시켜보면 'second_sel'이라는 변수는 list로 되어 있다는 것을 알 수 있습니다.

```
In [6]: type(second_sel)
Out[6]: list
```

다음입니다.

```
>>> news_title_lists = []
>>> for a in second_sel:
>>>     news_title_lists.append(a.text.split("\n")[1])
>>> news_title_lists
```

이제 가져온 'second_sel'을 하나씩 꺼내서 'news_title_lists'라는 비어있는 리스트 변수에 하나씩 강의 제목을 저장해줍니다.

이제 for문을 실전에 적용할 때가 왔습니다. 잠깐 for문을 점검하고 가겠습니다. 반복문의 한 종류인 for문은 우리가 원하는 데이터를 하나씩 하나씩 순서대로 가져오는 역할을 합니다.

그럼 반복해야할 코드인 news_title_lists.append(a.text.split("\n")[1])는 어디서 나온 것일까요? 이 코드를 이해하기 위해서는 하나씩 코드를 뜯어볼 필요가 있습니다.

second_sel은 강의들이 담겨있는 요소들이 모여있는 list입니다. 여기서 1개만 뽑아서, 이 구성이 어떻게 되어있는지 알아보겠습니다.

```
In [7]: second_sel[0]
Out[7]: <selenium.webdriver.remote.webelement.WebElement (session="d8cde620cdcd401acfb57b4b9fa4c010", element="87eafaf4-8bea-4e96-845f-52795a405bb8")>
```

보시면 첫 번째 요소를 불러오면 매우 복잡한 형태로 되어있습니다. 하지만 결국은 HTML 구조로 되어 있을 것입니다. 이 요소의 HTML 구조를 한번 알아 보겠습니다.

```
In [55]: second_sel[0].get_attribute("innerHTML")
Out[55]: '<a class="ProductCardfragment__HoverStyledLink-sc-1cja13i-0 gfCFNQ" href="/products/Spo N3ektkBuUxRHb79Sa"><div class="Card__Container-sc-1esp5o0-0 dAcda6"><div class="Card__CoverImageArea-sc-1esp5o0-1 bYKiKB"><span class="RatioImage__Container-sc-1riu4nv-0 kDHMPY ProductCardImage__CardImage-sc-1xli517-2 ecIuKy"><picture class="ResponsiveImage__Picture-sc-18ezuwf-0 bIDEng RatioImage__Img-sc-1riu4nv-1 dfGfwL"><source type="image/webp" sizes="(min-width: 1024px) 300px, 50vw" srcset="https://cdn.class101.net/images/ea776804-8484-4513-83e
```

단순히 하나의 요소인데도 매우 길고 긴 HTML 구조를 나타냅니다.
(여기서 get_attribute('innerHTML') 은 해당 요소의 HTML을 모두 가져오게 만듭니다.)
하지만 우리가 필요한 것은 강의 제목입니다. 강의 제목은 어떻게 가져와야 할까요?
아래의 코드를 보시죠.

```
In [57]: second_sel[0].text
Out[57]: '비현코\n[9월 특가] 코알못을 위한 부업, 투자에 활용하는 실용주의 파이썬 코딩\n289\n39%\n월 21,800원\n(5개월)'
```

보시다시피 간편하게 .text 라는 명령어로 해당 요소에 있는 text를 모두 가져오게 됩니다. 그런데 문제가 있습니다. 우리가 가져와야 할 것은 제목이기 때문에,

```
In [57]: second_sel[0].text
Out[57]: '비현코\n[9월 특가] 코알못을 위한 부업, 투자에 활용하는 실용주의 파이썬 코딩\n289\n39%\n월 21,800원\n(5개월)'
```

이 부분을 가져와야 합니다. 그럼 저 문자열에서 우리가 원하는 부분을 추출하려면 어떻게 해야 할까요? 그때 쓰는 명령어가 바로 파이썬에서 기본으로 제공해주는 method인 '.split'입니다. '.split'의 용도는 문자열에서 우리가 원하는 지점을 기점으로 문자열을 나눠주는 역할을 합니다. 아래는 .split의 사용방법입니다.

> **여기서 잠깐** **split 사용 방법**
>
> 문자열.split("분할하고 싶은 문자의 기준")
>
> ex) abcabcdabcabcd 라는 문자를 c로 나누고 싶다면 아래와 같아집니다.

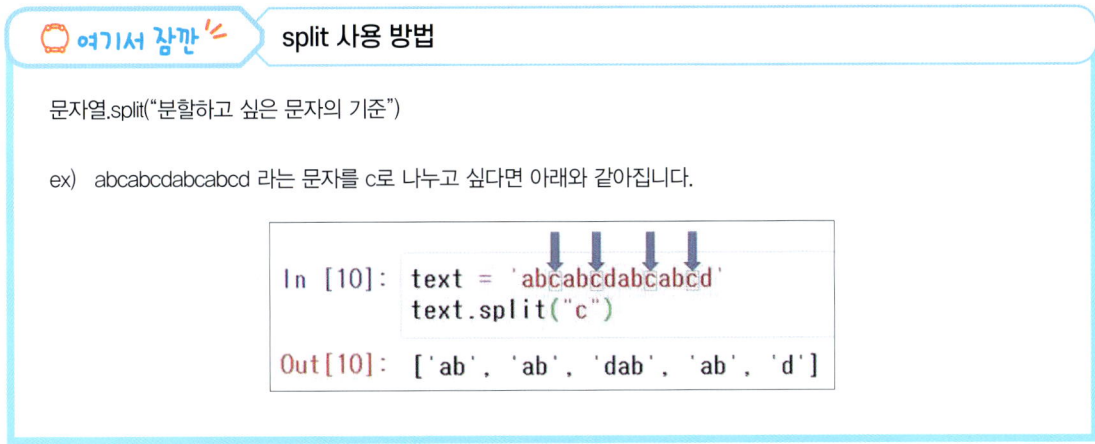

그럼 이제 우리가 원하는 강의 제목을 가져와 볼까요? 우리에게 가장 최선인 분할 방법은, 제목 바로 앞에서 문자열을 한번 자르고, 거기서 만들어진 요소에서, 제목의 마지막 부분을 다시 나눠주면 됩니다. 글을 잘 지켜보면, 아래 그림과 같이 공통으로 보이는 문자열이 있습니다.

```
In [57]: second_sel[0].text
Out[57]: '비현코\n[9월 특가] 코알못을 위한 부업, 투자에 활용하는 실용주의 파이썬 코딩\n289\n39%\n월 21,800원\n(5개월)'
```

그럼 이 문자열로 분할을 진행해보겠습니다.

```
In [58]: second_sel[0].text.split("\n")
Out[58]: ['비현코',
 '[9월 특가] 코알못을 위한 부업, 투자에 활용하는 실용주의 파이썬 코딩',
 '289',
 '39%',
 '월 21,800원',
 '(5개월)']
```

보이시나요? 깔끔해졌습니다. 우리가 만들어낸 리스트를 보면 아래와 같습니다.

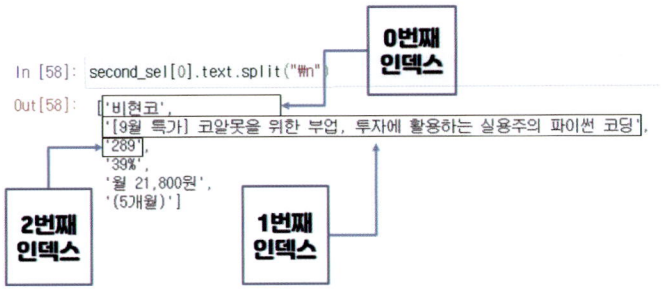

우리는 1번째 인덱스인 제목을 가져오면 되기 때문에 아래와 같이 제목을 추출할 수 있습니다.

```
second_sel[0].text.split("\n")[1]
'[9월 특가] 코알못을 위한 부업, 투자에 활용하는 실용주의 파이썬 코딩'
```

이제 요소 1개의 제목을 뽑아올 수 있게 되었으니, 원래 코드로 돌아와서 모든 요소의 제목을 뽑아오겠습니다.

```
In [60]: news_title_lists = []
         for a in second_sel:
             news_title_lists.append(a.text.split("\n")[1])
         news_title_lists

Out[60]: ['[9월 특가] 코알못을 위한 부업, 투자에 활용하는 실용주의 파이썬 코딩',
          '기술보단 감각 배우기, 스마트폰으로 일상을 감성적으로 기록하는 법',
          '만년 다이어터에서 벗어나는 단하나의 솔루션 <3주 탈다이어트 프로젝트>',
          '삶을 더욱 사랑하는 방법, 백가희의 낭만 글쓰기',
          '코인 채굴 누구나 할수 있다!',
          '프로 N잡러가 알려주는 혼자만 알고 싶은 3가지 독특한 부업',
          "미래를 함께 그려요! 커플들을 위한 '미리 결혼 수업'",
          "💰1억 5천 아끼고 시작하는 부동산 '절세꿀팁' 완전정복!"]
```

이렇게 news_title_lists 라는 비어있는 리스트 변수를 만들고, 그 리스트에 우리가 뽑아낸 제목을 하나씩 요소로 추가했습니다. 이렇게 10개의 제목이 들어있는 리스트가 만들어졌습니다.

*여기까지 뉴스기사가 아닌 강의 제목을 크롤링하는 방식을 배워보셨습니다. 하지만 우리는 뉴스기사 제목을 크롤링 하는 것이 목표이기 때문에 이후부터는 "강의"가 아닌 "뉴스"로 바꾸어서 내용을 이어나가겠습니다.

*만약 직접 검색사이트의 뉴스를 크롤링해보고 싶다면, 강의자료 안에 들어있는 코드를 활용해서 체험해보시길 바랍니다.

엑셀 자동화 및 워드 클라우드 자동 생성   Section. 03

이렇게 가져온 데이터를 기반으로 엑셀로 저장한 다음, 그 데이터를 워드 클라우드로 만들어서 메일로 보내는 작업을 이어서 해보겠습니다.

■ 1. 가져온 기사 10개를 엑셀로 옮긴 다음 그 파일을 저장한다.

```
>>> import pandas as pd
>>> df = pd.DataFrame(news_title_lists)
>>> df.to_excel('bhyunco_test.xlsx')
```

이번에 새로운 라이브러리가 나옵니다. 그것은 바로, 'pandas' 라이브러리입니다. 아주 많은 파이썬 사용자들이 데이터를 관리하고 정리할 때 활발하게 사용하는 라이브러리입니다. 해당 라이브러리에는 정말 다양한 기능들이 있습니다. 해당 기능의 종류와 사용법을 알고 싶다면 https://pandas.pydata.org/docs/ 를 참고하시길 바랍니다.

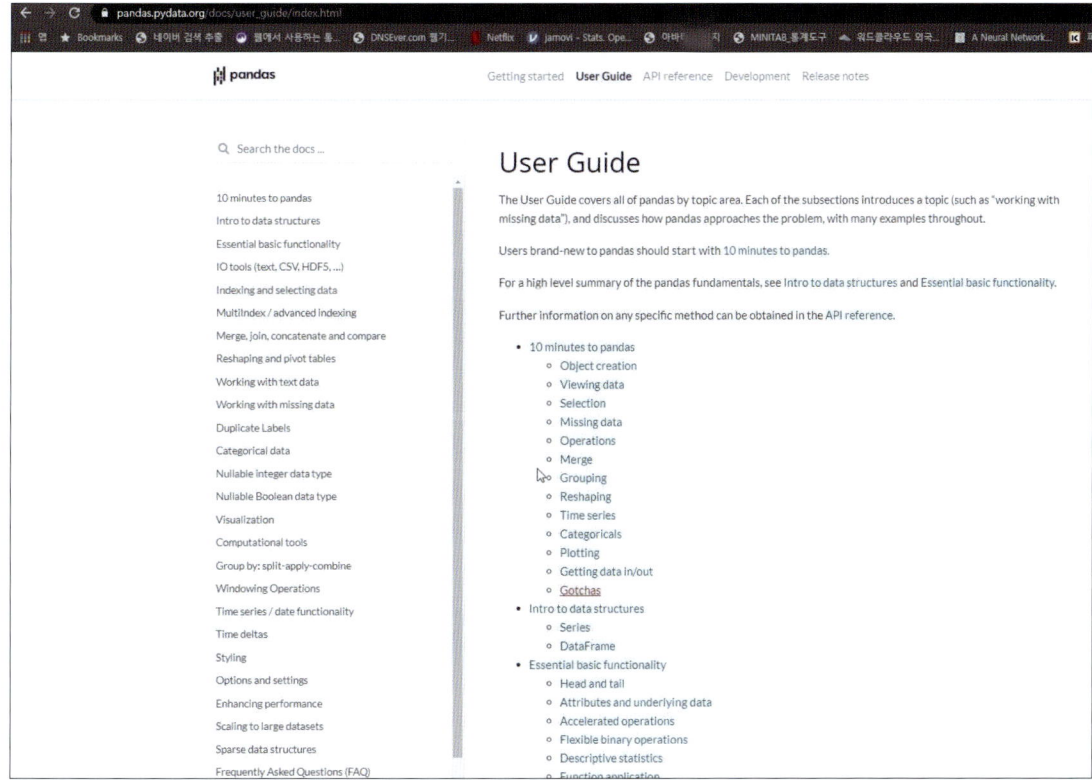

일단 이번 실습에서는 우리가 만들어낸 리스트를 'pandas'라이브러리에서 활용할 수 있는 데이터 구조인 'data frame'으로 변경하고 그 이후에 변경된 자료 구조를 엑셀 파일로 저장해보도록 하겠습니다.

먼저 한줄 한줄 설명해드리기 전에 해당 코드를 실행하면 엑셀 파일이 생성되는 것을 볼 수 있습니다.

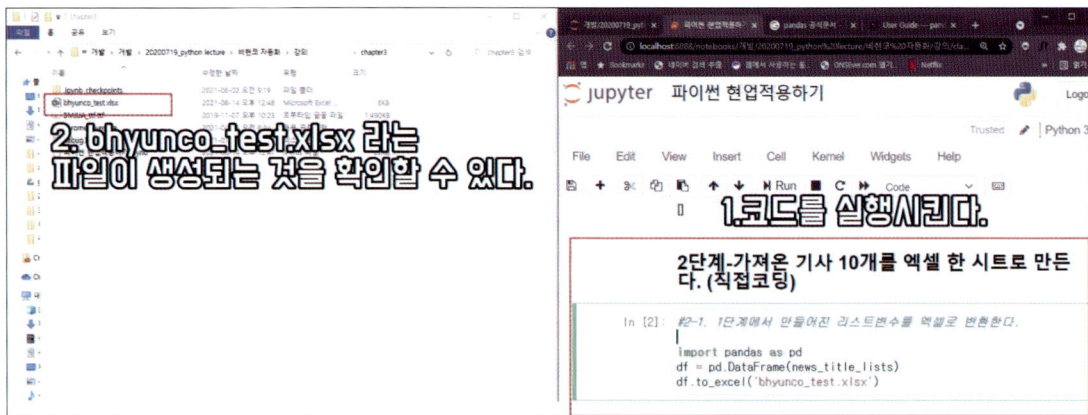

해당 엑셀 파일을 열면,

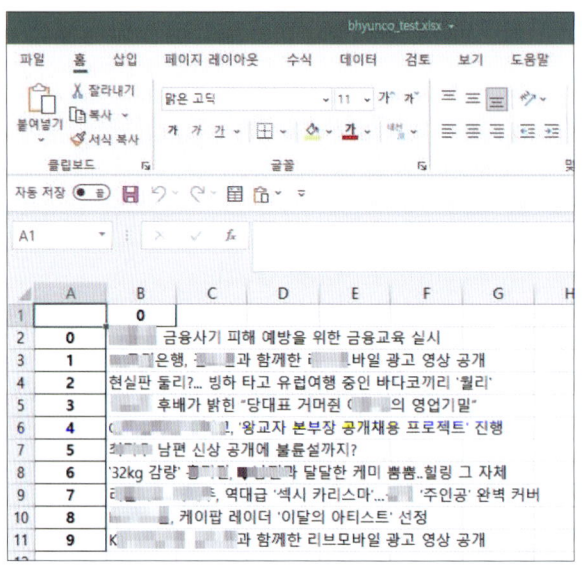

이렇게, 우리가 가져온 유튜브와 관련된 기사들이 순서대로 가져와 진 것을 알 수 있습니다.
이제 코드 하나하나 해석해보겠습니다.

```
>>> import pandas as pd
```

'pandas' 라이브러리를 가져옵니다. 그리고 나서 앞으로 판다스 라이브러리를 활용할 때는 'pd'라는 형태로 줄여서 사용하겠다는 뜻입니다.

```
>>> df = pd.DataFrame(news_title_lists)
```

이제, df 하는 변수에 'news_title_lists'라는 리스트를 pandas data frame으로 변환시킨 데이터로 저장합니다.

여기서 pandas data frame 이 어떠한 형태로 만들어져 있는지 확인해보겠습니다.

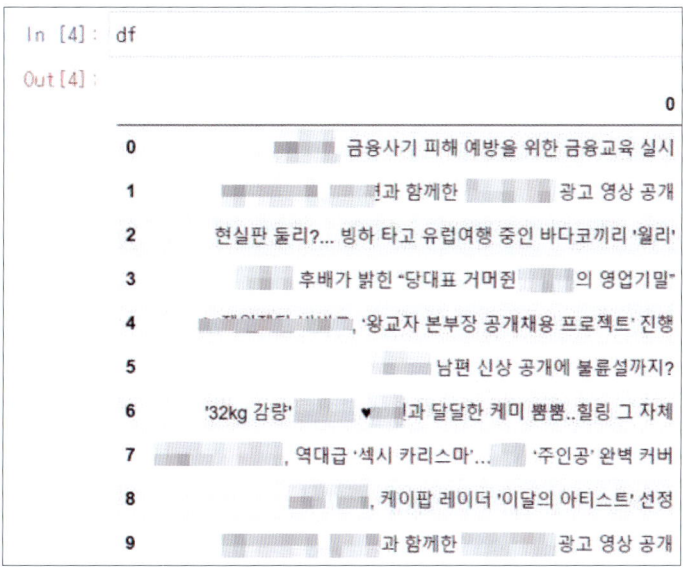

위와 같이 명령어를 실행시키면, 엑셀표와 같이 만들어지는 것을 확인할 수 있습니다.

보시다시피 pandas data frame은 데이터를 표 형태로 처리할 수 있도록 만들어 놓은 구조로써, 우리가 배운 데이터 구조인 list, dict 뿐만 아니라 다른 데이터 구조들도 표의 형태로 변형하여 처리할 수 있습니다. 물론 우리가 배웠던 list와 dict로도 다양한 데이터를 설계해서 활용할 수 있지만, 조금 더 편리하게 데이터 관리가 할 수 있는 tool이라고 생각하시면 좋겠습니다.

이렇게 만들어진 데이터 프레임을 활용할 수 있으려면 다양한 pandas 문법을 활용해야 합니다. 당장 이번 실습에서는 이런 데이터 프레임을 다루는 일보다는 하나의 현업 업무를 정리하기 위해서 배우는 개념 정도로 생각하고 넘어가겠습니다. 다른 실습에서 pandas를 계속해서 다룰 예정입니다.

```
>>> df.to_excel('bhyunco_test.xlsx')
```

이번에는 우리가 만들어 두었던 'df' 변수를 엑셀 파일로 만들어 보겠습니다. ".to_excel"이라는 method를 활용할 것인데, 해당 명령어는 pandas 라이브러리에 포함된 명령어입니다. 이를 활용해서 우리가 만들어낸 'pandas data frame'을 엑셀로 저장할 수 있습니다.

엑셀로 저장해야 하는 이유는 우리가 만드는 자료를 우리만 볼 것이 아니기 때문이기도 하고, 중간중간 데이터 백업을 위해서도 좋은 용도 됩니다. 특히, 일반 현업 환경에서는 주위의 모든 직원이 파이썬을 사용하지 않기 때문에 누구나 볼 수 있는 엑셀 형태로 변환해야 할 때가 있습니다.

이렇게, 우리가 만든 리스트를 pandas data frame으로 변환한 후 엑셀로까지 변환했습니다. 사실, 리스트를 바로 엑셀로 변환할 방법도 있지만, 해당 실습에서는 pandas dataframe을 만드는 실습을 넣고, 그 데이터를 보여주는 방법을 습득하기 위해서 추가한 점을 기억해주시길 바랍니다.

■ 2. 가져온 기사 10개의 제목으로 워드 클라우드를 제작하고 저장한다.

```
>>> !pip install wordcloud
>>> import sys
>>> from wordcloud import WordCloud
>>> filename=sys.argv[1]
>>> wc=WordCloud(font_path="BMJUA_ttf.ttf")
>>> wc.generate(str (news_title_lists))
>>> wc.to_file('wordcloud_news2.png')
```

이번에는 만들어 놓았던 리스트에 포함된 문자열은 워드 클라우드로 만들어 보겠습니다. 이번에 활용하게 되는 라이브러리는 'wordcloud' 라이브러리와 파이썬 내부 라이브러리인 'sys'입니다.

실습이 진행될 때마다 새로운 라이브러리들이 나오고 있는데, 여기서 여러분께서 기억하고 넘어가야 할 것은, 앞으로도 많은 라이브러리가 나올 것입니다. 우리가 해당 라이브러리에 대해서 모든 기능을 이해하고 프로그래밍을 한다는 것은 너무 오랜 시간이 걸리게 됩니다. 그러므로 때로는 공식 문서나, 다른 사람들이 만들어 놓은 코드를 활용해서 우리의 상황에 맞게 변환해가면서 활용하는 것이 매우 중요합니다. 라이브러리를 하나하나 학습한다고 생각하지 마시고, 내가 필요한 기능이 있을 때 Google을 통해서 검색하다 보면 이런 다양한 라이브러리들을 접하게 됩니다. 그러므로 라이브러리를 검색할 수 있는 능력을 길러 나가는 것이 라이브러리를 분석하는 것보다 더 중요하다는 것을 꼭 기억해주시길 바랍니다.

이번 실습에서는, wordcloud를 만드는 코드를 공식 문서에서 가져와서, 우리의 상황에 맞게 변동합니다.

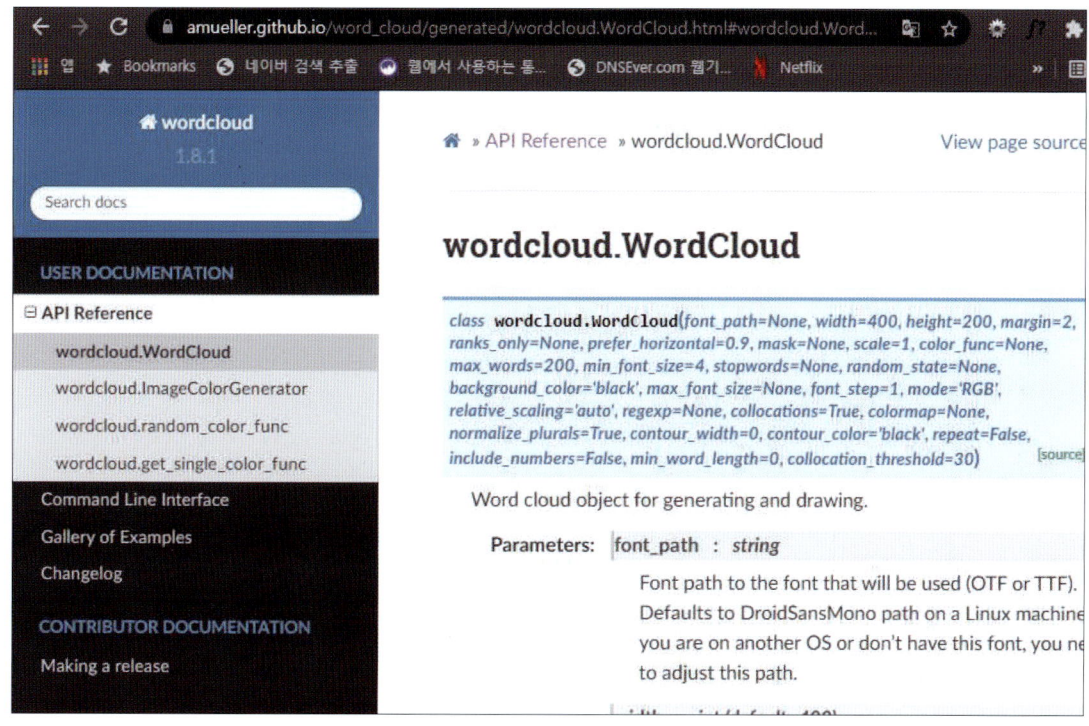

▲ 출처 : https://amueller.github.io/word_cloud/

이번 코드 설명은 외부에서 가져온 부분이기 때문에, 코드의 5번째 행 / 6번째 행 / 7번째 행에 관해서만 설명합니다. (나머지는 코드를 가져다가 사용하시면 됩니다.)

5번째 행의 'BMJUA_ttf.ttf'는 워드 클라우드에 들어가게 될 font를 의미합니다. 제가 해당 파일은, 따로 내려받아서 우리가 활용하는 폴더 안에 넣어두었습니다.

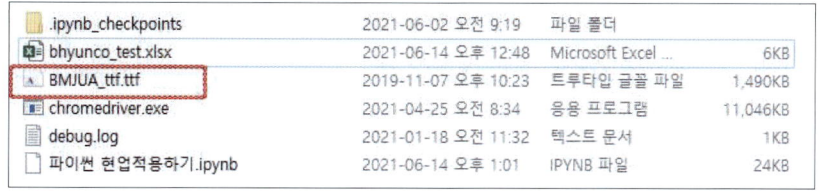

6번째 행의 'str (news_title_lists)'은 우리가 만든 리스트를 문자열로 바꿔주는 코드입니다. 해당 코드만 따로 실행해보면, 아래와 같은 결과가 나오는 것을 알 수 있습니다.

7번째 행의 'wordcloud_news2.png'은 우리가 워드 클라우드로 저장할 사진 파일의 이름을 정하는 것을 의미합니다. 실제로 해당 코드를 실행시키면 아래와 같이 파일이 생성되는 것을 알 수 있습니다.

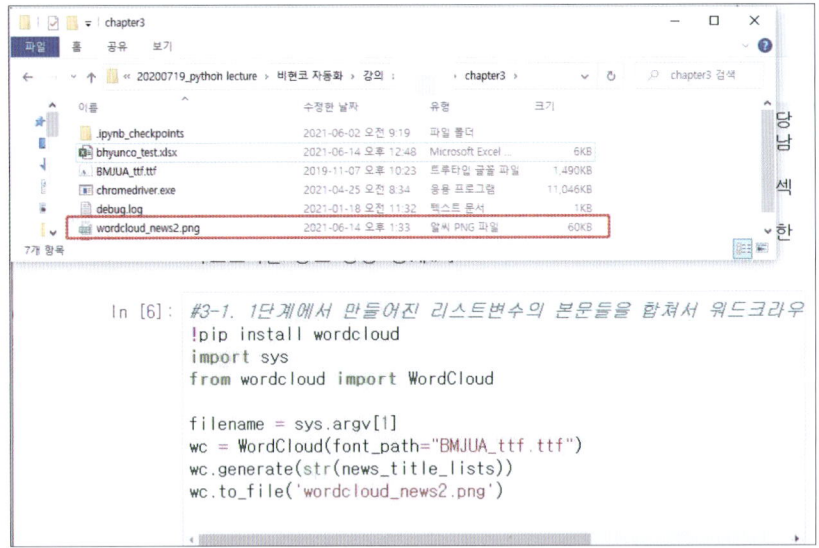

해당 파일을 열어보면 아래와 같은 사진 파일로 되어 있는 것을 확인할 수 있습니다.

이메일 자동화 Section. 04

```python
import os
import smtplib
from email.mime.multipart import MIMEMultipart
from email.mime.text import MIMEText
from email.mime.base import MIMEBase
from selenium.webdriver.chrome.options import Options
from email import encoders
# (본인이 운영하는 지메일주소)
smtp_user = 'mymail@gmail.com' #본인의 Gmail 주소를 집어넣어주세요
# (본인이 운영하는 지메일에서 확보가능한 password)
smtp_password = 'abcdfegadfsf' #본인의 password를 집어넣어주세요
emails = ['yourmail@naver.com'] # 보내고자 하는 이메일을 적어주세요.
server = 'smtp.gmail.com'
port = 587
for email in emails :
    msg = MIMEMultipart("alternative")
    msg["Subject"] = '안녕하세요 유튜브 관련 최근 뉴스의 워드클라우드와 제목LIST입니다.'
    msg["From"] = smtp_user
    msg["To"] = email
    msg.attach(
        MIMEText(
            "오늘 아침 임원/팀장회의 자료입니다. 문의사항이 있으실 경우 회신부탁드립니다.",
            'plain'
        )
    )
    #워드크라우드 첨부
    attachment = open('wordcloud_news2.png', 'rb')
    part = MIMEBase('application', 'octet-stream')
    part.set_payload((attachment).read())
    encoders.encode_base64(part)
    part.add_header('Content-Disposition', "attachment; filename= " + 'wordcloud_news2.png')
    msg.attach(part)
    #엑셀첨부
    attachment = open('bhyunco_test.xlsx', 'rb')
    part = MIMEBase('application', 'octet-stream')
```

```
        part .set_payload ((attachment).read ())
        encoders .encode_base64 (part )
        part .add_header ('Content-Disposition', "attachment; filename= " + 'bhyunco_test.xlsx')
        msg .attach (part )
        s   = smtplib .SMTP (server , port )
        s .ehlo ()
        s .starttls ()
        s .login (smtp_user , smtp_password )
        s .sendmail (smtp_user , email , msg .as_string ())
    s .quit ()
```

이번 장에서는 지금까지 우리가 코드로 만든 엑셀 파일과 사진 파일을 메일로 보내는 작업을 해보겠습니다. 이메일을 보낼 때는, 많은 분이 사용하고 있는 Gmail을 활용해보도록 하겠습니다.
이번에도 단계를 나눠보겠습니다.

- 1. 메일을 보내기 위해서 구글 이메일 자동화 세팅을 진행합니다.
- 2. 메일의 내용(제목/본문)과 수신자, 발신자를 입력한다.
- 3. 만들어진 엑셀과 워드 클라우드 파일을 이메일에 첨부한다.
- 4. 전송한다.

그 전까지와 마찬가지로 인간의 하는 행동을 나눈 것과 크게 다르지 않습니다.
하나씩 함께 진행해보겠습니다. 이번 실습도 앞의 워드크라우드를 만드는 실습처럼 외부 라이브러리인 'smtplib' 라이브러리를 가져와서 활용해보겠습니다.

■ 1. 메일을 보내기 위해서 구글 이메일 자동화 세팅을 진행합니다.

지메일을 자동으로 보내기 위해서는, Gmail로 메일을 보낼 수 있는 라이브러리가 잘 동작할 수 있도록 몇 가지 설정을 해야 합니다. 아래의 첨부된 사진에 따라서 함께 설정을 진행하도록 하겠습니다.

```
지메일설정법
1. 지메일 로그인
2. 메일 설정 클릭
3. 전달 및 POP/IMAP 클릭
4. IMAP 액세스 - IMAP 사용 클릭
5. 변경사항 저장

앱 비밀번호 생성법
1. https://myaccount.google.com/security 접속
2. google에 로그인 탭에서 2단계 인증완료
3. 앱 비밀번호 클릭
4. 앱 비밀번호 생성 ( 앱 선택 , 기기선택 )
5. 생성된 앱 비밀번호 저장
```

먼저, Gmail에 접속해서 설정을 눌러줍니다.

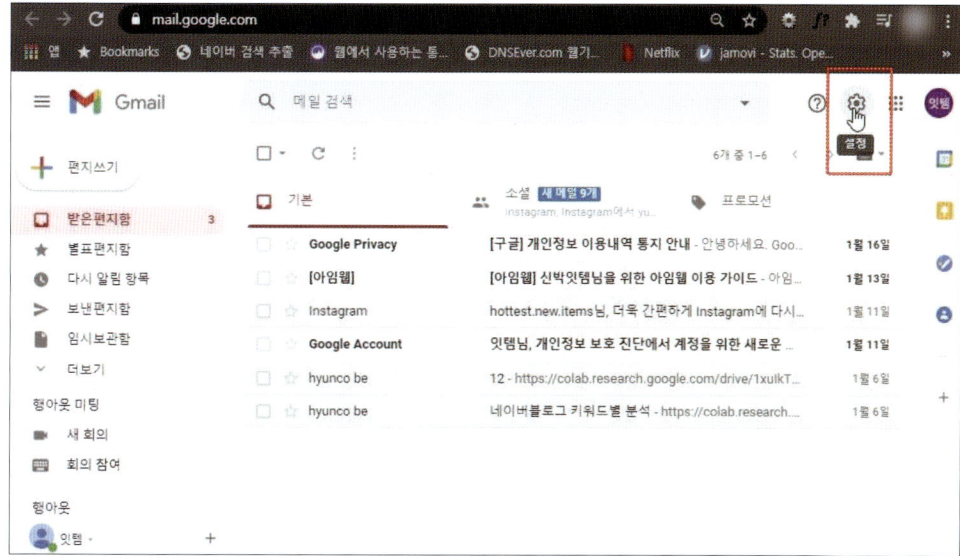

그 다음 모든 설정 보기를 눌러줍니다.

그러면, 다양한 설정 탭이 생기는 여기서 '전달 및 pop/imap'을 클릭해줍니다.

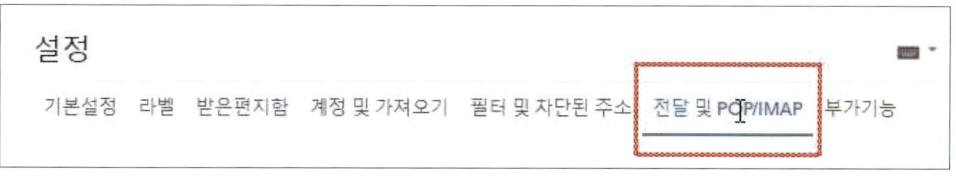

그럼 아래의 imap액세스에서 'IMAP사용'을 클릭하고, 변경 후 저장을 눌러주세요.

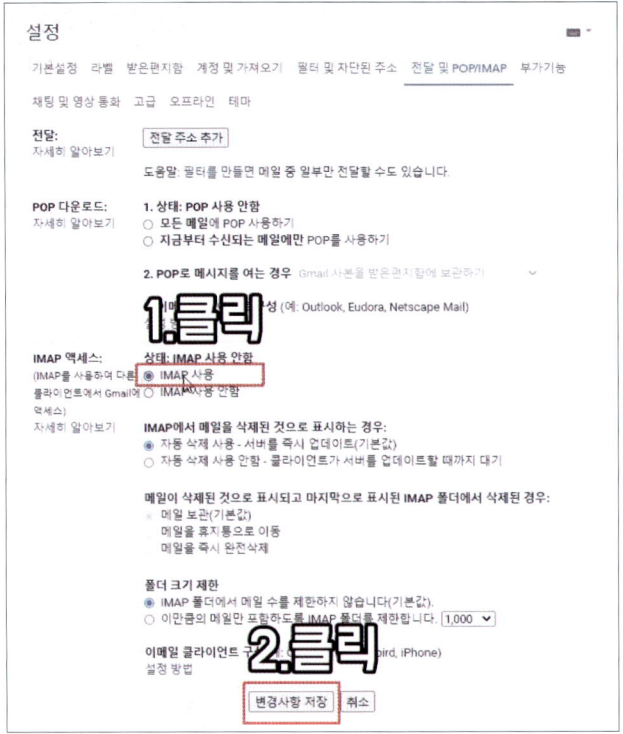

그 다음은 구글 계정의 보안 탭에 들어와서 2단계 인증을 진행해줍니다.

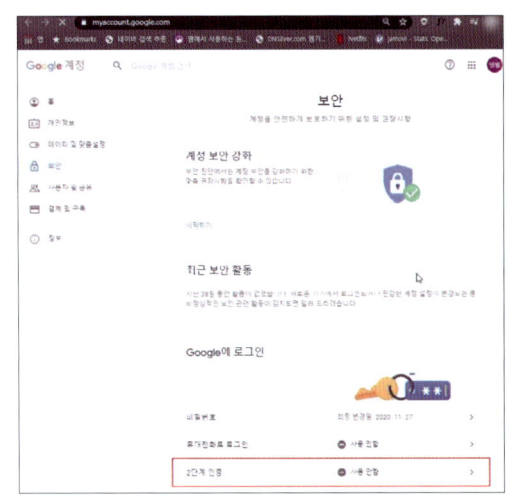

2단계 인증을 진행하려면, 구글 로그인이 되어야 합니다. 우리가 보낼 메일 주소로 로그인하고 인증을 완료해줍니다.

인증을 완료하고 나면, '2단계 인증' 탭이 활성화되어 있는 것을 확인할 수 있습니다. 그럼, 이제 파이썬으로 메일을 보낼 때 활용하는 앱 비밀번호 생성을 시작해보겠습니다.

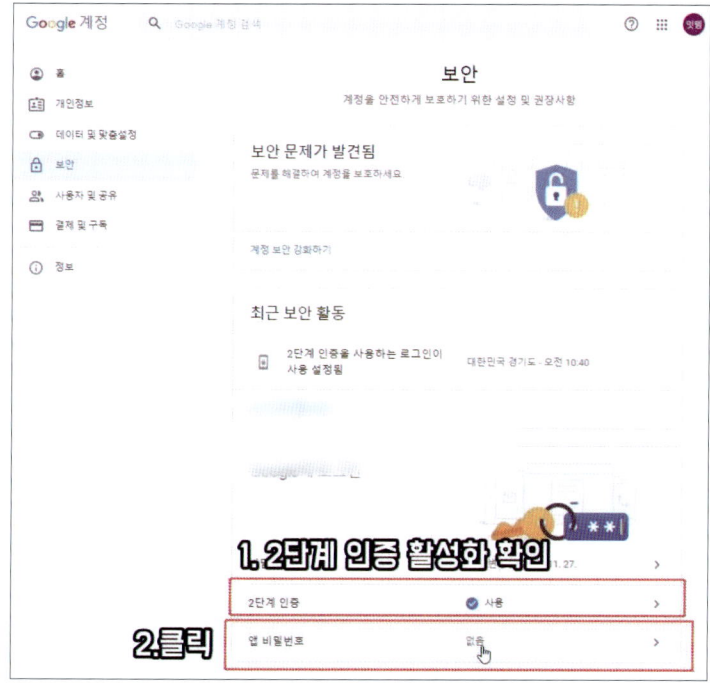

그럼, 앱 비밀번호를 생성할 기기를 선택해야 하는데, 이메일/본인 컴퓨터용도 순서대로 아래와 같이 설정해줍니다.

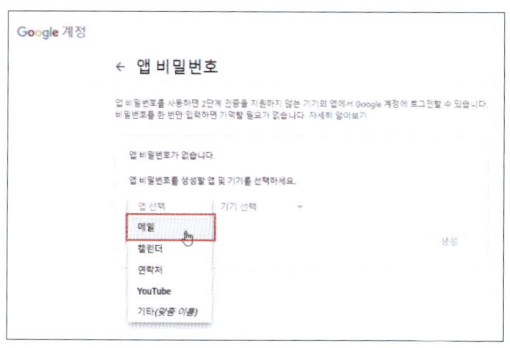
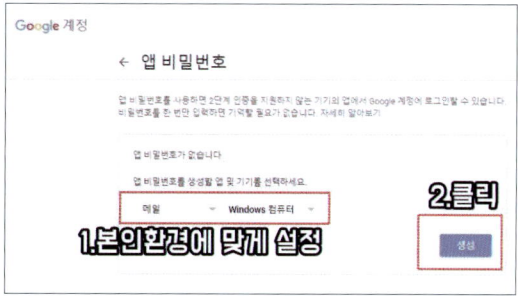

이렇게 하면 비밀번호가 생성되는 것을 알 수 있습니다.

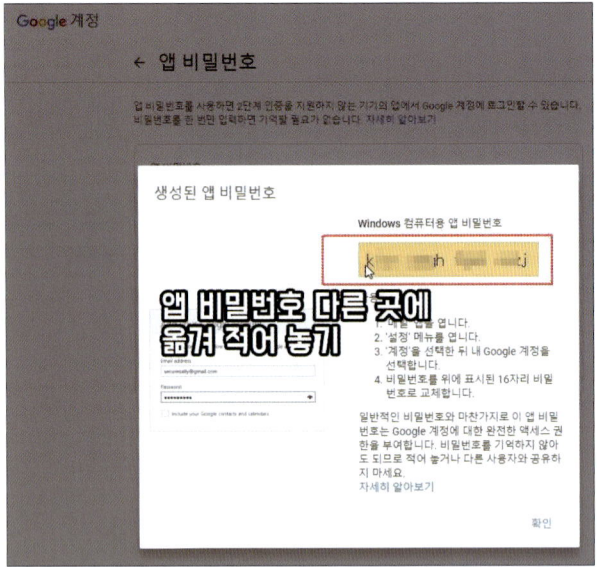

여기서 만들어진 비밀번호는 다른 곳에 잘 적어주시길 바랍니다.

■ 2. 메일의 내용(제목/본문)과 수신자, 발신자를 입력한다.

이메일을 보내는 코드의 경우, 큰 변형이 필요하지 않습니다. 제가 공유 드린 코드를 기반으로 우리에게 필요한 부분만 수정해주도록 하겠습니다. 조금 더 깊이 이 코드가 구동되는 방식을 알고 싶으신 분은, smtplib 라이브러리와 email 내부 패키지에 대해서 검색을 통하여 학습해보시길 바랍니다. 우리는 넓고 얕은 게릴라식 지식 습득을 통해 기능 구현에 집중하도록 하겠습니다.

우리가 메일 내용을 정할 때 설정해야 하는 항목은 아래와 같습니다. 아랫부분만 본인의 상황에 맞게 수정해주시길 바랍니다.

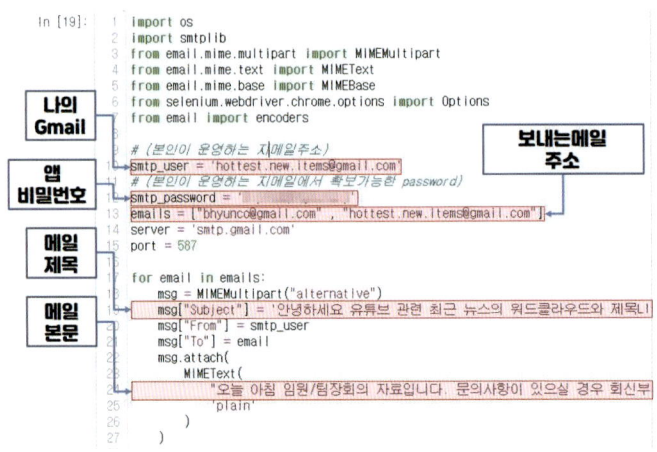

■ 3. 만들어진 엑셀과 워드 클라우드 파일을 이메일에 첨부한다.

이번에는 첨부할 파일을 첨부해주도록 하겠습니다. 위에서와 마찬가지로, 우리가 가지고 있는 사진 파일과 엑셀 파일의 명을 같은 넣어주면 됩니다. 여기서 주의할 점은 해당 파일은 반드시 우리가 실습하고 있는 .ipynb 파일이 있는 같은 경로에 넣어줘야 합니다. 만약 다른 폴더에 있다면 경로 설정을 따로 해줘야 하는 점 잊지 마세요.

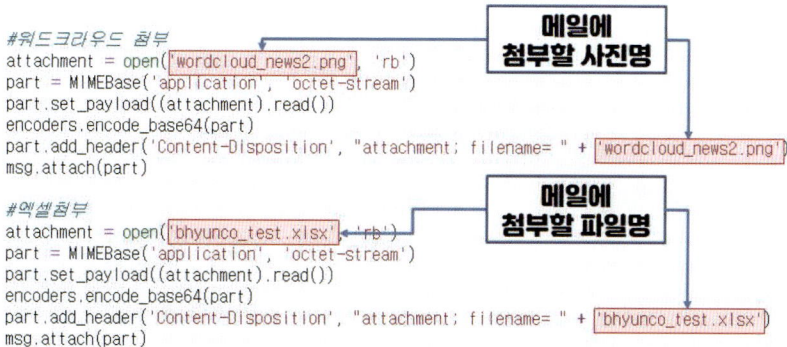

이렇게 코드를 적어서 전송하면 메일이 전송됩니다

사실 어떤 코드의 어떤 부분을 하나하나 깊게 설명해 드려서 이해시켜드리기에는 너무 많은 시간이 걸립니다. 저 또한 이 코드를 하나하나 모두 창의적으로 생각해서 타이핑 친 게 아닌 공식 문서를 통해서 가져온 코드를 제가 임의로 커스터마이징 한 것입니다. 여러분들께서 기억하셔야 할 것은 이 코드의 원리보다 이 코드를 어떻게 검색하고 가져왔는지에 대해서 실습을 한번 해보시길 권해드립니다. 그 방식을 아는 것이 추후 만나게 될 다양한 문제점을 해결하는 데 큰 역할을 할 것입니다. 다만, 파이썬의 기초를 배우고 나서, 위의 코드가 어떤 식으로 구동되는지는 해석할 줄 알면 더 좋겠죠? 여러분들께서 하나하나 실습을 해나감에 따라 이런 이해력은 점점 더 높아질 것입니다.

■ 4. 전송한다.

메일이 정상적으로 전송되었는지를 확인해보겠습니다.
아래의 메일을 보면 역시 정상적으로 메일이 도착한 것을 알 수 있습니다.

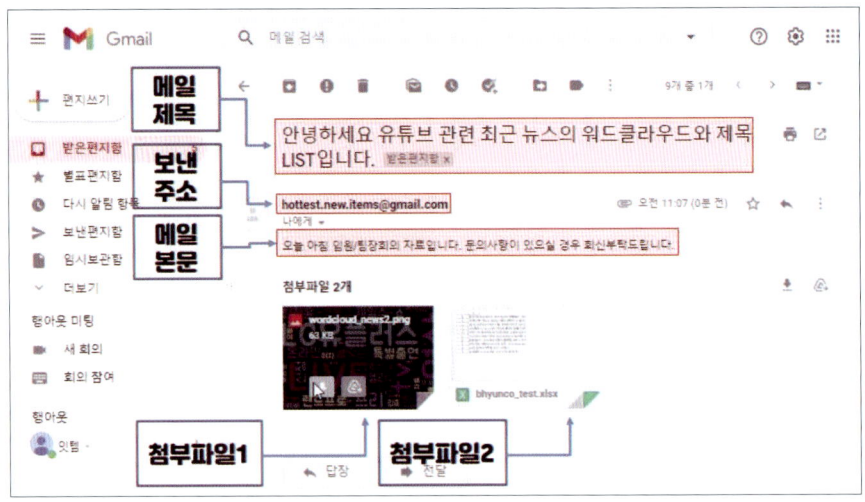

자, 이제 이런 코드들을 모두 합쳐보겠습니다.

시황보고서 자동 제작 프로그램 제작 실습   Section. 05

주어진 코드를 가지고 이 코드의 모든 동작이 정상적으로 작동되는 것을 확인하기 위해서는 만들었던 모든 코드를 합쳐야 합니다.

여기서 주의할 점은, 해당 코드들이 하나하나 실행되는 것을 확인했더라도, 코드가 진행되는 데는 환경이 조성되려면 시간이 걸립니다. 그 대기시간이 짧아서 티도 안 나는 경우도 있겠지만, 반대로 육안으로 확인할 수 있을 정도의 긴 시간도 있을 것입니다. 그러므로 정상적인 코드를 진행하기 위해서는 코드와 코드 사이에 기다리는 시간을 만들어 줄 필요가 있습니다. 그래서 우리는 'time'이라는 라이브러리를 활용해서 코드가 실행된 후 약간의 기다림을 가져보도록 하겠습니다.

이런 코드를 도식화해보면 아래와 같습니다.

3_2 실행
(3초간 대기)
3_3 실행
(3초간 대기)
3_4 실행

이런 3초간 대기를 설정해보겠습니다.

```
>>> import time
>>> temp_time = 3
>>> print(1)
>>> time.sleep(temp_time)
>>> print(1)
1
(3초대기....)
1
```

위와 같은 형식으로 3초간 대기할 수 있도록 코드와 코드 사이에 시간 간격을 만들어 둡니다.
그리고 모든 코드가 합쳐졌다면, 드디어 우리의 첫 프로그램이 완성되었습니다. 원 코드로 만드는 방법은 매우 쉽지만, 이것까지 해내야 우리의 역할을 대신할 수 있는 코드가 완성되는 것입니다. 잘 해내셨으리라 생각합니다.

현업에 파이썬을 처음으로 적용해보셨습니다. 좀 어떠셨나요? 처음으로 파이썬을 배우고 바로 활용하기에는 조금 어려웠던 기능에만 충실한 형태의 내용이었습니다. 모든 것을 이해하지 못한 여러분은 어떤 감정이 드시나요? 찝찝한 마음이 드는 분들도 계실 것으로 생각합니다. 하지만 앞으로 우리가 겪게 될 다양한 문제들은 이런 코드의 이해를 모두 하면서 해나갈 수 없습니다. 만약 그런 기분이 든다면 조금씩 익숙해지시길 바라며, 파이썬 기초 문법을 계속 공부해나가다 보면 그런 기분도 줄어들게 될 것입니다. 반대로 그런 생각보다는 기능을 구현해냈다는 기분이 드시는 분들은! 축하드립니다. 여러분은 천생 프로그래머일 것입니다. 앞으로 다양한 세상의 많은 코드를 활용할 기대에 부풀테니까 말이죠.
지금 이 실습을 끝나고 여러분께서 해야 할 생각은, 내가 현업에서 어떤 것을 자동화할 것인지에 대한 고민이 매우 중요합니다. 그리고 그 문제를 해결해 나가기 시작하시길 바랍니다.

다음 장에서는 우리의 삶에 정말 도움이 되는 부업/사업에 코딩을 적용해 볼 예정입니다. 돈 벌 준비 되셨나요? 그럼 다음으로 넘어가 보겠습니다.

부업에 바로 적용하기

CHAPTER 04

다들 여러 이유로 부업/사업에 힘을 올리고 계시는가요?

요즘 같은 시대 하나의 직업만으로 살 수 없는 시대인 것 같습니다. 그래서 많은 분이 부업 전선에 뛰어들고 계십니다. 그런데, 문제가 있습니다. 부업이라는 것이 어느 정도 유의미한 돈이 되기 위해서는 많은 시간, 창의성, 노력이 꾸준히 들어가야 하는데, 우리는 시간이 그렇게 많지 않습니다. 피곤한 직장생활로 인해서, 무엇인가 꾸준히 하기에 체력도 버티기가 어렵습니다. 가족과의 시간은 점점 줄어들고, 아이와의 관계는 서먹해지기도 합니다. 같이 시간을 많이 보낼 수 없기 때문이죠. 이제 어떻게 해야 할까요?

그래서 이번 장에서 준비한 것은 바로 파이썬을 통해 부업에 자동화를 활용하고, 부업에 투자하는 시간을 최대한 줄이는 방법에 관해 이야기를 해볼까 합니다. 결국은 우리가 사용하는 시간을 줄일 방법에 관한 이야기입니다.

몇 가지 실전 실습을 준비했는데

- 쿠팡파트너스 API 활용 최저가 제품 찾아내기
- 블로그 키워드 경쟁률 조사 프로그램
- 인스타그램 자동화
- 휴대폰 부업 앱 자동화

기타 다양한 응용방법 활용에 관한 이야기를 해보도록 하겠습니다.

앞에서 배웠던 기술을 가지고 활용할 거고, 추가로 나오는 새로운 기술도 있지만, 이 기술에 관해 설명도 해 놓을 예정이니 부담 없이 하나하나 따라와 주시길 바랍니다.

쿠팡파트너스 API 활용 프로그램

Section. 01

쿠팡파트너스? 그게 뭔가요? 일단 실습을 하기 전에 '쿠팡파트너스'와 같은 제휴마케팅 부업에 대해서 알아보겠습니다.

제휴마케팅이란?

사전적 의미는

"경영 두 개 이상의 회사가 공동으로 전개하는 판매 · 판촉 활동. 동종 업종 및 이업종(異業種) 간에 상호 제휴를 통하여 서로의 강점을 활용할 수 있도록 역할을 분담하여 판매 실적을 높이는 새로운 영업 기법이다.

— 출처: 네이버 국어사전

최근 들어 이 역할을 할 수 있는 개인에게도 많은 기회가 주어지고 있습니다. 당장 이번 장에서 실습할 쿠팡뿐만 아니라 다양한 기업에서 이런 역할을 개인에게 요구하고 있습니다.
간단히 도식화로 볼까요?

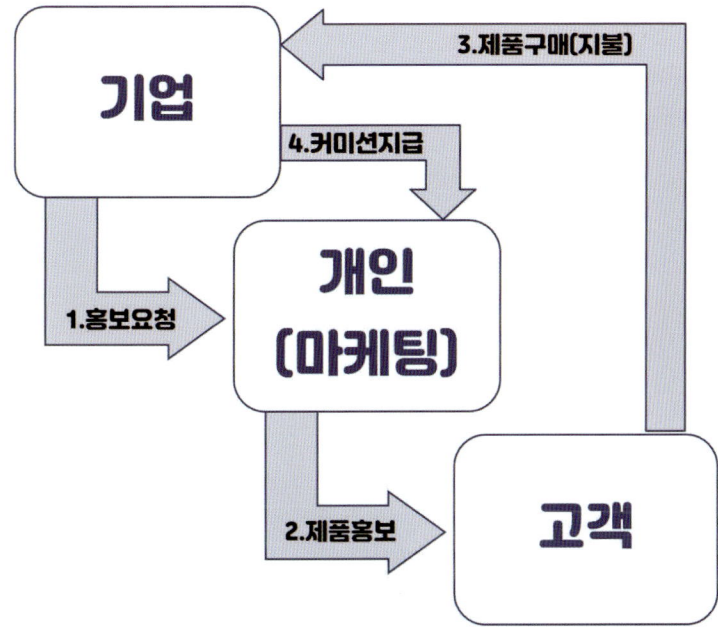

기업이 판매하고 있는 상품이 있습니다. 이 제품이 아무리 좋더라도, 홍보하지 않으면 다른 사람에게 팔리지 않겠죠? 그래서 기업은 마케팅을 진행합니다. 그런데 문제가 있습니다. 마케팅이라는 것이 예전처럼 TV, 신문에 바로 딱 광고하면 사람들이 보고 구매하는 시대가 아니라는 것은 모두 잘 알고 계시죠? 당장 개인의 삶만 보더라도, SNS를 하다가 제품이 좋아서 사기도 하고, 우연히 본 유튜브 영상에서 리뷰를 봤는데 좋아 보여서 구매를 한다거나 하는 경우가 많아지고 있죠. 앞에서도 말씀드렸지만, 미디어의 힘이 분산되고 개인으로 넘어가면서 마케팅 방식도 전문 기업이 하는 부분에서 일부분이 개인에게 넘어가고 있습니다.

기업은 어떤 결정을 내려야 할까요? 매출이 떨어지지 않도록 무조건 TV, 신문광고 하자! 돈 더 많이 투자해! 라고 할까요? 만약 그런 선택을 한 기업이 있다면 실제로 그 결과가 좋지 못할 가능성이 클 것입니다. 그렇게, 개인이 기업의 상품을 홍보할 수 있는 여러 경로를 만들어 기업은 살아남기 위해 열심히 움직이고 있습니다.

단순히 몇 가지 예를 들어볼까요?

유명한 유튜버는 B 씨는 본인의 영상을 촬영하다가 '위 건강에 좋은 OOO'이라고 하면서 제품을 먹습니다. 또 인스타그램 인플루언서 A 씨는 '이 제품 활용해보니 정말 좋아요!'라고 하는 방식으로 본인 피드에 글을 올립니다. 항상 그 제품의 링크와 함께 말이죠.

그런데 이렇게 유명한 인플루언서만 제휴마케팅의 마케터가 될 수 있을까요? 그렇지 않습니다. 이제는 이런 역할을 할 수 있는 모든 개인이 활동할 수 있도록 아예 시스템화해서 개인에게 제휴마케팅 방식을 제안하고 있습니다. 그리고 그런 행동의 결과가 아래와 같은 실적을 통한 수익을 만들어 낼 수 있습니다.

몇 가지 제휴마케팅 종류에 대해서 알아보겠습니다.

출처 – 네이버어학사전, 위키백과

- CPC(cost per click): 클릭당 과금, 클릭당 광고비((고객이 온라인 광고를 한 번 클릭한 횟수로 비용을 계산하는 온라인 광고의 과금 방식, 혹은 이때 클릭 1회를 유발하기 위해 투입되는 광고비))
- CPM(Cost per mille): 광고 분야의 측정 단위 중 하나이다. 다른 말로 1천 뷰 당 비용, 1천 뷰 당 지불, 노출 당 지불, cost ‰, CPT라고도 한다. 라틴어 단어 mille는 1천을 뜻한다.
- CPS(Cost per sale): 판매 당 지불이라고도 하는 판매 당 비용은 특정 광고에 의해 생성 된 모든 판매에 대해 지불 된 금액의 일부수수료를 제공하는 광고비를 지급하는 방식
- CPA(Cost per Action): 링크를 클릭하고 액션을 취한 경우 광고비를 지급하는 방식
- CPI(Cost per Install): 링크를 클릭하고 프로그램이나 어플리케이션을 설치하면 과금이 되는 방식

이외에도 다양한 방식이 있습니다만, 이런 방식이 있다는 것만 알고 계시면 됩니다. 더 중요한 것은 이런 부업을 진행할 때도 프로그램의 도움을 받아서 나의 역할을 프로그램이 대신하게 해줄 수 있다는 것입니다. 이번에 실습할 쿠팡파트너스는 CPS(Cost per sale) 방식으로, 나의 링크를 타고 들어와서 내가 홍보하는 제품을 사는 것뿐만 아니라, 다른 상품을 사더라도(일부 시간 동안) 그 매출금액의 일부를 내가 가져가는 방법입니다.

그럼 이제 어떤 프로그램을 개발할지 이야기해볼까요?

해당 프로그램 개발 목적 및 기능 — Unit. 01

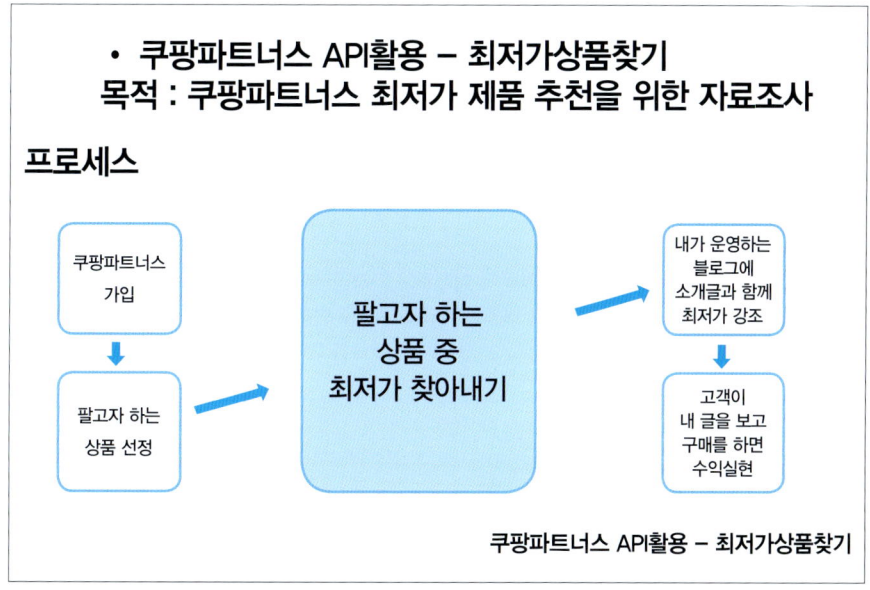

우리는 어떤 프로그램을 개발해야 할까요?

먼저 우리가 글을 쓰든, 유튜브에 후기를 올리든 어떤 방식으로 홍보를 할지는 정해져 있다고 하겠습니다. 그렇게 여러분만의 링크를 소비자가 클릭하고 제품을 보러왔다는 가정까지 한번 해보겠습니다. 여러분이 소비자라면 어떤 정보가 필요할까요? 가성비의 시대입니다. 모든 사람은 가성비를 찾습니다. 가성비는 가격 대 성능의 비라는 것을 고려한다면, 같은 제품 중 가장 저렴한 제품을 찾으러 다니는 사람들의 심리는 비슷하지 않을까요? 프로그램을 활용해서 여러 역할을 도움받을 수 있겠지만, 이번 실습에서는 우리가 팔고자 하는 상품 중, 검색을 통하여 최저가의 상품을 찾아내는 것을 한번 해보도록 하겠습니다. 그것만 개발하기에는 조금 부족할 수 있으니, 추가로 그 상품 구매가 가능한 주소와 섬네일까지 가져와 보겠습니다.

이 실습을 하기 위해서는 사실 선행되어야 하는 몇 가지 단계가 있습니다. 쿠팡파트너스 회원가입, 활동, 정식승인, API 코드 발급의 순서입니다. 하지만 그 단계를 모두 거치고 나서 실습을 하려면 시간이 너무 오래 걸립니다. 그 이유는, 쿠팡파트너스의 개인 마케터가 되기 위해서는 몇 달간 우리가 링크를 홍보해서 판매한 매출액이 일정 금액 이상이 되어야지 수익이 날 수 있고, 수익이 나기 위해서는 그 역할을 어떤 방식으로든 해서 매출을 채워야 합니다. 시간이 걸리죠. 우리는 그 실습을 하기 위한 연습을 하는 것이기 때문에 앞 단계에서 확보할 수 있는 준비사항은 제가 미리 준비해 놓겠습니다.

만약, 쿠팡파트너스에서 승인한 개인 마케터가 되어 있으신 분들은, API에서 정보를 가져오는 법부터 해나가시면 됩니다. 해당 방식은 책에 적어두지 않고, 유튜브 영상링크로 남겨두겠습니다.

(쿠팡파트너스 API 발급 후 정보를 가져오는 법 링크 – https://youtu.be/l_ED1ksGkqA)

하지만 많은 분은 API 발급이 바로는 불가하실 것이라 예상됩니다. 그런 분들께서는 책의 내용을 영상 시청 없이 따라가시면 되겠습니다.

우리는 아래의 실습순서로 첫 부업에 적용하는 코딩 실습을 진행하겠습니다.

> **비현코의 코드 설계 노트**
>
> **실습순서**
> 1. 특정 단어로 검색된 데이터를 가져옵니다.
> 2. 가져온 데이터를 pandas table로 만들고, 각 제품의 섬네일을 가져옵니다.
> 3. 그렇게 정리된 표에서 최저가 제품을 찾고, 그 제품의 링크를 엑셀로 만듭니다.
> 4. 이제, 매번 할 때마다 한방에 프로그래밍할 수 있는 원 코드로 코드를 만듭니다.

실습

Unit. 02

강의자료를 다운 (http://bit.ly/3yY2CUC) 받아서 갱신해주세요.

■ 1. 쿠팡파트너스 API를 활용해서, 쿠팡의 데이터를 가져온다.

먼저 데이터관리를 위해서 pandas dataframe의 명칭에 대해서 알려드리고 안내를 드리도록 하겠습니다. 아래의 그림을 보시겠습니다.

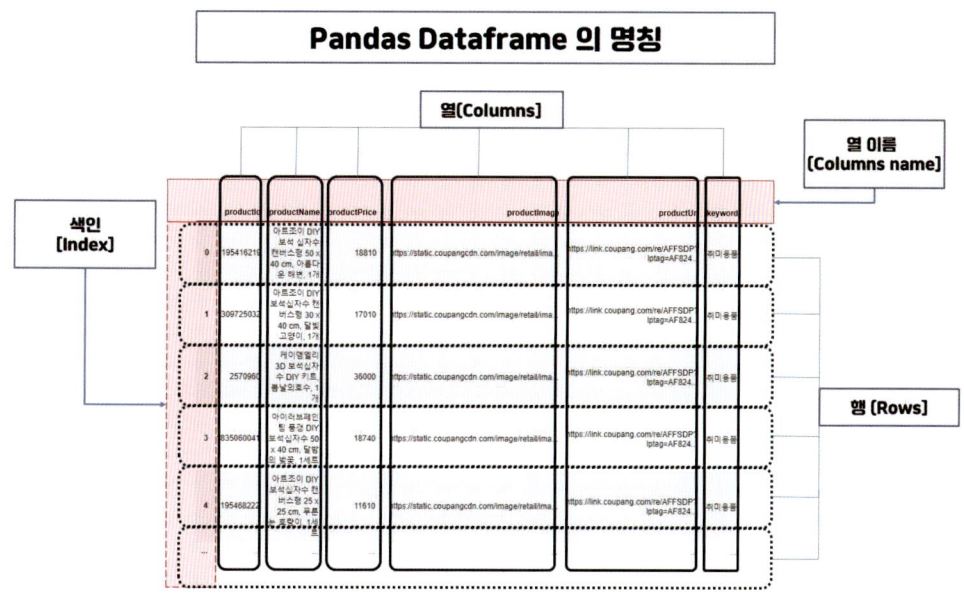

행/열, 행의 이름, 열의 이름 대략 여러분들이 많이 아시는 용어이지요? 이처럼 pandas dataframe은 엑셀의 행/열과 같이 명명한다는 것을 기억해두시면 됩니다. 코드의 순서에 따라 제가 '행'이라는 단어를 계속 사용하고 있으므로, 이 책에서는 pandas dataframe 의 각각 명칭에 한해서는 columns(컬럼)/rows(로우) 라고 명명하겠습니다.

지금부터는 위에서도 안내해 드렸지만, 쿠팡파트너스 API 발급이 가능하신 분들은 아래의 영상링크를 통해서 실습하시고, 실습이 완료되시면 바로, "2단계:가져온 데이터를 알아보기 쉽게 만든다." 장으로 넘어가시면 됩니다.

(쿠팡파트너스 API 발급 후 정보를 가져오는 법 링크 - https://youtu.be/l_ED1ksGkqA)

지금 이 글을 읽고 계시다는 것은, 쿠팡파트너스 API 발급이 되지 않으신 분들이라는 의미겠지요? 제가 만든 데이터를 가져와 보겠습니다.

```
>>> import pandas as pd
>>> keyword1 = "취미용품"
>>> df2 = pd.read_csv ('bhyunco_lecture_cps.csv').transpose ()
>>> df2 = df2.rename(columns =df2.iloc [0 ])
>>> df2 = df2.drop(df2.index[0 ])
>>> def test (a ):
>>>     return int (a )
>>> df2 ['productPrice'] = df2 ['productPrice'].apply(test )
>>> raw_data = df2
```

위의 코드는 제가 만든 엑셀 파일을 쿠팡파트너스 API에서 가져온 데이터와 동일한 구조로 변경하는 코드입니다.

이제 코드를 한줄 한줄 해석해보겠습니다.

1번째 행은 pandas 라이브러리를 가져오는 것을 의미합니다.

2번째 행은 keyword1이라는 변수에 '취미용품'이라는 단어를 할당합니다. 이후 우리가 이 검색어를 활용해야 할 수 있으므로 설정해주는 것으로 이해하시면 됩니다.

3번째 행은 df2 라는 변수에 제가 만든 csv 파일을 columns과 rows의 위치를 서로 변환하는 명령입니다. 변환된 데이터 프레임을 다시 df2에 할당해줍니다.

4번째 행은 df2의 column name을 df2의 첫 번째 row 의 데이터로 바꿔주는 것을 의미합니다.

5, 6번째 행은 a라는 매개변수를 정수 a로 출력하게 만들어주는 함수입니다. 여기서 함수란 긴 코드를 한 번에 실행시켜주는 우리가 직접 만든 명령어라고 생각하시면 됩니다.

7번째 행은 df2의 columns 중에 columns name이 productPrice 인 부분의 column 의 데이터를 모두 정수로 바꾸어주는 역할을 합니다. (엑셀에 있는 자료를 불러올 때 숫자로 인식되어야 하는 가격이 문자로 변경되어 가져오는 오류를 해결하기 위함입니다.)

8번째 행은 raw_data라는 변수에 df2 변수를 할당합니다.

조금 길게 쓰긴 했지만, 결국 우리는 쿠팡파트너스 API를 통해서 가져온 데이터를 위와 같은 코드로 동일하게 만들었습니다. 이 이야기는 우리는 어떤 데이터도 다양하게 다룰 수 있고 관리할 수 있다는 의미이기도 합니다. 해당 부분이 궁금하시다면 pandas에 대해서 조금 더 깊게 학습하시기를 권합니다.

■ 2. 가져온 데이터를 알아보기 쉽게 만든다.

- #발생한 데이터를 판다스 DataFrame 으로 변경하는 작업을 거친다.

```
>>> import pandas as pd
>>> df = pd.DataFrame (raw_data )
>>> df.head ()
```

이제 만든 자료인 raw_data를 pandas dataframe 으로 변경하고, 출력해 보겠습니다. (API 활용 없이 필자가 만든 데이터로 raw_data를 가져왔더라도 df 라는 변수에 다시 재할당하기 위한 작업입니다) pandas dataframe 뒤에 있는. head( )는 상위 5개의 자료만 보여주는 역할을 합니다. 이를 통해서 우리가 만든 구조가 어떻게 생겼는지 한번 확인해보겠습니다.

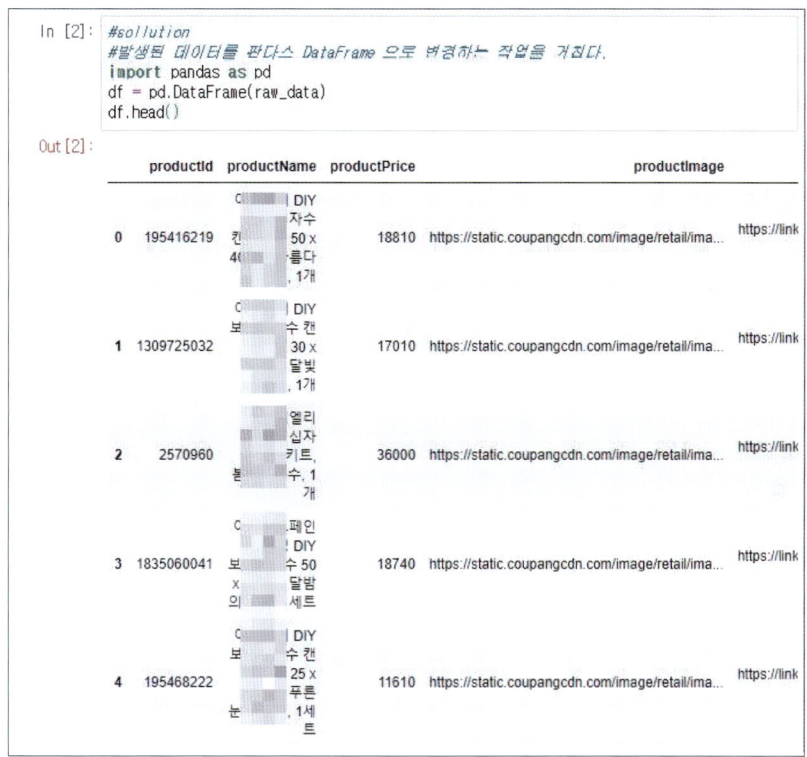

■ 3. 가져온 데이터를 낮은 가격순으로 정렬한다.

- # 최저가 순으로 정렬하기

```
>>> df_sort = df.sort_values(by=['productPrice'], ascending=True)
>>> df_sort
```

이번에는 df 데이터 프레임 변수에서 productPrice 부분의 가격을 기반으로 오름차순으로 데이터 프레임을 정렬해줍니다. 이렇게 정렬해주는 이유는 우리가 찾아야 하는 것이 쿠팡파트너스 API에서 제공하는 여러 개의 자료 중 가장 저렴한 상품을 찾아야 하기 때문입니다.

정렬하는 방식은 코드에서 볼 수 있다시피 .sort_values를 사용하고, 내부에 들어가야 할 요소(파라미터) 중 "by"는 column name을 지정해 줘야 합니다. 이때 리스트구조로 넣어주게 되면, 여러 column name을 통해서 정렬할 수 있습니다. 그리고 "ascending"이 True일 때는 오름차순, False일 때는 내림차순을 의미합니다.

■ 4. 해당 자료를 저장할 폴더를 만들고, 해당 파일을 엑셀로 만든다.

일단 우리가 저장할 폴더를 만들어야 합니다. 폴더를 만드는 코드는 구글링을 통해서 가져올 수 있습니다. 아래의 코드를 복사한 후 붙여놓고, 여기서 중요한 것은 폴더의 이름에 무엇이 들어가야 하는지만 바꿔주면 됩니다. 아래의 코드는 'createFolder' 라는 함수를 구글링을 통해서 가져왔습니다. 간단히 해석하자면, 코드가 실행되는 폴더 안에서 새로운 'directory'라는 이름의 폴더를 만들어내는 역할을 하는 함수입니다.

- #폴더만들기 (검색을 통한 코드 가져오기)

```python
>>> import os
>>> def createFolder (directory):
>>>     try:
>>>         if not os.path.exists(directory):
>>>             os.makedirs(directory)
>>>     except OSError:
>>>         print ('Error: Creating directory. ' + directory)
>>> createFolder(keyword1)
```

해당 코드를 실행시키면 위에서 우리가 정해준 변수인 keyword1에 할당된 '취미용품'이라는 문자열로 구성된 폴더가 생성되는 것을 확인할 수 있습니다.

.ipynb_checkpoints	2021-06-02 오전 9:19	파일 폴더	
취미용품	2021-06-15 오후 4:27	파일 폴더	
bhyunco_lecture_cps.csv	2021-04-28 오후 4:25	Microsoft Excel ...	38KB
쿠팡파트너스 API.ipynb	2021-06-15 오후 3:31	IPYNB 파일	40KB

여기서 우리가 배우지 않은 문법은 try / except 문입니다. try 하위에 들어온 코드를 실행하다가 에러가 발생하면, except 하위의 코드를 실행하는 것을 의미합니다. 앞으로 코드가 길어지고, 발생하는 에러가 많아질수록 에러를 처리하는 방법을 배워야 합니다. 우리는 그때그때 하나씩 해결해 나가보겠습니다.

그렇게 폴더를 생성하고, 그 폴더 안에 text.xlsx라는 파일명으로 df_sort 데이터 프레임을 엑셀의 형태로 저장합니다. 앞의 장에서 했었던 데이터 프레임을 엑셀로 만드는 것과 같은 코드입니다. 다만 조금 달라진 점은, 저장하는 경로가 우리가 새로 만든 폴더 안으로 변화된 것을 알 수 있습니다. 파이썬에 경로를 설정하는 방식을 잠깐 알아보고 가겠습니다.

- #엑셀로 해당 키워드 폴더 안에 test.xlsx라는 이름으로 저장한다.

```python
>>> df_sort.to_excel(f'{keyword1}/test.xlsx')
```

 **쥬피터노트북 경로설정 방법**

[현재경로 :c:/users/abcd/쥬피터노트북.ipynb]
- 현재경로(c:/users/abcd) : 'test.xlsx'
- 하위경로(c:/users/abcd/폴더명) : '폴더명/test.xlsx'
- 상위경로(c:/users/폴더명) : '../폴더명/test.xlsx'
- 절대경로(c:/providers/폴더명) : r'c:/providers/폴더명/test.xlsx'

해당 코드를 실행하면, 폴더 안에 엑셀 파일이 들어가 있는 것을 확인할 수 있습니다.

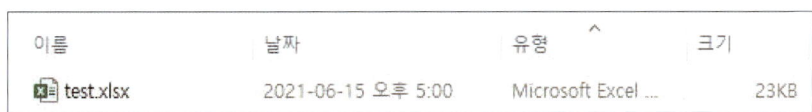

■ 5. 각 rank에 해당하는 사진을 같은 폴더에 저장한다.

이번에는 df_sort 안에 있는 columns 중에 'productImage' column 안에 있는 URL을 하나씩 사진으로 바꿔서 해당 폴더 안에 저장해보도록 하겠습니다.

- 1) 먼저 URL을 사진으로 변경하여 저장하는 코드를 만들고
- 2) 그 코드를 모든 productImage columns에서 적용해서 사진을 모두 저장해보도록 하겠습니다.

- **1) 먼저 URL을 사진으로 변경하여 저장하는 코드를 만들기**

URL을 통해서 사진을 저장하려면 일단 가장 먼저 아래 그림에서 볼 수 있듯이 첫 row의 productImage column의 URL을 가져와야 합니다.

이 항목을 가져오는 방법은 아래와 같습니다.

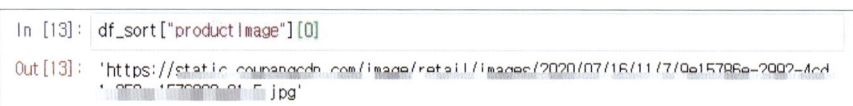

여기서 잠깐 보고 넘어가야 할 것이 바로 데이터 프레임에서 우리가 원하는 데이터를 어떻게 추출하는지에 대해서 간단히 배우고 넘어가겠습니다.

아래의 그림을 보겠습니다.

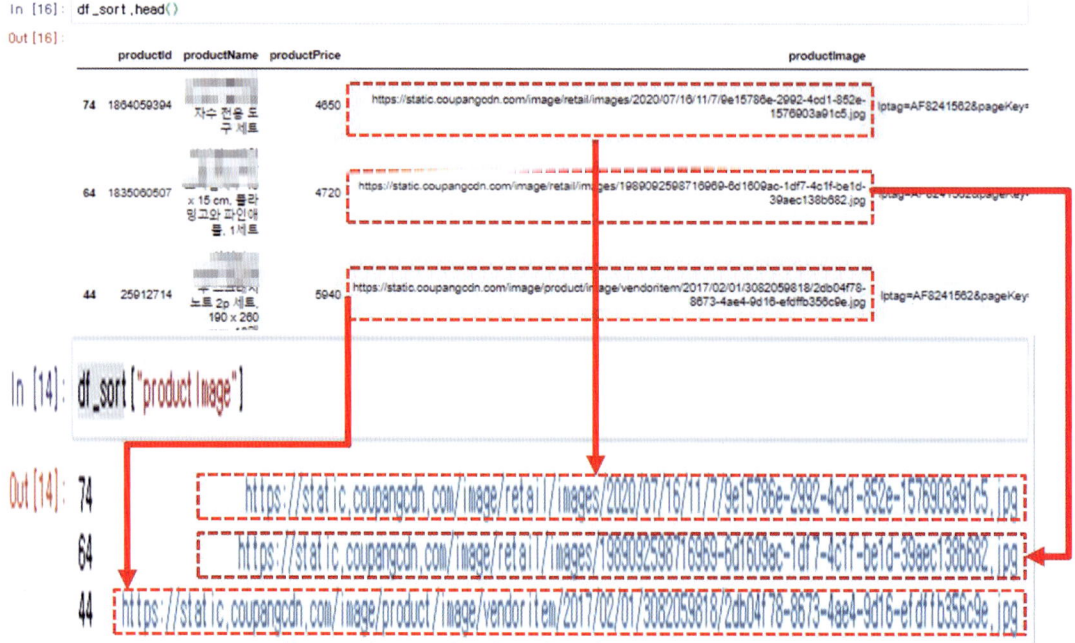

df_sort의 productImage column의 각각의 row가 아래의 df_sort['productImage'] 코드에서 출력되는 것을 보면 하나씩 대응되는 것을 알 수 있습니다.

이렇게 pandas dataframe에서 우리가 원하는 요소를 가져오려면, 간단한 판다스 문법을 배워야 합니다. 하지만 우리는 넓고 얕은 게릴라식 공부법을 추구하기 때문에, 당장 요소를 가져오는 방법만 구글링을 통해서 해결하고 넘어가겠습니다.

구글링을 통해서 문제를 해결했다면 아래와 같은 결과에 도출될 것입니다.

```
In [17]: df_sort["productImage"][0]
Out[17]: 'https://static.coupangcdn.com/image/retail/images/2020/07/16/11/7/9e15786e-2992-4cd1-852e-1576903a91c5.jpg'
```

이런 방식으로 다양한 검색을 통해서 우리가 사용하는 여러 라이브러리를 활용할 수 있는 방법을 습득하는 게 매우 중요합니다.

이렇게 URL을 가져왔으니, 이제 URL을 사진 파일로 만드는 방법을 알아보겠습니다. 사진 URL 주소만 가지고 사진으로 저장하기 위해서는 urllib 라이브러리를 활용해야 합니다.

아래의 사진을 보겠습니다.

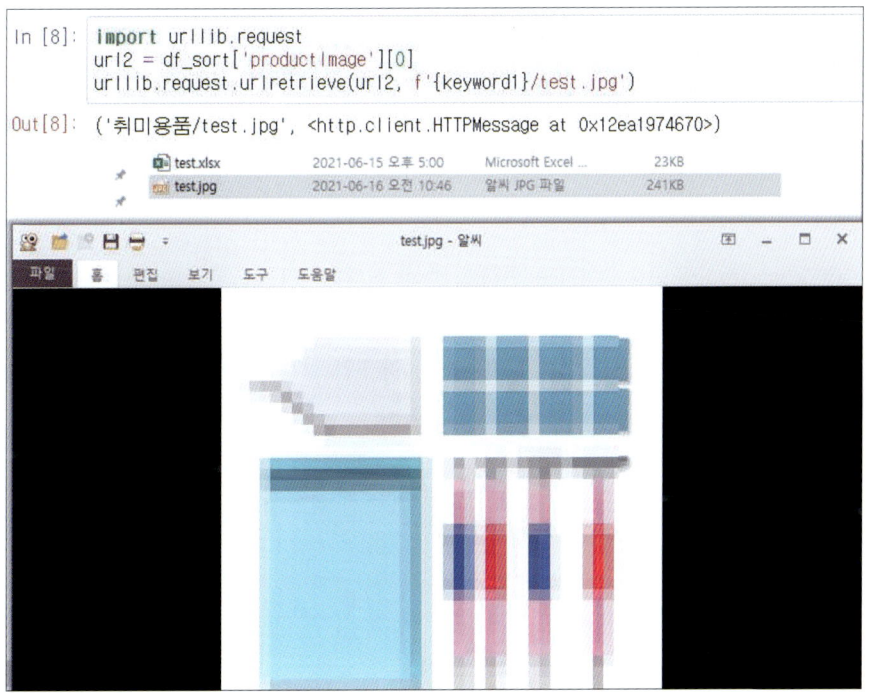

해당 코드는, url2 라는 변수에 우리가 가져온 사진이 들어있는 URL을 입력하고, urllib 라이브러리를 활용해서 '취미용품' 폴더 안에 test.jpg라는 형태로 사진을 저장하는 코드는 아래와 같습니다.

```
>>> urllib.request.urlretrieve("저장하고자하는 사진주소", "저장경로"
```

코드를 실행시키고 나면 해당 폴더 안에 사진이 저장된 것을 알 수 있습니다.

자 이렇게 판다스 데이터 프레임에서 사진이 저장되어 있는 URL을 가져왔고, 가져온 URL을 저장해보도록 하겠습니다.

- # 데이터 프레임으로 rank(검색순서) , productImage(썸네일 URL) 만 남긴다.

```
>>> df_sort_image  = df_sort [["rank","productImage"]]
```

1단계로는 df_sort_image 라는 변수에 기존의 df_sort 데이터 프레임의 컬럼 명이 'rank'인 컬럼과 'productImage' 컬럼 2개만 가져옵니다. (다른 컬럼은 사진과는 연관되어 있지 않기 때문에 가져오지 않습니다. 이렇게 필요한 부분만 그때그때 가져올 방법이 있다는 것을 기억하시고 자세한 것은 pandas 공식 문서를 참조 바랍니다.)

- # 해당 DataFrame을 list로 바꿔준다.

```
>>> df_sort_image_list  = list(df_sort_image .iloc )
```

위에서 만든 df_sort_image 변수를 list로 변환해 주게 됩니다. 리스트로 변화해주는 이유는 우리가 배웠던 for문을 활용해서 모든 URL을 사진으로 저장해주기 위함입니다.
우리가 만든 리스트의 첫 번째 요소를 잠깐 살펴보면, 아래아 같은 결과가 나옵니다.

```
In [16]: list(df_sort_image.iloc)[0][0]
Out[16]: '75'

In [17]: list(df_sort_image.iloc)[0][1]
Out[17]: 'https://static.coupangcdn.com/image/retail/images/2020/07/16/11/7/9e15786e-2992-4
         cd1-852e-1576903a91c5.jpg'
```

이렇게 데이터 프레임과 리스트를 자유롭게 오가는 방법을 알고 있는 것은 코드를 쉽게 풀어나가는 데 큰 도움이 됩니다. (사실 데이터 프레임을 리스트로 바꾸지 않아도, apply라는 method를 사용해서 똑같은 역할을 해낼 수 있습니다만, 최대한 단순하게 개발하고 우리가 배웠던 지식에서 최대한 벗어나지 않기 위해서 이런 작업을 한다는 점 꼭 기억해주시길 바랍니다.)

- 2) 그 코드를 모든 productImage columns에서 적용해서 사진을 모두 저장해보도록 하겠습니다.

- # URL을 이미지로 저장하기 위한 라이브러리를 설치하고

```
>>> import urllib.request
# 가져온 리스트에서 링크하나하나를 저장한다.
>>> for a in df_sort_image_list :
>>>     url2 = a[1]
>>>     urllib.request.urlretrieve(url2, f'{keyword1}/{a[0]}.jpg')
>>>     print(str(a[0])+"저장완료")
```

이제 우리가 만들어낸 df_sort_image_list 라는 변수에 담긴 변수를 하나씩 꺼내서, 앞서 만들어 두었던 코드를 활용해서 사진 파일로 저장합니다.

그럼 아래와 같은 결과 창이 뜨게 되고, 여러 사진이 저장된 것을 확인할 수 있습니다.

이제 이 모든 코드를 하나로 연결하고 코드와 코드 사이에 시간 여유(import time & time.sleep(--))를 둠으로써 하나의 우리의 일을 대신할 수 있는 프로그램이 만들어졌습니다.

처음 실습하실 때와 많이 다른가요? 조금은 편해지셨나요? 이런 식으로 코드를 하나씩 만들고 해결해 나가다 보면 어느새 나만의 코드를 만들고 있는 자신을 발견할 수 있을 겁니다. 다음 장에서는 우리가 자주 활용하는 네이버에서 제공하는 API를 활용해보도록 하겠습니다.

블로그 황금키워드 추출 프로그램 제작　　　　　Section. 02

해당 프로그램 개발 목적 및 기능　　　　　Unit. 01

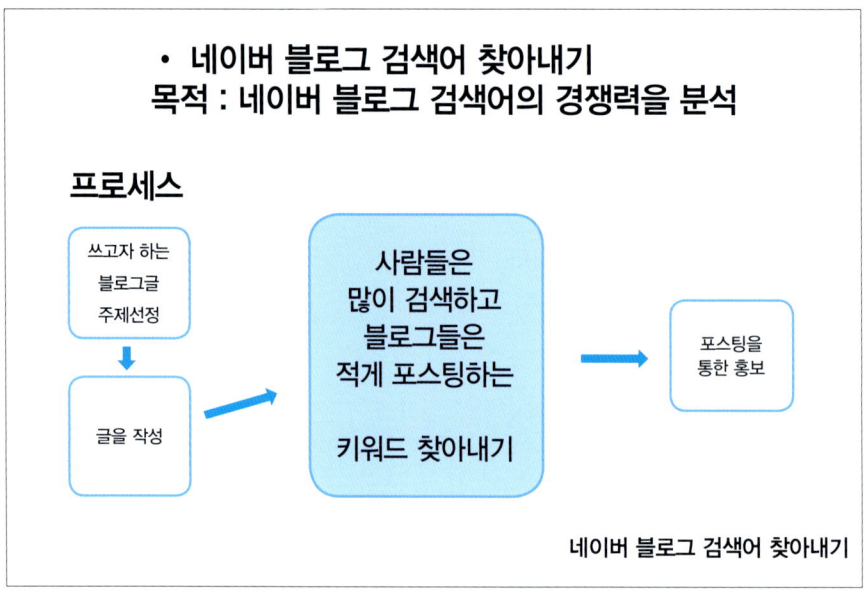

이번에는 블로그를 운영 및 활용하는 데에 필요한, 자동화에 대해서 알아보겠습니다.

먼저 블로그의 종류에 대해서 알아보겠습니다.

크게 봤을 때, 네이버 블로그 vs 티스토리 및 기타 블로그로 나누어져 있습니다.

전자의 경우 사람들이 검색을 많이 하는 플랫폼인 네이버 안에서만 활성화될 수 있는 형태로 되어 있죠. 그래서 이 경우는 블로그 글을 작성함으로써 벌어들이는 수입을 만들기가 어렵다는 단점이 있습니다. 하지만, 단점이 그것 하나만이라는 것이고, 다른 방법으로 활용할 수 있는 방법은 다양합니다. 개인 사업이나 홍보를 하고 싶은 주제에 대해서 어떤 플랫폼보다 더 많은 유입수를 만들어 낼 수 있고, 다양한 체험단, 기자단을 통해서 부수입을 얻어낼 수 있습니다.

후자의 경우 상대적으로 검색의 절대량이 적다고 할 수 있으나, 구글 애드센스를 통해서 수입을 만들어 낼 수 있고, 조회 수가 늘수록 해당 유입으로 들어오는 수익은 꾸준히 들어갈 수 있습니다.

[블로그 비교표]

	N사 블로그	T블로그 외
검색노출	네이버	구글/다음 기타
검색량	많음	적음
수입구조	협찬(체험단들) - 많은기회 네이버애드포스트(수수료 매우 낮음)	협찬(체험단들) - 적은 기회 구글애드센스(수수료 상대적으로 높음)
장점	검색량이 많아 특정상품의 홍보에 활용시 조회수가 높음	구글애드센스를 통한 수익률이 높음
단점	네이버애드포스트를 통한 낮은 광고수수료	상대적으로 낮은 검색량&조회수

어떤 블로그를 선택하더라도, 본인의 상황에 맞게 선택하고 좋은 결과를 낼 수 있는 블로그로 선택을 해야 할 것입니다. 그런데, 그 블로그를 선택하는 것보다 중요한 것이 내가 운영하는 블로그를 키워내야겠죠?

블로그를 잘 키우기 위해서는 참 많은 이론(?) 혹은 소문(카더라)들이 있습니다. 몇 가지를 예시를 볼까요?

[인터넷에 떠돌고 있는 블로그를 잘 키우는 방법 - 출처:소문]
- **1일 1 포스팅**: (매일매일 크고 작은 포스팅을 꾸준히 써서 트래픽(접속횟수)양을 늘린다.)
- **병원, 보험, 금융 등 주제 지양**: 광고/홍보성 글로 인지되어 블로그가 검색에서 빠져버리거나 저품질에 걸릴 수 있습니다.
- **글을 쓰고 다시 수정금지**: 글을 업로드 한 뒤에 수정할 경우 검색누락이 될 수 있습니다.
- 기타 정말 많은 소문들 등

이렇게 시장에서 소문으로만 돌고 있는 확실하지 않은 정보들이 블로그를 쓰려고 하는 사람들의 판단을 많이 흐리고 있습니다. 위의 내용이 사실일지 아닐지는 잘 알 수가 없습니다만, 오랜 기간 블로그를 운영해보면서 제가 느낀 몇 가지 비밀이 있습니다.

■ **비밀 1.** 남들이 잘 쓰지 않는 글인데, 많은 사람이 검색하는 글(이하 황금키워드)

- 이 경우, 확실히 내가 쓴 글이 더 많은 사람에게 노출될 가능성이 매우 큽니다. 블루오션 키워드를 찾아내야 하는 거죠.

■ **비밀 2.** 좋은 정보가 포함되어 있어, 사용자가 글을 읽을 때 오래 머무르게 할 수 있다면, 이 글은 좋은 평가를 받는다.

- 결국, 롱런(LongRun)할 수 있는 글은 사람들에게 올바른 정보와 그 사람들이 천천히 곱씹으면서 읽을 수 있는 글입니다. 그러므로 시리즈 형태의 글이든 단편의 글이든 사람들이 잘 읽을 수 있도록 만든 글이 모든 알고리즘의 선택을 받게 됩니다.

위의 비밀 2개 모두 일부 자동화가 가능합니다. 하지만, 전자와 비교하면 후자는 결국 글의 모든 부분에 기획이 들어가기 때문에 자동화할 수 있는 것에는 한계가 있습니다.

보통 우리가 블로그를 운영할 때, 전자와 후자 모두 신경 써서 글을 써야 하지만, 자동화 프로그램이 함께라면, "비밀 1. 남들이 잘 쓰지 않는 글인데, 많은 사람이 검색하는 글 (황금키워드)"을 적기 위한 황금키워드를 찾는 과정은 확실히 자동화가 가능합니다.

이번 장에서는 이 황금키워드를 찾는 과정을 네이버 API를 활용해서 같이 찾아 나가보도록 하겠습니다.

실습 Unit. 02

강의자료를 다운 (http://bit.ly/3yY2CUC) 받아서 갱신해주세요.

실습의 순서를 알아보겠습니다. 가장 먼저 우리가 검색하고자 하는 키워드를 선정해주고, 네이버 API 로그인을 위한 정보를 확보합니다. 확보한 정보로 API 호출을 통해 우리가 얻고자 하는 정보를 가져옵니다. 그 데이터를 분석해서, 해당 키워드의 포스팅 일자와 총발행량을 조사하면, 오늘 글을 올렸을 때 경쟁률을 알아볼 수 있습니다.

조금 생소한 개념이시라면, 아래의 그림을 참고하시면 되겠습니다.

$$\text{특정 키워드로 오늘 발행되는 포스팅 예상개수 [A]} = \frac{100}{\text{오늘날짜} - \text{특정 키워드로 발행된 100번째 포스팅이 올라온 날짜}}$$

포스팅이란? – A값이 낮을수록 좋은 키워드

항상 하던 대로, 실습순서를 정해보겠습니다.

> **비현코의 코드 설계 노트**
>
> 1. 원하는 키워드를 선정한다.
> 2. 네이버 API 아이디/비번 발행
> 3. 네이버 검색 API를 해당 키워드의 최근 100개의 발행개수를 확인하고 포스팅 일자와 총발행량을 조사한다.
> 4. 오늘 글을 올렸을 때의 경쟁률을 알아본다.
> 5. 원 코드로 만든다.

그럼 시작해보겠습니다.

■ 1. 원하는 키워드를 선정한다.

■ #원하는 키워드를 선정한다.

```
>>> keyword = str(input("원하는 키워드를 선정하세요 : "))
```

우리가 원하는 단어를 입력받는 코드를 의미합니다. keyword 변수에 검색어가 할당되게 됩니다. 단어는 본인이 원하는 것으로 추가해 주길 바랍니다. 저는 실습에서 '네이버 API'라는 단어를 키워드로 정해보겠습니다.

■ 2. 네이버 API 아이디/비번 발행

네이버 API를 발급받는 과정부터 알아보겠습니다. 가장 먼저 네이버에서 '네이버 API'라고 검색하면 아래와 같이 개발자센터가 뜨게 됩니다. 이를 클릭하고 접속합니다.

접속하면, 상단메뉴에 Application 〉 애플리케이션등록 순서로 클릭합니다.

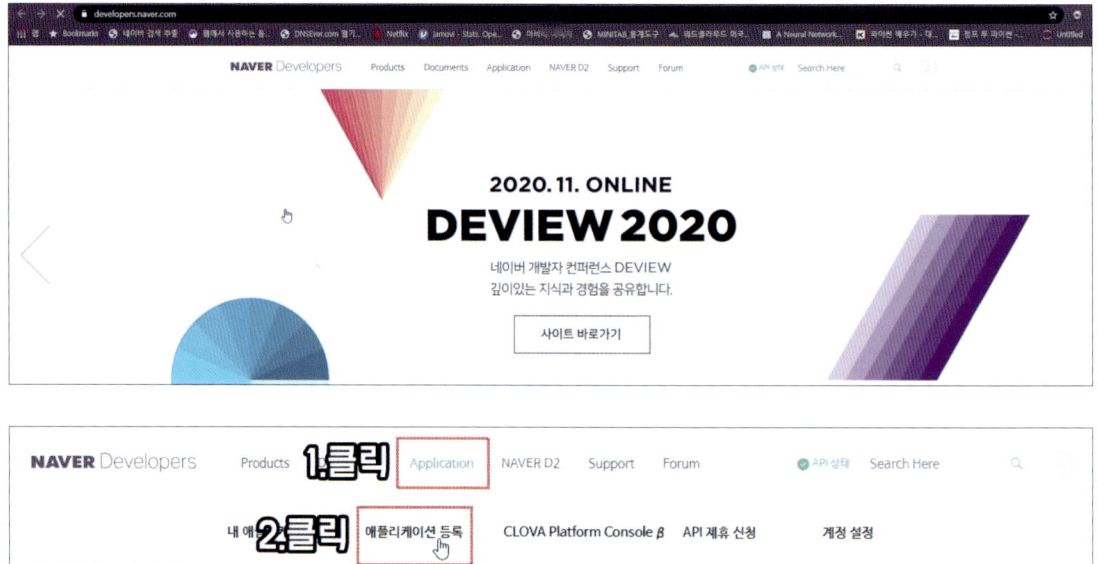

그럼 아래와 같이 어플리케이션을 등록하라는 알림이 뜨게 됩니다.

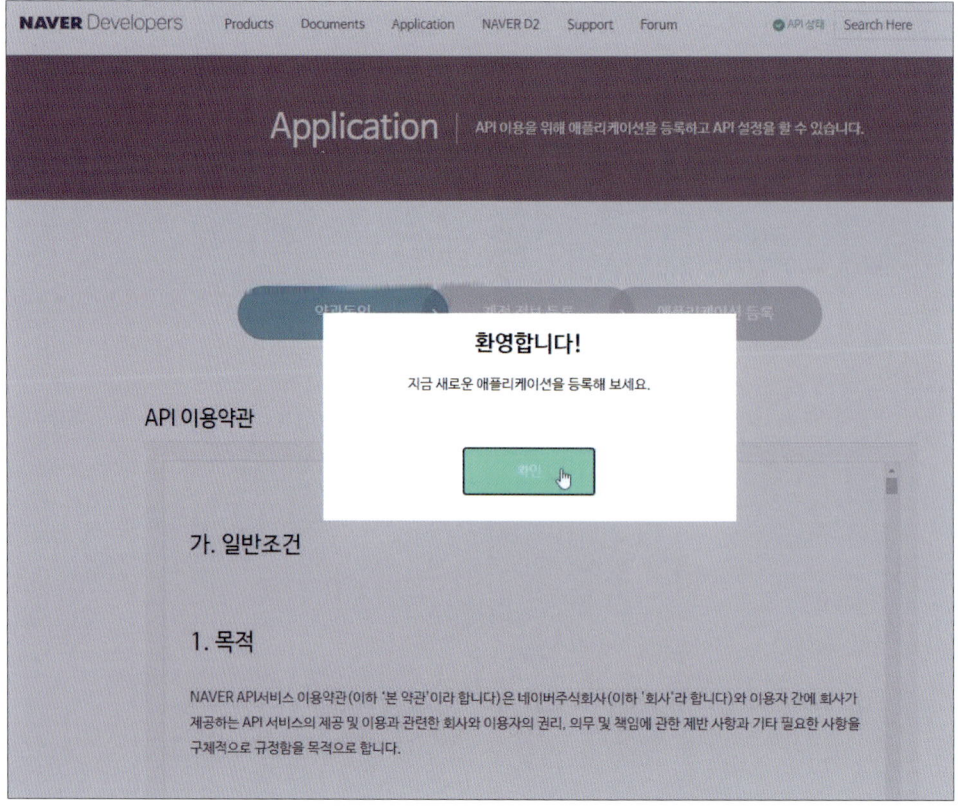

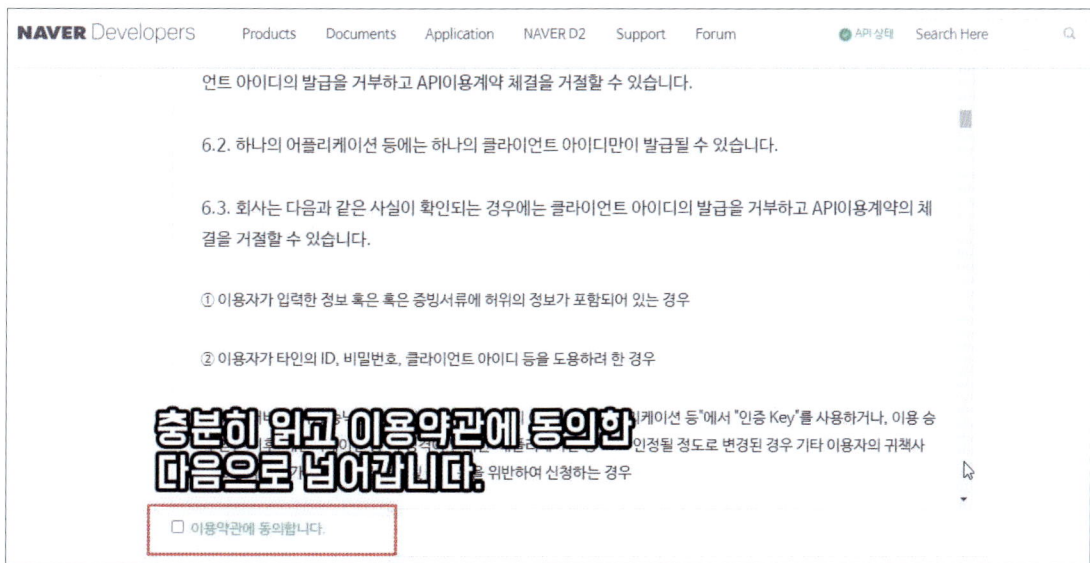

개인인증을 진행합니다.

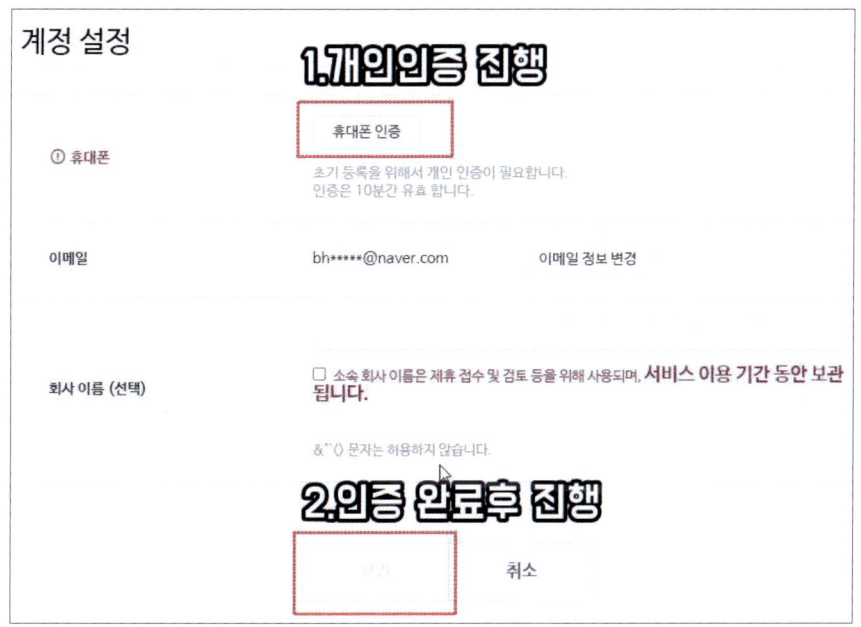

그 다음에는 애플리케이션의 이름을 정합니다. 우리는 검색에 관련된 API를 불러오기 때문에 나중에 알아볼 수 있는 이름으로 지정해줍니다.

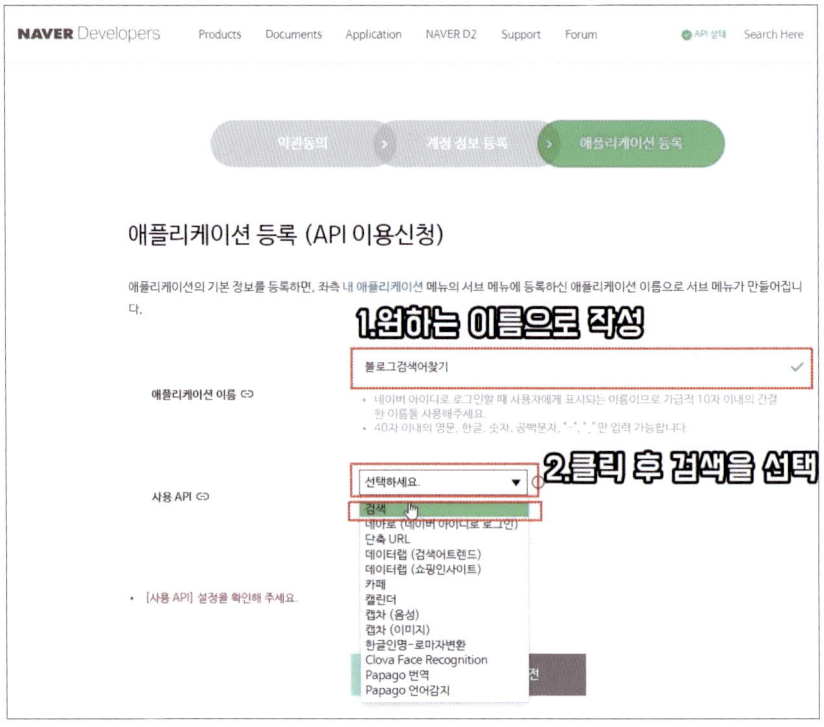

아래에서 사용 API는 '검색'을 클릭 후 선택해 주시길 바랍니다.

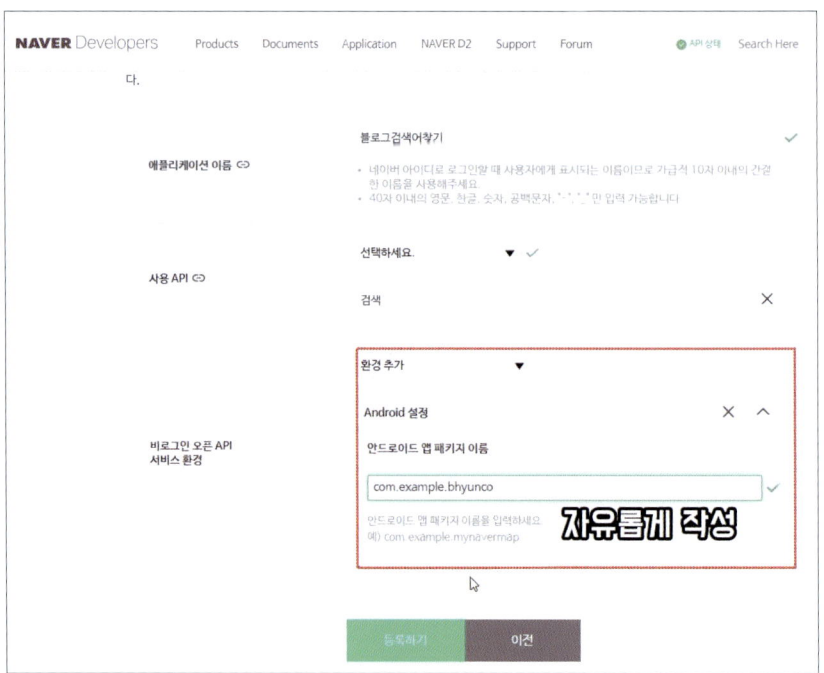

그럼 아래와 같이 Client ID와 Client Secret을 획득할 수 있습니다. 추후 API를 불러올 때 사용될 예정이기에 따로 기록해 두시길 바랍니다.

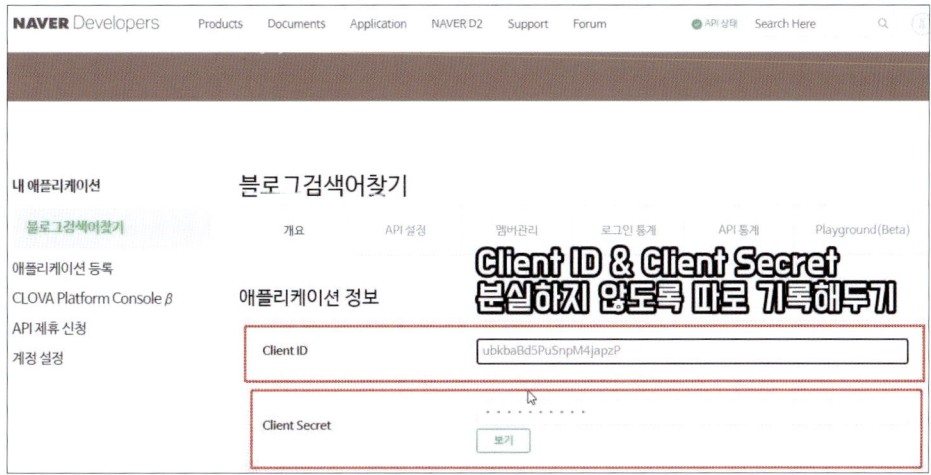

이렇게 가져온 ID와 Secret을 이제 입력해줘야 합니다.
아래의 코드를 보겠습니다.

- # 네이버 검색, 아이디/비번 발행

```
>>> client_id  = ""  #본인의 클라이언트 아이디를 넣어주세요
>>> import getpass
>>> client_secret  = getpass .getpass ("클라이언트 시크릿을 입력하세요 : ")
```

client_id는 발급받은 아이디를 넣어주시면 됩니다.
여기서 새로운 라이브러리인 getpass를 볼 수 있습니다. getpass 라이브러리를 통해서 우리가 어떤 값을 입력할 때 아래와 같이 "*"로 보이게 할 수 있습니다.

```
client_secret = getpass.getpass("클라이언트 시크릿을 입력하세요 : ")
클라이언트 시크릿을 입력하세요 : ··········
```

■ 3. 네이버 검색 API를 해당 키워드의 최근 100개의 발행개수를 확인하고 포스팅 일자와 총발행량을 조사한다.

그럼 가져온 API 아이디와 키로 정보를 가져와 보겠습니다. 해당 프로그램을 시작하기 전에, 아래의 코드를 먼저 실행해보겠습니다.

■ # 네이버 검색 API를 해당 키워드의 최근 100개의 발행개수를 확인한다.

```python
>>> import json
>>> import os
>>> import sys
>>> import urllib.request
# client_id = "YOUR_CLIENT_ID"
# client_secret = "YOUR_CLIENT_SECRET"
>>> encText = urllib.parse.quote(keyword)
# url = "https://openapi.naver.com/v1/search/blog?query=" + encText # json 결과
>>> display = 100
>>> sort = 'date'
>>> url = "https://openapi.naver.com/v1/search/blog?query="+encText+"&display="+str(display)+"&sort="+str(sort)
>>> request = urllib.request.Request(url)
>>> request.add_header("X-Naver-Client-Id",client_id)
>>> request.add_header("X-Naver-Client-Secret",client_secret)
>>> response = urllib.request.urlopen(request)
>>> rescode = response.getcode()
>>> if (rescode==200):
>>>     response_body = response.read()
>>>     #나오는 결과를 json으로 변환해서 가져오는작업
>>>     response_dict = json.loads(response_body.decode('utf-8'))
>>>     print(response_body.decode('utf-8'))
>>> else :
>>>     print("Error Code:" + rescode)
```

위의 코드는 우리가 직접 작성할 필요가 없습니다. 아래의 순서에 따라 함께 작성해보도록 하겠습니다. 먼저 아까 접속했던 개발자센터에서 시작하겠습니다.

개발자센터의 마이어플리케이션을 누르면 아래와 같은 탭을 볼 수 있습니다. 우리는 검색 API를 사용할 것이기 때문에, 서비스 API > 검색 탭을 누릅니다.

그럼 아래와 같은 그림이 나옵니다. 우리는 API 호출 예시 중 Python을 클릭합니다. 그러면 예제에 맞는 코드가 나오게 됩니다. 우리는 이 코드를 우리에게 편하게 변경하여 활용하도록 하겠습니다. 일단 복사해서 쥬피터노트북으로 붙여줍니다.

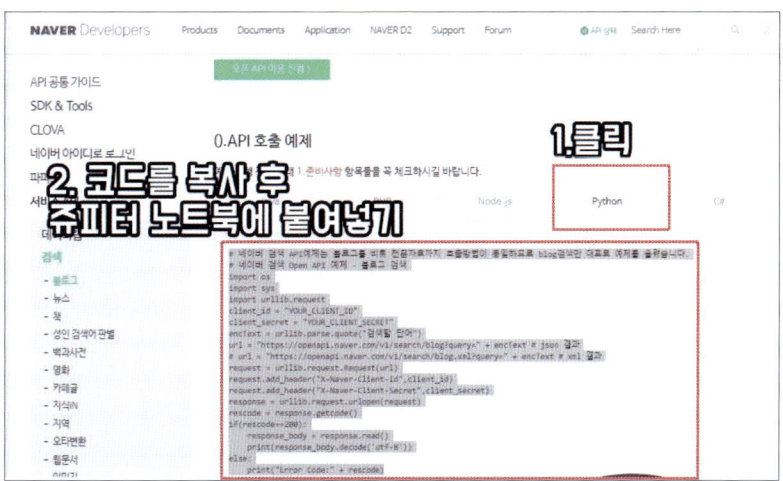

가져온 코드에서 가장 먼저 작업해줘야 할 것은 아래의 그림과 같이 이미 앞쪽 코드에서 작업해준 변수를 두 번씩 작업해줄 필요가 없으므로 2줄을 주석처리 합니다. 그리고 "검색할 단어"를 지워주고 위에서 설정했던 변수인 keyword를 넣어주세요.

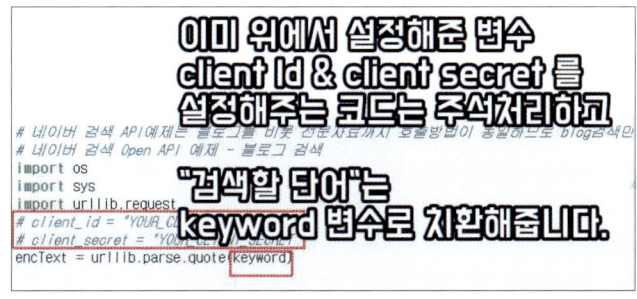

주석처리가 완료된 이후 API 호출을 위한 추가작업을 진행해주게 됩니다. API는 앞에서도 말씀드렸지만, 서버에서 정보를 내주기 위한 공식에 따라 정보를 요청하면 됩니다. 정보를 요청하기 위해서는 2가지를 알아야 합니다.
하나는 어떤 방법을 통해서 요청할 것인가? (요청방식)
둘째는 요청을 할 때 어떤 데이터를 줘야지 우리가 원하는 데이터를 반환할 것인가? (요청변수)

요청방식에는 Post와 Get 방식이 있습니다.
각각을 위키백과에서 검색하면 두 가지를 구분하기 위해 설명된 많은 자료를 볼 수 있습니다.
하지만, 우리는 그 부분에 대해서 당장 깊게 알 필요는 없습니다. 일단 단순히 생각해서 Get 방식은 인터넷 사이트 주소(url)를 통해서 서버에 정보를 요청하는 방식이라고 생각하면 되고, url로 볼 수 있으므로 직관적이고 쉽습니다. 하지만 반대로 눈에 보이기 때문에 보안에 취약합니다.
Post는 주소에 이런 정보요청을 하는 것이 아닌, HTTP 메시지의 Body에 담아서 전송합니다. 반대로 눈에 보이지 않기 때문에 보안에 상대적으로 좋습니다.

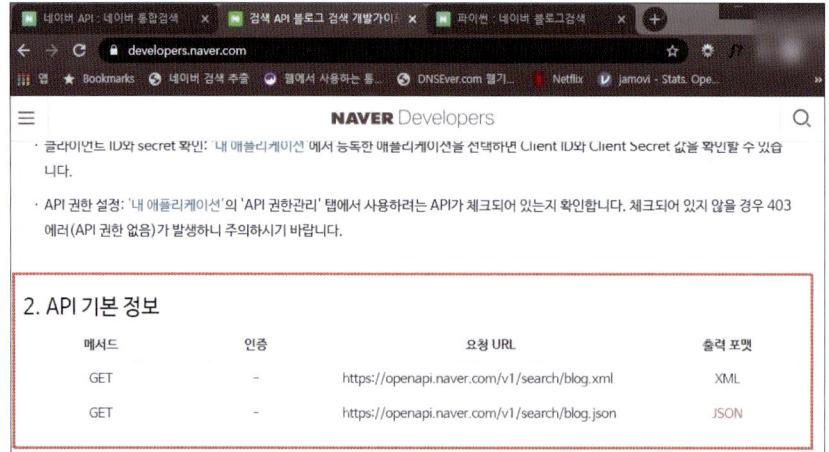

일단 이번 실습에서는 'GET'을 사용하기 때문에 요청 url에 어떤 작업을 해서 정보를 요청하면 됩니다.

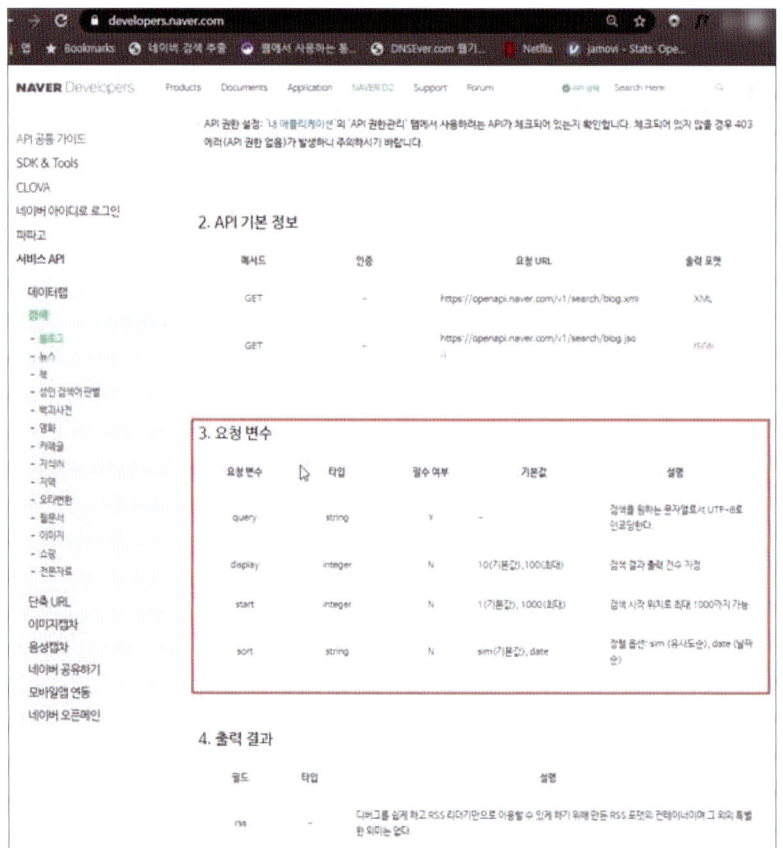

위의 그림에서 볼 수 있는 요청변수는 Get 방식에서 우리가 보내는 url에 우리가 요청하는 정보에 대한 정보를 어떻게 집어넣어야 하는지를 알려줍니다.

예를 들어 아래 그림을 보겠습니다. 우리는 네이버에 '파이썬'이라는 단어를 검색합니다. 그리고 인터넷 창의 주소를 한번 보게 되면 특이한 형태로 구성되어 있는 것을 알 수 있습니다.

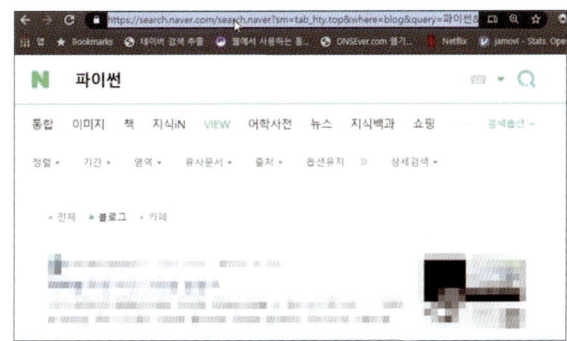

아래와 같이 어떤 값을 집어넣느냐에 따라 결괏값이 달라지는 것을 알 수 있습니다.

우리도 요청변수를 설정해보도록 하겠습니다. 우리가 필요로 하는 것은 2가지입니다.
하나는 검색결과의 최대건수인 100건이 나오게 하는 것이고
두 번째는 검색결과가 최신순으로 나오게 하는 것입니다.

각각 display 요청변수와 sort 요청변수를 활용해야 합니다.

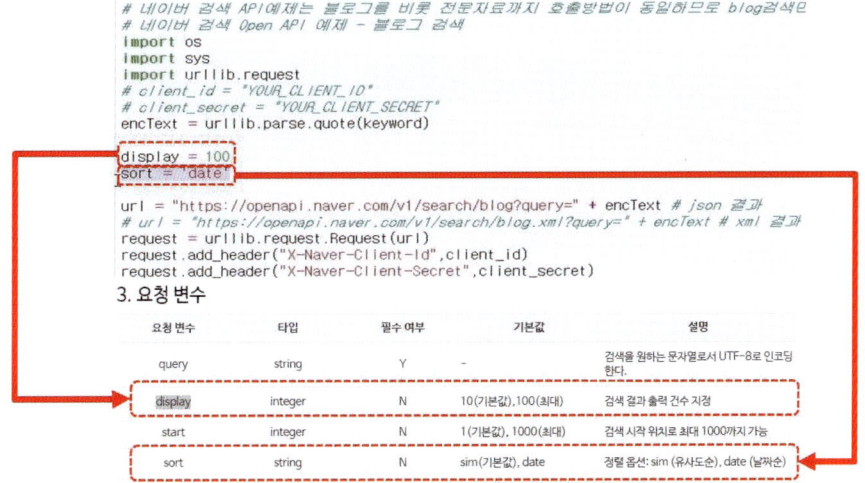

일단 위와 같이 요청변수를 설정해두고, 아래와 같이 url의 뒤쪽에 각각의 요청변수를 추가합니다.

```python
# 네이버 검색 API를 해당키워드의 최근 100개의 발행개수를 확인한다.
import json
import os
import sys
import urllib.request
# client_id = "YOUR_CLIENT_ID"
# client_secret = "YOUR_CLIENT_SECRET"
encText = urllib.parse.quote(keyword)
# url = "https://openapi.naver.com/v1/search/blog?query=" + encText # json 결과

display = 100
sort = 'date'

url = "https://openapi.naver.com/v1/search/blog?query=" + encText + "&display=" + str(display) + "&sort=" + str(sort)
```

그리고 실행하면, 아래와 같은 결과가 나옵니다. 복잡해 보이지만, 결과를 잘 살펴보면 우리가 배웠던 형태의 자료 구조인 것을 알 수 있습니다.

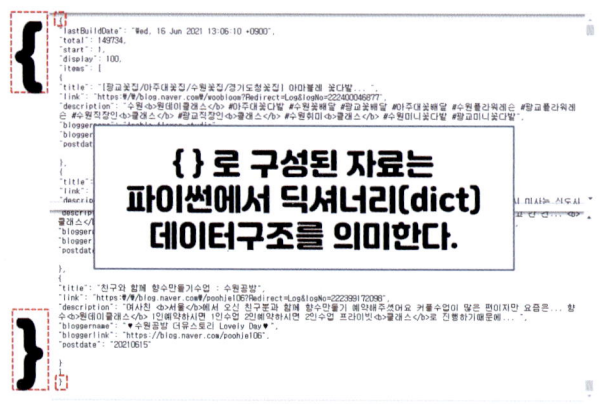

{ } 로 구성된 자료는 파이썬에서 딕셔너리(dict) 데이터구조를 의미한다.

바로, 딕셔너리(dict) 데이터 구조인 것을 알 수 있습니다. 중괄호로 묶여있고, keys 값과 values 값들이 각각 정해져 있습니다.

그리고 좀 더 자세히 보면 keys와 values 쌍이(items) 총 5개로 이루어져 있는 것을 알 수 있습니다. 자, 보기에는 딕셔너리 구조인 것으로 확인되는데, 실제로 그런지 아래와 같이 출력되는 변수(response. body.decode('utf-8'))의 type을 확인해보면 문자열 'str'인 것을 알 수 있습니다.

문자열이 이렇게 길면, 우리가 찾는 것을 찾을 수 없습니다. 그래서 데이터를 좀 더 찾기 편한 구조로 변경을 하고자 하는데, 이때 사용하는 방식이 바로 json.loads(문자열) 명령어입니다. 해당 명령어를 실행하기 전에 꼭 json 라이브러리를 가져와야 한다는 것을 잊지 마세요.(코드의 제일 위쪽에 추가해 줍니다.)

```
>>> import json
```

아래에 정식명칭에 관해서 설명을 해두었지만, json을 지금 깊게 이해하기는 어렵습니다. 간단하게 이해한다면 인터넷에서 정보를 주고받기 편하게 만들어진 데이터 구조로 파이썬의 딕셔너리(dict) 구조와 똑같이 생겼습니다. (사실 json은 js에서 다루는 object를 의미하는데, 우리는 딕셔너리 구조만 배웠기 때문에 이 정도까지만 설명하겠습니다.)

> **여기서 잠깐** json 구조란?
>
> JSON(제이슨[1], JavaScript Object Notation)은 속성-값 쌍(attribute-value pairs and array data types (or any other serializable value)) 또는 "키-값 쌍"으로 이루어진 데이터 오브젝트를 전달하기 위해 인간이 읽을 수 있는 텍스트를 사용하는 개방형 표준 포맷이다. 비동기 브라우저/서버 통신 (AJAX)을 위해, 넓게는 XML(AJAX가 사용)을 대체하는 주요 데이터 포맷이다. 특히, 인터넷에서 자료를 주고 받을 때 그 자료를 표현하는 방법으로 알려져 있다. 자료의 종류에 큰 제한은 없으며, 특히 컴퓨터 프로그램의 변수값을 표현하는 데 적합하다.
>
> [출처:위키백과] – https://ko.wikipedia.org/wiki/XPath]

json 구조에 대해서 길고 긴 설명이 있지만 지금은 우리가 배웠던 딕셔너리(dict) 데이터 구조라고만 이해하겠습니다.

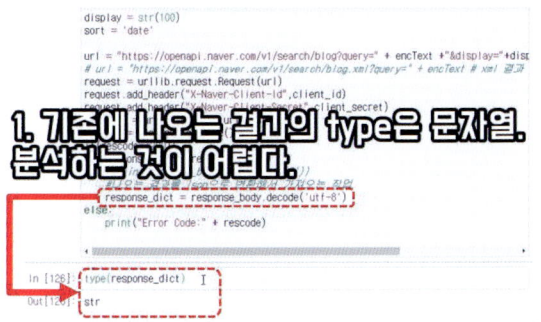 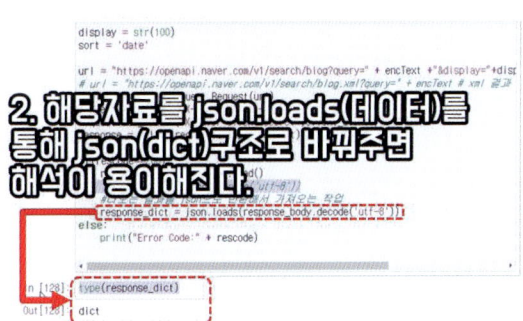

이렇게 아래와 같이 자료를 저장하고 프린트하면, 비로소 우리가 지지고 볶을 수 있는 형태(딕셔너리 구조)의 자료를 드디어 가져오는 방법을 세팅하게 되었습니다.

4. 검색 관련 정보 가져오고 경쟁률 분석

자 그럼 API 세팅은 완료되었으니 우리가 원하는 키워드로 정보를 가져와 보겠습니다.

일단 위에서 실습한 코드를 실행하면 최초에 선정한 키워드(실습에서는 '네이버 API') 에 관련된 정보가 나오는 것을 알 수 있습니다. 이제 발행된 자료를 조금 상세히 분석해보겠습니다.

정보의 형태(type)를 알아보겠고
구성되어 있는 key와 value에는 어떤 것들이 있는지 확인해보겠습니다.
그리고 출력된 자료는 몇 개나 있는지 한번 알아보겠습니다.

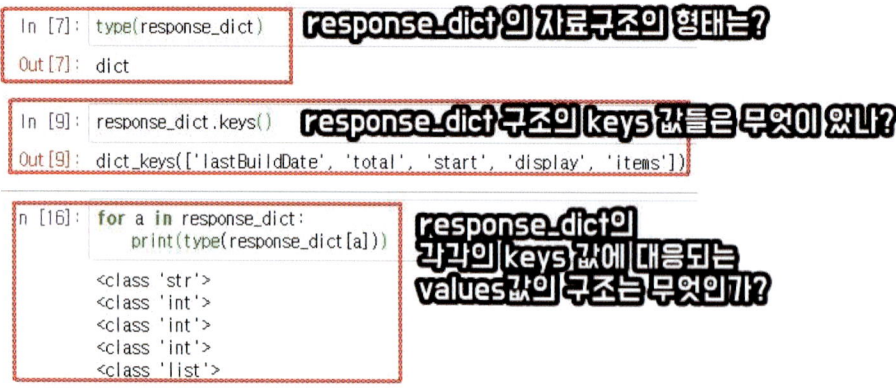

우리가 가져온 자료의 구조를 한번 돌아보는 것이 매우 중요합니다. 그 이유는 우리가 어디에서 정보를 가져와야 하는지를 알 수 있기 때문입니다.

이제 우리가 만든 자료와 위의 코드를 연결해보겠습니다.

```
In [7]: type(response_dict)
Out[7]: dict

In [9]: response_dict.keys()
Out[9]: dict_keys(['lastBuildDate', 'total', 'start', 'display', 'items'])

In [16]: for a in response_dict:
             print(type(response_dict[a]))
<class 'str'>
<class 'int'>
<class 'int'>
<class 'int'>
<class 'list'>
```

```
{
"lastBuildDate": "Wed, 16 Jun 2021 13:06:10 +0900",
"total": 149734,
"start": 1,
"display": 100,
"items": [
{
"title": "[광교꽃집/아주대꽃집/수원꽃집/경기도청꽃집] 아마블레 꽃다발...",
"link": "https://blog.naver.com/woobloom?Redirect=Log&logNo=222400046877",
"description": "수원<b>원데이클래스</b> #아주대꽃배달 #광교꽃배달 #아주대꽃다발 #수원플라워레슨 #광교플라워레슨 #수원직장인<b>클래스</b> #광교직장인<b>클래스</b> #수원취미<b>클래스</b> #수원미니꽃다발 #광교미니꽃다발",
"bloggername": "Amable flower studio",
"bloggerlink": "https://blog.naver.com/woobloom",
"postdate": "20210616"
},
{
"title": "미사공방 '무드세라 도자기공방' 힐링이었던 하남<b>원데이클래스</b>",
"link": "https://blog.naver.com/hrrbgo?Redirect=Log&logNo=222400038607",
"description": "하남 <b>원데이클래스</b> 여러군데 다녀보았지만 도자기마을 <b>클래스</b>는 처음이에요. 역시 미사는 신도시... <b>클래스</b>가 끝나고 나서는 선생님께서 만드신 플레이트 위에 선생님이 만드신 베이킹을 주신다 하나하나 다...",
"bloggername": "HYUN_BLOG",
"bloggerlink": "https://blog.naver.com/qoqo875",
"postdate": "20210615"
},
{
"title": "친구와 함께 향수만들기수업 : 수원공방",
"link": "https://blog.naver.com/poohje106?Redirect=Log&logNo=222399172098",
"description": "여사친 <b>서울</b>에서 오신 친구분과 함께 향수만들기 예약해주셨어요 커플수업이 많은 편이지만 요즘은... 향수<b>원데이클래스</b> 1인예약하시면 1인수업 2인예약하시면 2인수업 프라이빗<b>클래스</b>로 진행하기때문에...",
"bloggername": "♥ 수원공방 더유스토리 Lovely Day♥",
"bloggerlink": "https://blog.naver.com/poohje106",
"postdate": "20210615"
},
```

이렇게 보면 조금 더 이해가 쉬우신가요? 결국, 우리는
response_dict 변수에서
"items"라는 keys 값에 대응되어 있는 values 값들을 통해 여러 가지를 분석할 수 있습니다.

이번 실습에서는 경쟁률을 구해야 하므로,

특정 키워드로 오늘 발행되는 포스팅 예상개수[A]

$$= \frac{100}{\text{오늘날짜} - \text{특정 키워드로 발행된 100번째 포스팅이 올라온 날짜}}$$

포스팅 경쟁률이란? - A값이 낮을수록 좋은 키워드

특정 키워드로 발행된 100번째 포스팅이 올라온 날짜만 구하면 됩니다. (다른 분석은 직접 해보시길 권장해드립니다.)

이제 그럼

response_dict 변수에서

"items"라는 keys 값에 대응되어 있는 values 값들을 분석해보겠습니다.

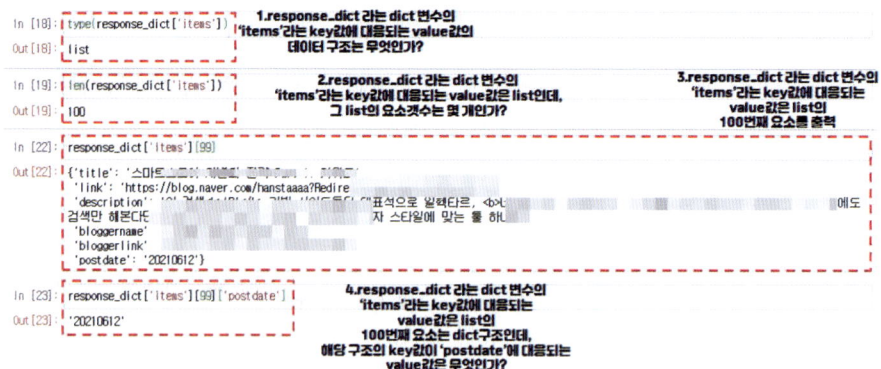

위의 사진에서 볼 수 있듯이 우리는 해당 데이터 구조를 확인하기 위해서는 하나씩 하나씩 껍질을 벗겨가면서 데이터를 파악하는 것에 익숙해져야 합니다.

결론적으로 우리가 원하는 것은 해당 키워드가 포함된 100번째 블로그 포스팅이 무엇인지를 아는 것이기 때문에 '20210612'라는 날짜 데이터를 알 수 있습니다.

이제 20210612라는 데이터를 얻었기 때문에 오늘 날짜를 알아내고 그 날짜의 차이를 구하면, 하루에 몇 개의 포스팅이 쓰이고 있는지가 확인할 수 있습니다.

이런 길고 긴 설명은 아래의 간단한 코드로 귀결됩니다.

- # 4. 해당 키워드의 포스팅 일자와 총 발행량을 조사한다.

```
# 총 발행량 확인
>>> posting_total = 100
>>> print (posting_total )
# 마지막 포스팅 생성날짜 확인
>>> last_posting = response_dict ["items"][99]
>>> print (last_posting ["postdate"])
20210612
```

코드의 매력은 바로 이런 것입니다.

자 이제, 100번째 블로그 포스팅이 발생한 날짜를 알았으니 오늘의 날짜를 계산해서 프로그램을 만들면 끝이 납니다. 제가 이 글을 적고 있는 날짜는 2021.06.18.로써 6일 동안 100번의 포스팅이 발생한 것을 알 수 있습니다. 단순히 계산하면, 100/6을 하니 하루에 16~17개의 포스팅이 올라온다는 것을 알 수 있습니다.

하지만 만약 월이 넘어가는 경우는 어떻게 계산을 해야 할까요? 이때 우리는 날짜를 계산할 수 있는 파이썬 라이브러리인 datetime을 가져와서 날짜를 계산하면 됩니다.

- # 오늘 날짜 확인

```
>>> import datetime
>>> today = datetime.datetime.today()
>>> print (today )
2021-06-18 12:08:59.340836
```

가장 먼저 today라는 변수에, 현재 시각을 대입합니다. 해당 변수를 출력해 보면, 시/분/초까지 매우 세세하게 현재의 시간을 출력해줍니다.

- # 마지막 포스팅 생성날짜 datetime 변환

```
>>> last_year  = int (last_posting ["postdate"][:4 ])
>>> print (last_year)
2021
>>> last_month  = int (last_posting ["postdate"][4 :6 ])
>>> print (last_month)
6
>>> last_day  = int (last_posting ["postdate"][6 :])
>>> print (last_day)
12
>>> last  = datetime .datetime (last_year ,last_month ,last_day )
```

그리고, 아까 출력해낸 last_posting 변수의 'postdate' key 값에 대응하는 value 값을 불러와서 슬라이싱을 통해 날짜를 년/월/일별로 잘라냅니다. ('20210618'을 '2021', '06', '18'로 잘라냅니다) 그리고 각각 출력된 값을 last_year, last_month, last_day 순으로 년/월/일을 저장해줍니다.

그리고서, 이 3가지 요소로 구성된 last라는 datetime 변수로 년/월/일을 모두 포함해 저장해줍니다.

```
In [32]: type(last)
Out[32]: datetime.datetime
```

- **#마지막 포스팅일자 – 오늘 날짜 계산**

```
>>> date_difference = today - last
>>> date_difference.days
6
```

이제 다 왔습니다. 오늘(today)와 마지막 포스팅일자(last)를 비교해서 연산하고, 그 연산한 값 중에서 날짜만 가져옵니다.

이로써 년/월/일의 정보만으로 날짜와 날짜 사이를 계산할 수 있는 가장 기본적인 연산을 해냈습니다.

- **# 5. 오늘 글을 올렸을 때의 경쟁률을 알아본다.**

```
#하루평균 발행량 확인
>>> posting_total /date_difference.days
16.66666666
```

이제 마지막으로, 위에서 우리가 수동으로 설정해준 posting_total – 100을
date_difference.days 로 나누어 주면, 우리가 원하는 경쟁률이 드디어 나오게 됩니다.
정확히 말하면, 오늘 나와 경쟁하는 포스팅 수라고 이야기하면 되겠네요. 이 결과를 해석해보면, '네이버 API'라는 단어로 오늘 포스팅을 한다고 한다면, 16.6개의 다른 포스팅 글이 올라올 것이 예상된다는 것입니다. 16명과 경쟁해야 한다는 의미로 이해가 되겠네요.

■ 5. 원 코드로 만들기

그전에 하던 방식과 같이 하나의 코드로 만들어서 출력합니다.

단순한 계산방식 같지만, 사실 이를 좀 더 깊게 응용하면 블로그를 사용하면서 만약 여러분들의 아이디어를 조합해서 이 코드를 더 발전시킨다면 어떻게 될까요?
아마 누구도 따라 하지 못하는 본인만의 프로그램이 만들어지게 될 것입니다. 그리고 응용의 끝은 없습니다. 마음껏 펼쳐보시길 바랍니다.

물리적 자동화　　　　　　　　　　　　　　　　　　　　　　Section. 03

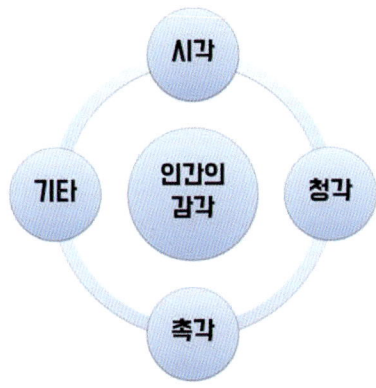

해당 프로그램 개발 목적 및 기능　　　　　　　　　　　　　　Unit. 01

이번에는 물리적 자동화에 관해 이야기를 하고자 합니다. 물리적 자동화란 무엇일까요?
사실 프로그램으로 만드는 자동화라는 것은 인간의 행동을 꾸준히 할 수 있는 역할을 프로그램에 부여하는 것입니다. 그럼 우리가 먼저 분석해봐야 할 것은 인간의 행동입니다.
우리가 살면서 여러 가지 행동을 하는데요, 너무 다양한 행동을 하므로 모든 것을 다룰 수는 없고, 컴퓨터를 활용할 때 하는 행동들을 살펴보겠습니다.

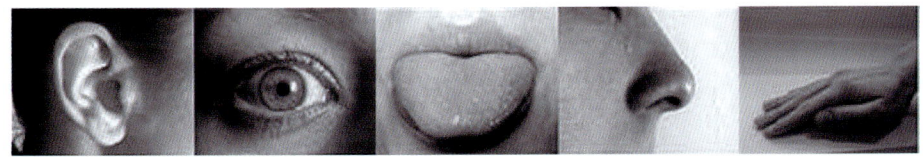

▲ 사진,글 출처 – 위키백과 (감각) https://ko.wikipedia.org/wiki/%EA%B0%90%EA%B0%81

> **여기서 잠깐 　오감**
>
> 오감(五感, five senses)은 시각 · 청각 · 후각 · 미각 · 촉각 등의 5가지 감각을 통틀어 말하며 감각을 수용하는 수용기에 따라 분류한다. 시각의 감각 기관은 눈으로 수용기는 망막에 있고, 청각의 감각 기관은 귀로 내이의 달팽이관 속에 수용기가 있다. 후각은 코이며, 수용기는 비점막 속에 들어 있고, 미각은 입 안의 혀이며 수용기는 혀의 미뢰 속에 있다. 촉각의 감각 기관은 피부이다. 이들 각 수용기는 특수한 자극인 적합자극만을 받아들여 흥분한다.

이처럼 인간이 가지고 있는 오감 중에 우리가 컴퓨터를 활용할 때 쓰는 감각과 하는 행동을 한번 살펴보겠습니다.

- **시각**: 컴퓨터 화면을 봅니다. 클릭할 부분을 찾고 출력되는 정보를 본 다음 머릿속이나 파일로 저장을 합니다.
- **청각**: 소리를 듣고 알림을 인식하거나, 정보를 인지합니다
- **미각**: 이번 장에서는 다루지 않습니다. (하지만, 이미 전자혀 라는 개념으로 연구는 진행되고 있습니다.)
- **후각**: 이번 장에서는 다루지 않습니다. (하지만, 이미 전자코 라는 개념으로 연구는 진행되고 있고, 후각을 프로그래밍 판단해내는 기술도 계속 발전되고 있습니다.)
- **촉각**: 마우스와 키보드를 제어합니다.

우리는 아직(?)은 컴퓨터를 활용할 때 3가지 감각을 주로 활용합니다. 사실 AI를 활용해서 구현해내는 연구는 전 세계적으로 계속 이루어지고 있으므로, 다른 감각을 대체할 수 없다는 단언을 할 수는 없습니다. 하지만 이 책에서는 그런 고도의 기술을 다루는 것이 아닌 당장 내 삶에서 나를 도와줄 수 있는 프로그램 기능들을 알아볼 것이기 때문에 너무 깊게 들어가지는 않겠습니다.

결론적으로 시각, 청각, 촉각의 감각들이 하는 행동 중 일부는 파이썬 프로그래밍으로 구현해낼 수 있습니다. 한번 정리해볼까요?

- **시각**: 이미지 스크린샷(pyautogui) + 이미지 텍스트 추출
- **촉각**: 키보드 제어(pyautogui)
- **촉각**: 마우스 제어(pyautogui)
- **청각**: 알림음 라이브러리(winsound)

이것뿐만 아니라 정말 많은 기능이 있습니다. 앞에서도 말씀드렸지만, 우리가 새롭기 기능을 만들어 내야 하는 것이 아닌, 기존에 남들이 만들어 놓은 라이브러리를 활용해서 이 모든 기능을 손쉽게(?) 사용할 수 있습니다.

이번 실습에서는, 이런 물리적 자동화를 하나씩 해보면서 그 프로그램들의 연계를 한번 해보도록 하겠습니다. 이번에 실습하는 내용은 컴퓨터 안에서 우리가 하는 역할을 지금까지 했던 방식과 달리 정말 우리가 직접 시각, 촉각, 청각을 활용하는 원시적인 자동화를 해보도록 하겠습니다. 이런 물리적 자동화를 하는 이유는 자동화를 하다가 기술적인 부분에서 막히게 될 경우, 인간을 닮은 프로그램을 만들어 그 부분을 돌파해내기 위해서입니다. 그럼 하나씩 진행해볼까요?

- **촉각**: 마우스 제어
- **촉각**: 키보드 제어
- **시각**: 이미지 스크린샷 + 이미지 텍스트 추출
- **청각**: 특정 조건에서 알림음 내기

실습　　　　　　　　　　　　　　　　　　　　　　　　　　　　Unit. 02

■ 촉각: 마우스 제어

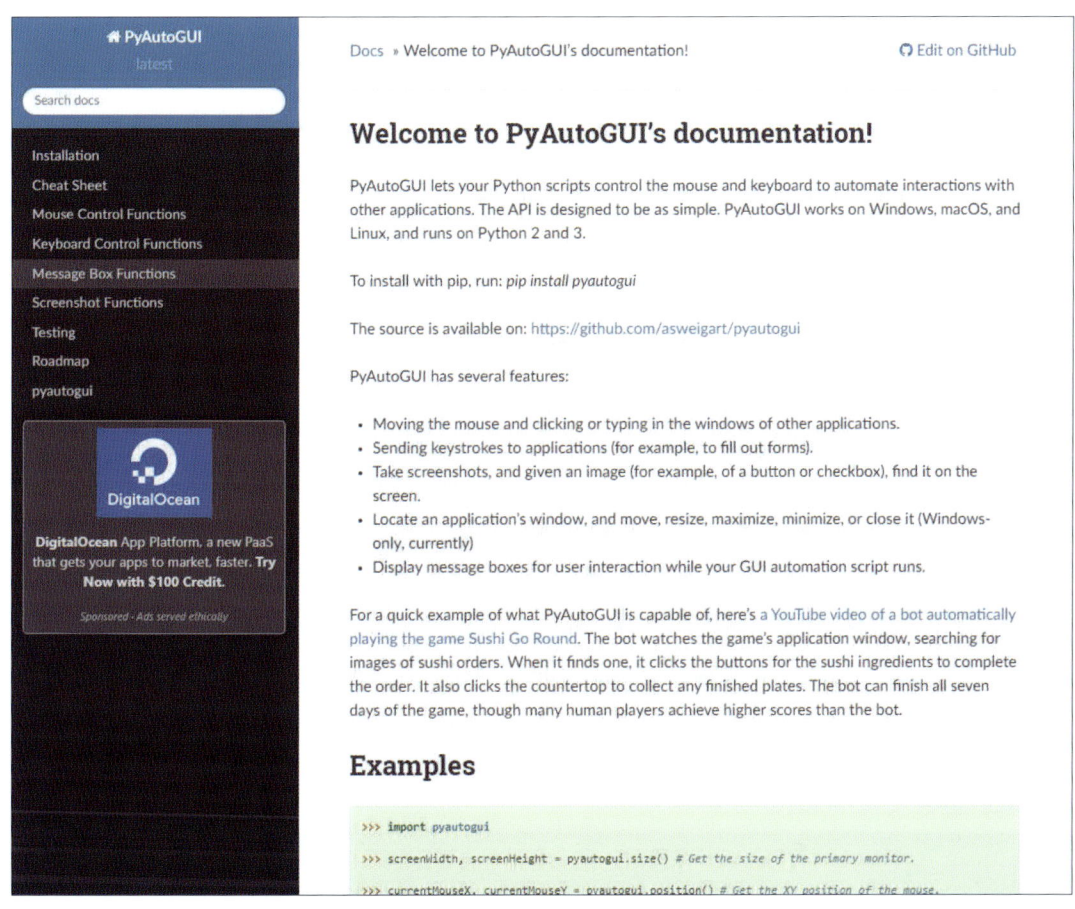

▲ https://pyautogui.readthedocs.io/en/latest/

우리가 가장 먼저 경험할 물리적 자동화에서는 pyautogui 라이브러리를 활용하도록 하겠습니다. 아래의 코드는, 해당 라이브러리를 설치하고, pyautogui를 pag라는 문자로도 활용하겠다는 명령어입니다.

```
>>> !pip install pyautogui
>>> import pyautogui as pag
```

마우스를 제어하기 위해서는 우리가 알아야 할 기본 개념은, 컴퓨터의 모니터 화면의 특정 지점을 수치화하는 것이 필요합니다.
마우스를 아무 곳이나 올려놓고, 아래의 코드를 실행해보겠습니다.

- #마우스 위치 확인

```
>>> pag .position ()
Point (x=180, y=348) --> 해당 위치는 임의의 위치입니다.
```

여기서 나오는 x 좌표와 y 좌표가 바로 마우스가 올려져 있는 위치를 이야기합니다. 왼쪽 최상단을 0,0 으로 설정하고, 거기서 멀어질수록 x 좌푯값과 y 좌푯값이 변화됩니다.

반대로 오른쪽 제일 아래를 놓고 클릭하면 저의 컴퓨터의 경우는 아래와 같이 나오게 됩니다.

```
In [15]: #마우스 위치확인
         pag.position()
Out[15]: Point(x=1919, y=1079)
```

현재 필자가 사용하는 컴퓨터의 모니터는 1920×1080 크기의 모니터임을 알 수 있습니다. 다시 말해서 총 2,073,600개의 위치를 설정할 수 있다는 것을 의미합니다.

1920 × 1080 =
2,073,600

이렇게 컴퓨터 화면에 보이는 위치를 우리는 지정할 수 있습니다. 이제, 직접 마우스를 움직여 보도록 하겠습니다. 아래의 코드를 실행해보겠습니다.

- #마우스 이동

```
>>> pag.moveTo( x =180, y =348 )--> 해당위치는 임의의 위치입니다.
```

이렇게 해당 코드를 실행하면, 아까 마우스 포인터를 두었던 위치로 마우스가 바로 이동하는 것을 확인할 수 있습니다. 마우스를 꼭 클릭만 해야하는 것은 아니므로, 해당 방식을 통해서 마우스를 원하는 위치로 가져다 놓을 수 있습니다.

- #마우스 드래그

```
>>> pag.dragTo(508 ,600 ,1 ,button = 'left')-> 해당위치는 임의의 위치입니다.
```

이번에는 마우스를 드래그하는 법을 배워보겠습니다. dragTo(바로 다음 란에 커서를 올려놓고 "Shift + Tab" 버튼을 누르면 아래와 같은 화면이 나오는 것을 알 수 있습니다.

```
In [ ]:  #마우스 드래그
         pag.dragTo(508,600,1,button = 'left')

In [ ]:  Signature:
         pag.dragTo(
             x=None,
             y=None,
             duration=0.0,
In [ ]:      tween=<function linear at 0x00000221CCB8FE50>,
             button='primary',
             logScreenshot=None,
             _pause=True,
In [ ]:      mouseDownUp=True,
```

이렇게 코드의 사용법을 좀 더 정확히 알고 싶을 때는 이런 방식으로 해당 코드의 사용법을 한번 읽어 주는 것만으로 활용이 매우 쉬워집니다.

마우스를 드래그하기 위한 좌표, 기다리는 시간, 드래그하는 동안 행동원칙 등을 정할 수 있습니다. 추가로 마우스의 클릭도 아래와 같이 할 수 있습니다

- **#마우스 클릭**

```
>>> pag.click(x =249, y =51)--> 해당위치는 임의의 위치입니다.
```

이제, 마우스를 제어해봤으니, 키보드 또한 제어를 해보겠습니다.

■ 촉각: 키보드 제어

키보드를 제어하는 방법은 여러 가지가 있지만 크게 2가지로 나뉩니다. 하나는 문자열(영어)을 자동으로 입력되게 만드는 방법과

- **#키보드 입력**

```
>>> pag .click (x =249 , y =51 )--> 해당위치는 임의의 위치입니다.
>>> pag .typewrite ('hello my name is bhyunco', interval =0.1 )
```

나머지 하나는 키보드를 여러 개를 동시에 입력하는 방법입니다.

- **#키보드 여러 키를 동시에 입력**

```
>>> pag .click (x =406 ,y =402 )--> 해당위치는 임의의 위치입니다.
>>> pag .hotkey ("ctrl", "v")
```

이런 식으로 키보드와 마우스를 자유자재로 다룰 수 있다는 것은 무엇을 의미할까요? 우리가 앞서 배웠던 다양한 방식의 자동화를 알지 못하더라도, 내가 컴퓨터로 하는 모든 행동을 이런 물리적 자동화로 완성한다면, 시간은 좀 걸리겠지만, 내 자리에서 반복은 모두 진행할 수 있습니다.

그리고, 그것뿐만 아니라 우리가 아는 코딩으로 해결하지 못할 때 조금씩 이 라이브러리를 섞어서 활용하면, 어려운 문제들을 생각보다 쉽게 해결할 수 있습니다.

■ 시각: 이미지 스크린샷 + 이미지 위치 확인

다음 배워볼 것은 시각의 역할입니다. 컴퓨터를 볼 때 시각은 하나만을 진행합니다. 눈에 보이는 모든 정보를 보고 우리의 뇌로 전달합니다. 우리도 또한 이 역할을 컴퓨터에서 화면을 캡쳐하거나, 원하는 요소가 있는 걸 찾는 데 활용합니다.

먼저 우리가 보고 있는 화면에서 원하는 위치와 크기로 스크린샷을 찍어보겠습니다.

- #스크린 샷

```
>>> pag.screenshot('test1.png', region=(1,20,100,100))
```

이번에도 해당 코드의 사용법을 알아보겠습니다. (Shift + Tab을 눌러주세요)

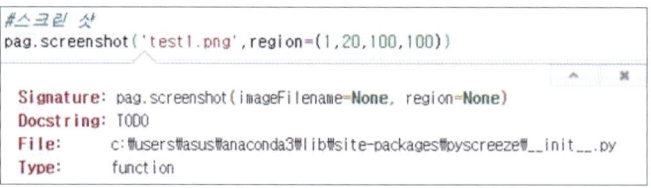

생각보다 간단합니다. 처음에는 저장할 파일명, 그리고 뒤에는 영역입니다. 여기서 영역인 region에 들어갈 파라미터는 (x 죄표, y 죄표, 가로 길이, 세로 길이)로 4가지로 나누어져 있습니다. 이렇게 설정하고 실행시키면, 해당 좌표에 있는 스크린샷이 test1.png라는 파일로 저장됩니다.

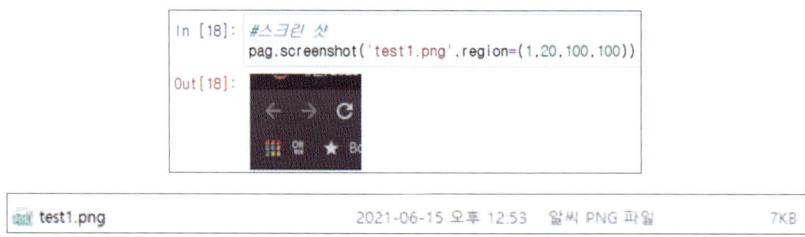

- #이미지가 있는 위치 확인

```
>>> pag.locateOnScreen('test1.png')
```

다음은, 우리가 어떤 이미지를 찾기 위해서 사용하는 방식인 locateonscreen입니다. 앞에서 스크린샷을 통해 찍은 이미지가 지금 보고 있는 화면에 있다면 그 위치를 반환해줍니다.

```
In [19]: #이미지가 있는 위치 확인
         pag.locateOnScreen('test1.png')
Out[19]: Box(left=1, top=20, width=100, height=100)
```

이처럼, 해당 이미지의 위치가 정확히 어디 있는지를 확인할 수 있습니다.

스크린샷 실습은 여러분께서 직접 코드를 실행해보시면 큰 문제 없이 잘 활용할 수 있다는 것을 느끼시게 됩니다. 하나하나 코드를 실행해가시면서 활용해보시길 권해드립니다.

■ 청각: 특정 조건에서 알림음 내기 (윈도우 환경)

https://docs.python.org/ko/3/library/winsound.html

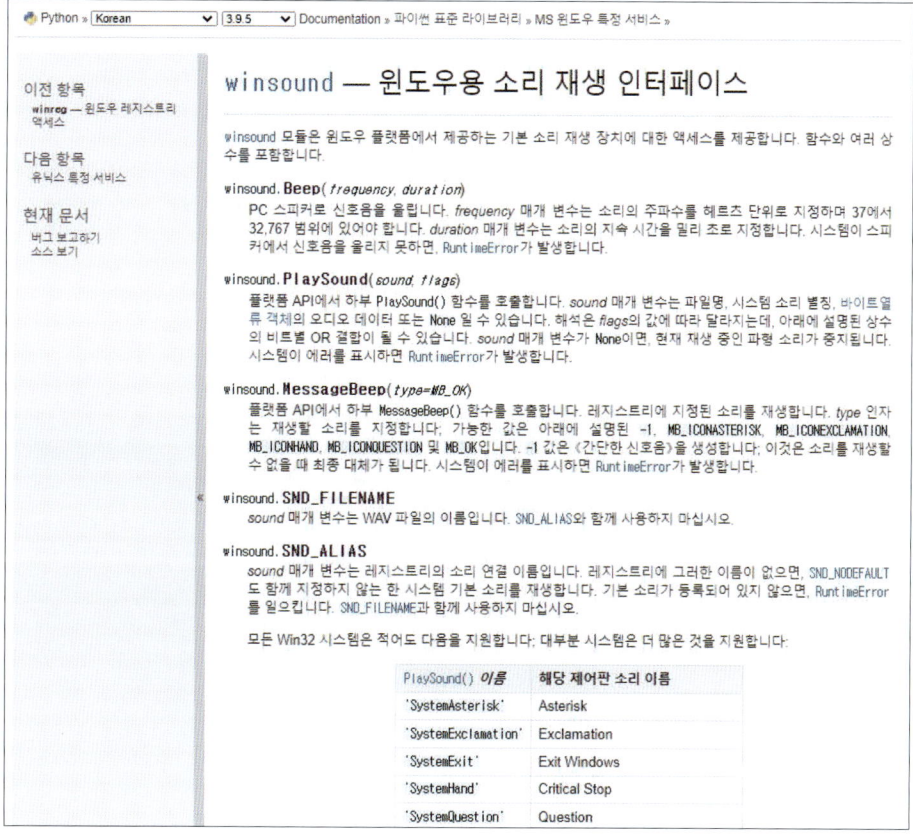

이번에는 청각이라고 쓰긴 했지만, 어떤 상황이 발생했을 때, 컴퓨터 소리를 발생시켜 활용하는 방식입니다. 다양한 방식이 있지만, 가장 기본적인 beep 음을 내는 코드만 확인하고 넘어가겠습니다.

```
>>> import winsound
>>> winsound.Beep(1000, 5)
```

해당 코드를 실행시키면 일정 음이 일정 시간 동안 울리게 됩니다. 코드의 상세내용을 확인하기 위해서 Shift + Tab 을 눌러보면 아래와 같이 나오게 됩니다. 여기서 말하는 frequency는 주파수를 의미하고, duration을 mileseconds를 의미합니다. 결국, 1초의 시간 동안 소리를 들려줬으면 한다면, duration은 1000을 파라미터를 넣어주어야 합니다.

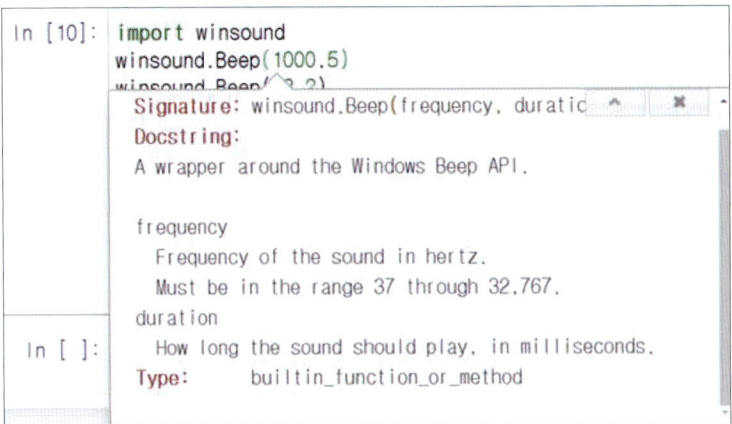

기타 활용 가능한 다양한 방법 소개 Section. 04

파이썬을 처음 배울 때 인터넷에서 파이썬을 홍보하는 많은 영상과 글을 보면 공통으로 하는 이야기가 있습니다. "바로 무궁무진한 라이브러리가 있다."라는 이야기입니다.

여기서 잠깐 — 파이썬 라이브러리란?

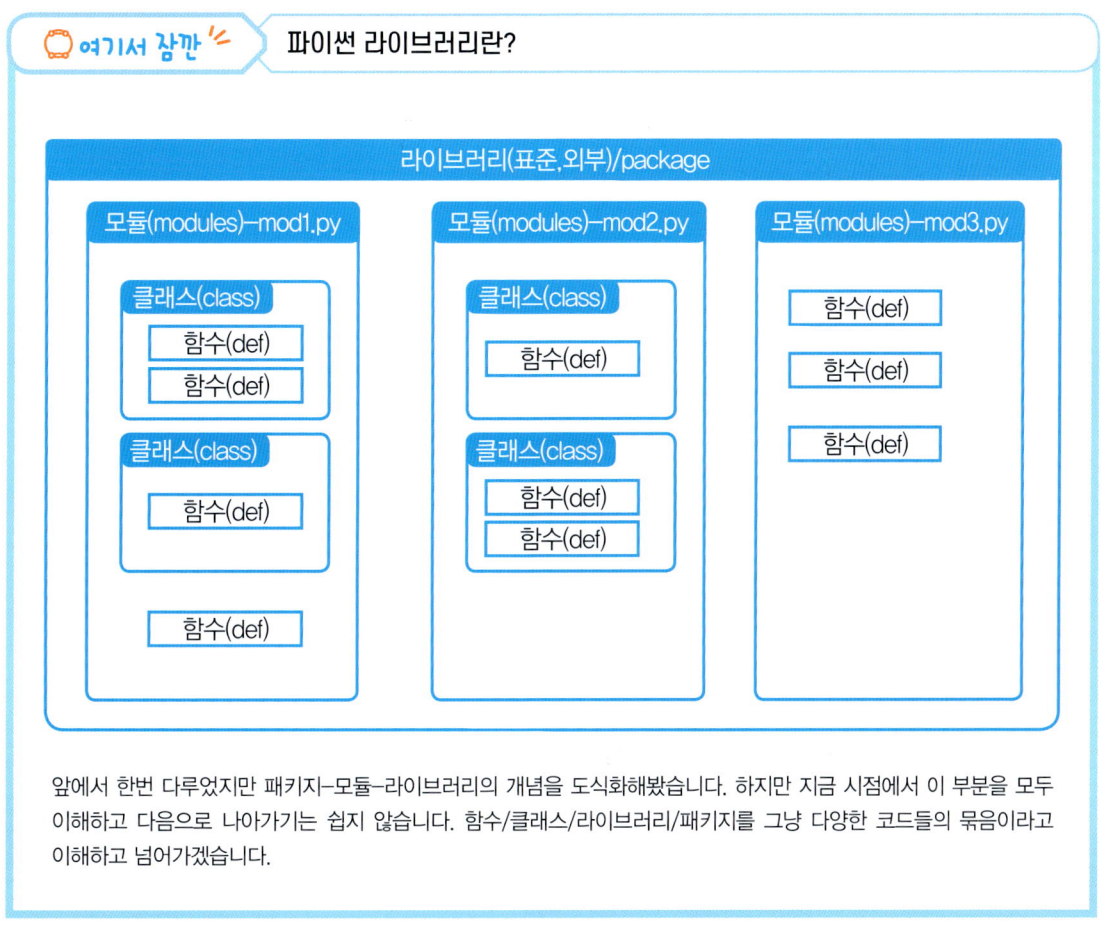

앞에서 한번 다루었지만 패키지-모듈-라이브러리의 개념을 도식화해봤습니다. 하지만 지금 시점에서 이 부분을 모두 이해하고 다음으로 나아가기는 쉽지 않습니다. 함수/클래스/라이브러리/패키지를 그냥 다양한 코드들의 묶음이라고 이해하고 넘어가겠습니다.

그리고 무엇보다도, 우리는 사실 이런 라이브러리를 이해하지 않아도 사용할 수 있습니다. 우리가 엑셀 프로그램이 어떤 식으로 구동하고 활용 가능한지를 모르지만 사용하고 있는 것과 같지요.

정말 수많은 라이브러리가 있고, 인터넷에 검색만 해도 다양한 라이브러리들이 있지만 필자는 현업/사업/부업에 바로 적용할 수 있는 코딩을 지향하기 때문에, 현업에 사용할 수 있으면서 매우 편리하고 신기한 기능이 있는 라이브러리를 설명해드리겠습니다. 물론 실습도 같이 진행해보겠습니다. 중요한 것은, 필자가 알려드리는 패키지를 보고, "이런 것을 사용할 수 있구나!" 하는 것이 중요합니다. 그리고 생각의 확장을 해서 "이런 기능을 가진 라이브러리는 없을까?"라는 가능성을 상상할 기회가 됐으면 합니다.

시각화 라이브러리 - Seaborn & matplotlib　　　　　　　　　　Unit. 01

패키지 Seaborn과 matplotlib입니다.

- **Seaborn 공식 사이트**: https://seaborn.pydata.org/index.html

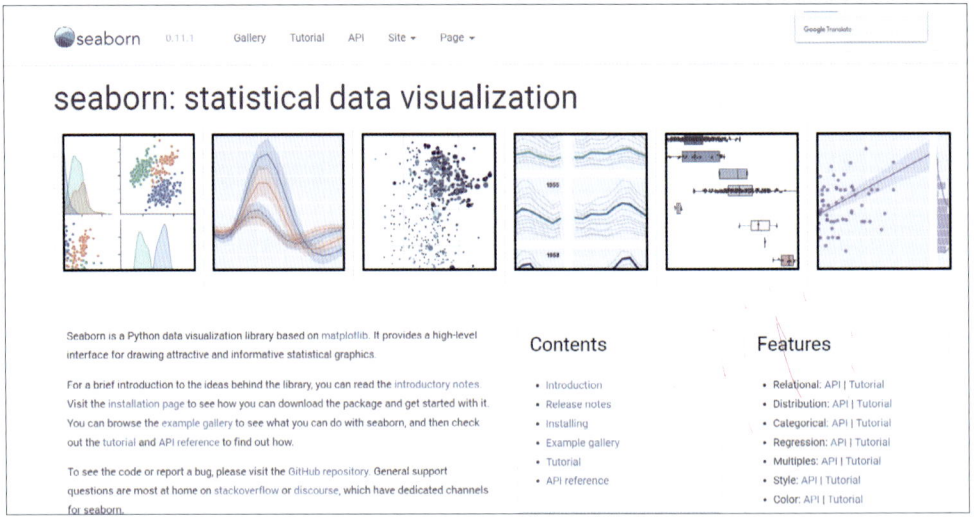

- **matplotlib 공식 사이트**: https://matplotlib.org/

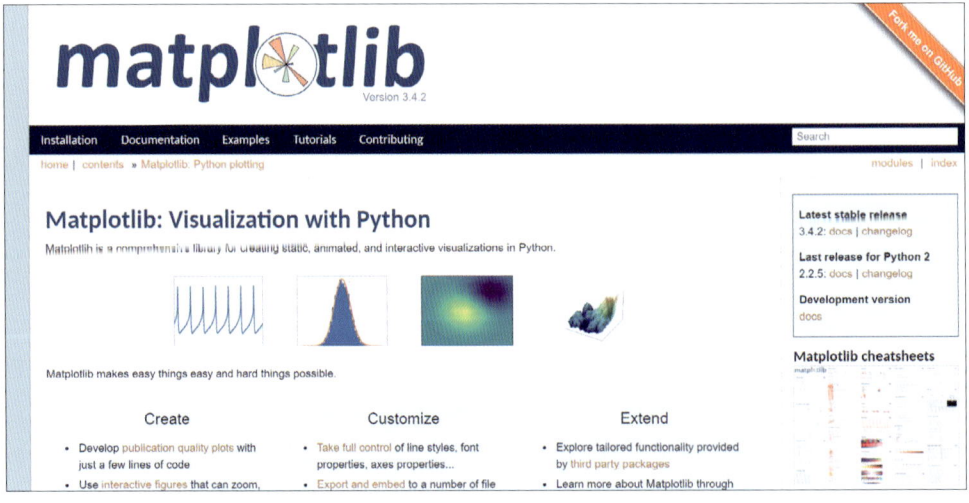

우리가 가지고 있는 데이터나 데이터를 기반으로 원하는 그래프를 만들고 기타 다양한 방법으로 시각적인 효과 들을 만들어 낼 수 있습니다. 보통 보고서나 설득 자료 등에 활용할 수도 있고, 데이터를 눈으로 보기 훨씬 쉽게 할 수 있습니다. 이런 시각화는 코딩을 모르는 사람들에게도 직관적으로 다가오기 때문에, 의사결정 자료에도 많이 활용됩니다. 먼저 데이터에 대해 설명하겠습니다. 이 내용을 알기 위해서는 kaggle이라는 사이트를 알아야 합니다.

여기서 잠깐 Kaggle

캐글(kaggle)은 2010년 설립된 예측모델 및 분석 대회 플랫폼이다. 기업 및 단체에서 데이터와 해결과제를 등록하면, 데이터 과학자들이 이를 해결하는 모델을 개발하고 경쟁한다. 2017년 3월 구글에 인수되었다

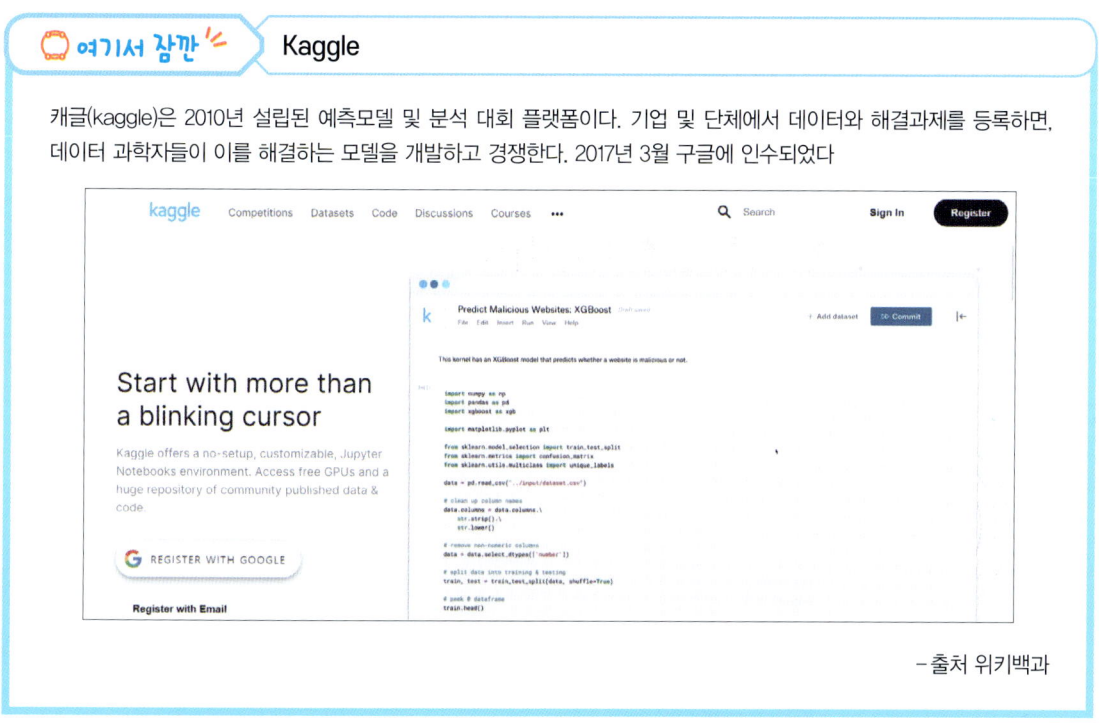

-출처 위키백과

캐글에서 가져온 데이터를 활용해서 시간대별 자전거를 빌리는 통계자료를 한번 보도록 하겠습니다.

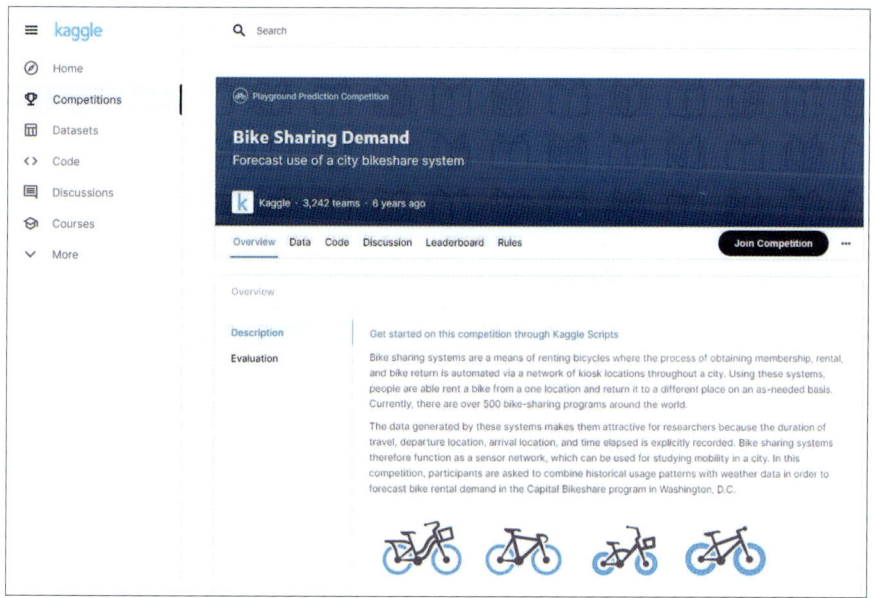

▲ 자료 출처:https://www.kaggle.com/c/bike-sharing-demand

해당 자료는, 요일/습도/온도별로 자전거 대여량이 얼마나 늘고 줄고에 대한 데이터를 분석해서 가장 최적의 머신러닝 모델을 만들어서 대여 예측량을 알아보는 Competitions입니다.

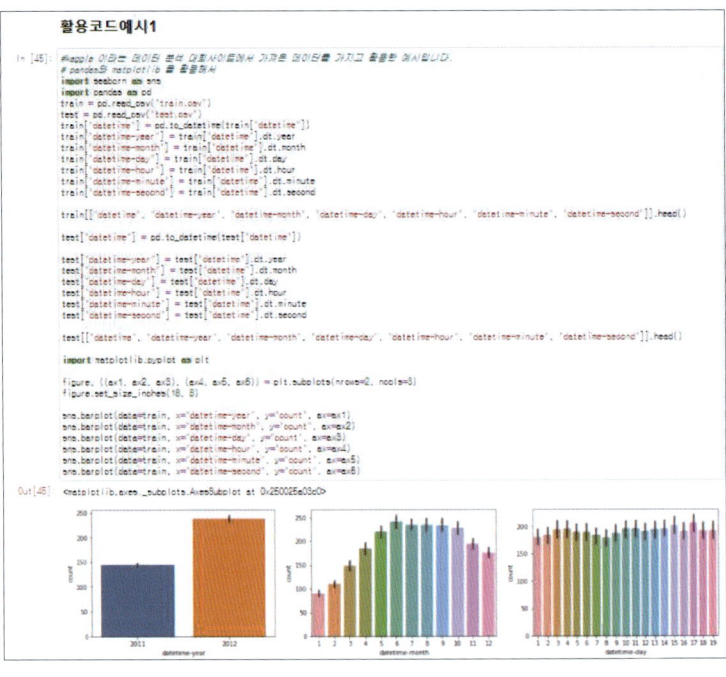

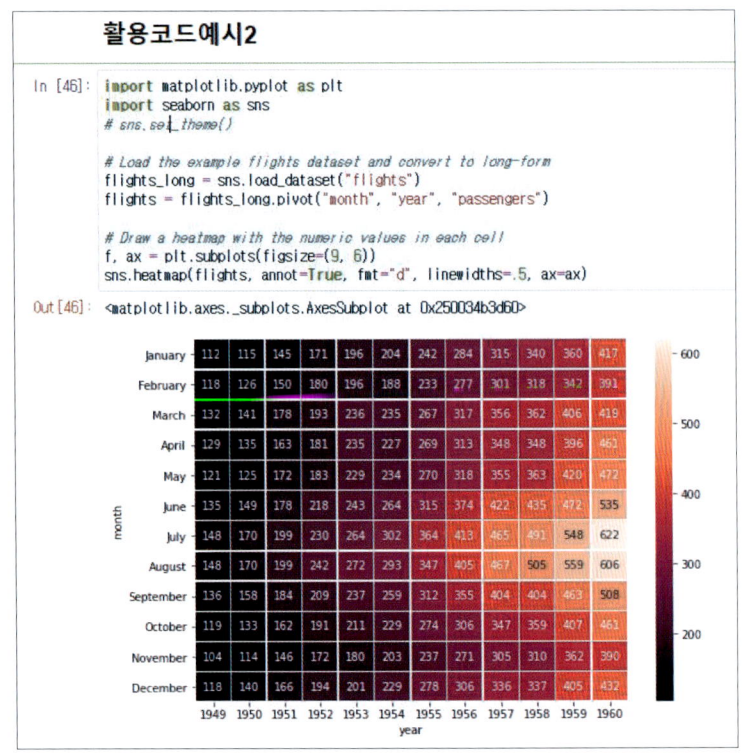

이 코드가 길어 보여도, 사실 몇 가지 라이브러리의 사용법만 익혀도 충분히 이해할 수 있는 코드가 됩니다. 물론 개인의 추가학습에 대한 노력이 있어야겠지만 어떤 일을 할 수 있다는 증명이 있는 상태에서 하는 공부는 그리 어렵지 않을 것입니다.

데이터 관리 라이브러리 - pandas　　　　　　　　　　　　　　　　Unit. 02

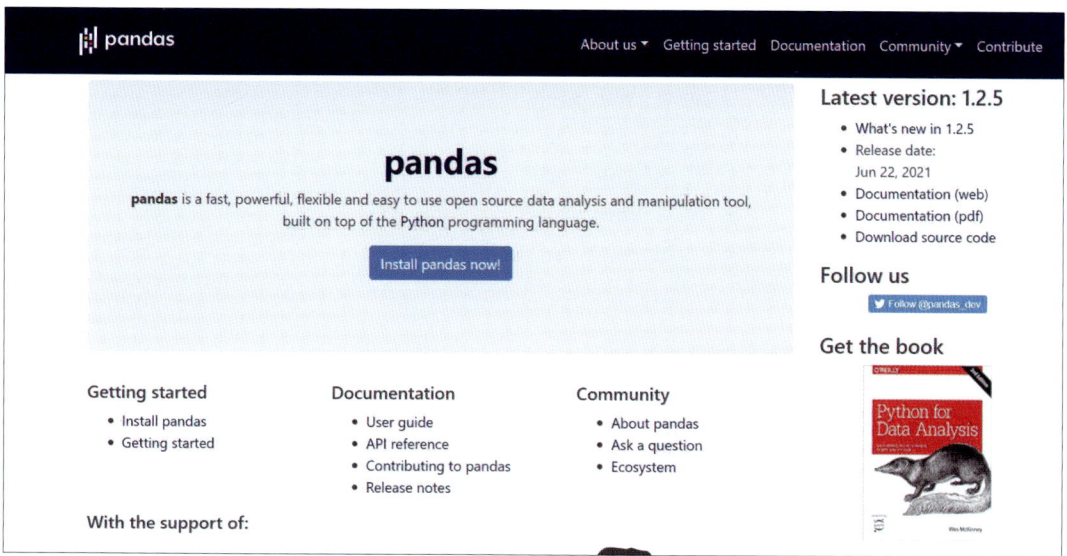

▲ Pandas 라이브러리 - https://pandas.pydata.org/

다음에 데이터관리 라이브러리입니다. 앞의 실습에서도 조금씩 활용했던 라이브러리라서 반가우신가요? 우리는 일반적으로 업무를 할 때 엑셀을 정말 많이 사용합니다. 앞서서도 엑셀 대신 판다스를 써야 하는 이유에 대해서 잠깐 다루었습니다. 하지만 pandas 활용의 가장 강력한 힘은 여러 가지 기능들을 연계해서 반복적인 엑셀 작업을 없앨 수 있다는 것이 매우 중요합니다.

아래와 같은 판다스 데이터 프레임을 만들어 보겠습니다.

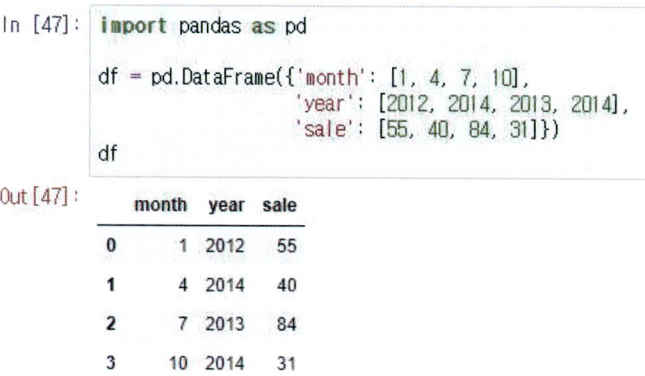

month, year, sale 로 구성된 컬럼이 있는 작은 데이터 프레임입니다.
해당 구조를 df라는 변수에 할당하고, 아래의 데이터는 df2라는 변수에 할당해보겠습니다.

```
In [48]: df2 = pd.DataFrame({'month': [3, 5, 11, 10],
                             'year': [2015, 2016, 2017, 2018],
                             'sale': [12, 20, 34, 41]})
         df2
```

Out [48]:

	month	year	sale
0	3	2015	12
1	5	2016	20
2	11	2017	34
3	10	2018	41

간혹 이럴 때가 있습니다. 여러 가지 데이터를 합쳐야 하는데, 엑셀마다 양식이 조금씩 다를 때 수작업으로 하나씩 바꿔줘야 하는 일들이 생기게 됩니다. 하지만, 판다스 라이브러리의 메쏘드인, 'transpose( )'를 활용하면 행과 열을 바꿀 수 있습니다. 아래처럼 말이죠.

```
In [49]: df.transpose()
```

Out [49]:

	0	1	2	3
month	1	4	7	10
year	2012	2014	2013	2014
sale	55	40	84	31

그리고 이렇게 바뀐 데이터 2개를 1개의 데이터로 합쳐주는 역할을 하는 것이 'concat' 메쏘드입니다.

```
In [50]: pd.concat([df,df2])
```

Out [50]:

	month	year	sale
0	1	2012	55
1	4	2014	40
2	7	2013	84
3	10	2014	31
0	3	2015	12
1	5	2016	20
2	11	2017	34
3	10	2018	41

엑셀을 잘 쓰는 분들은, 이런 생각을 할 수 있습니다. '그게 뭐? 그 정도는 나도 하는데?'
하지만 아래부터는 생각이 달라질 겁니다. 위에서 했던 모든 과정을 한 번에 실행해서 자료를 합칠 수 있습니다.

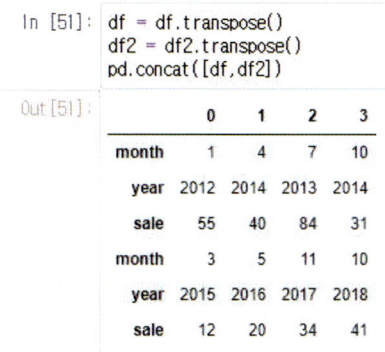

과연 이게 끝일까요? 아닙니다. 반복문/조건문 등을 활용하면 수십~수천 개의 데이터도 이런 식으로 결합할 수 있다는 결론이 나옵니다. 그것도 매우 짧은 시간 안에 가능하게 될 것입니다.

이런 식으로 반복작업을 매우 줄여줄 수 있는 것이 바로 자동화의 첫 시작이 됩니다. 이 책에서는 판다스를 깊게 다루지 않습니다만, 반드시 학습하여 본인의 능력으로 만드시길 바랍니다.

이미지 텍스트 분석 라이브러리 - pytesseract   Unit. 03

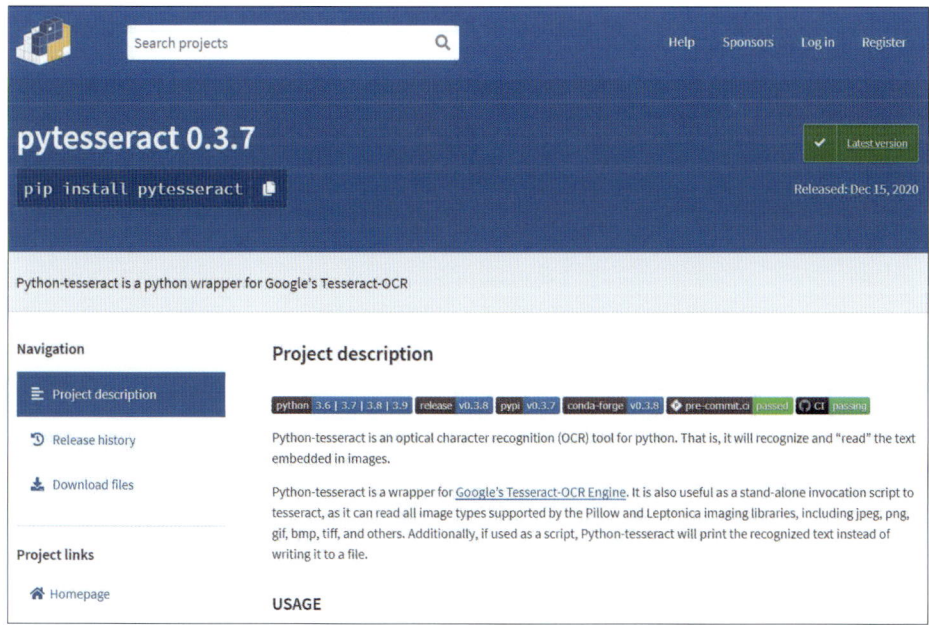

▲ pytesseract – https://pypi.org/project/pytesseract/

이번에는 매우 신기한 기능이 있는 라이브러리를 소개하겠습니다. 바로 이미지에 있는 글씨를 인지해서 문자열로 가져올 수 있는 기능을 구현해주는 pytesseract입니다.

일단 설치 부분은 쥬피터노트북(jupyter notebook) 안에 상세하게 설명해 놓았으니 그걸 보시고 설치하시거나, 아니면 구글링을 통해서 설치 진행을 해주시길 바랍니다. 필자가 보여드리고자 하는 것은, 바로 아래와 같은 결과를 만들 수 있다는 것입니다.

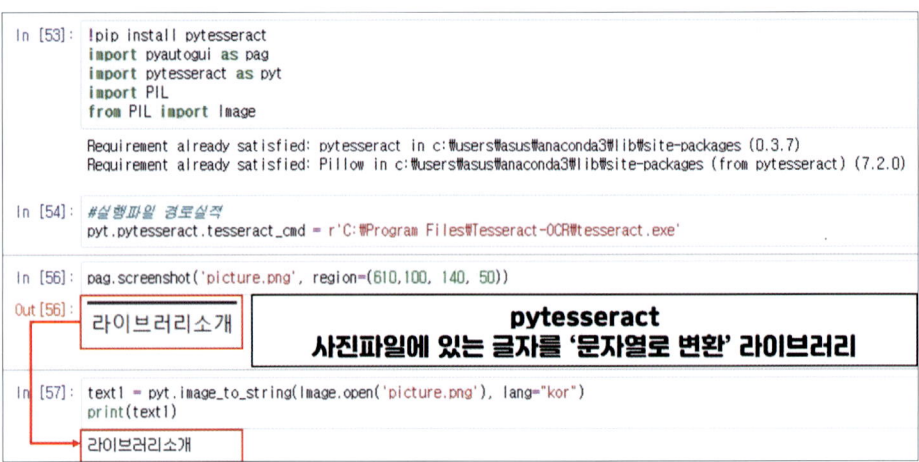

여기서 여러분들이 느끼셔야 할 것은 2가지입니다.

하나는 '나의 업무에 활용해 봐야겠다.'라는 단순한 생각과 둘째는 '와…. 이런 기능을 이렇게 편하게 쓸 수 있다면 다른 기능도 만들어 놓은 것이 있겠는 걸?' 하고 독자분들이 원하시는 기능을 가진 라이브러리를 찾아보는 것입니다.

필자 또한 그런 기능들을 항상 찾아다니고 틈틈이 유튜브로도 소개하고 있습니다. 그러다 정말 신박한 것을 찾았습니다. 바로 다음 장에서 알려드릴 영상편집 라이브러리 'moviepy'입니다.

동영상 편집 라이브러리 - MaviePy   Unit. 04

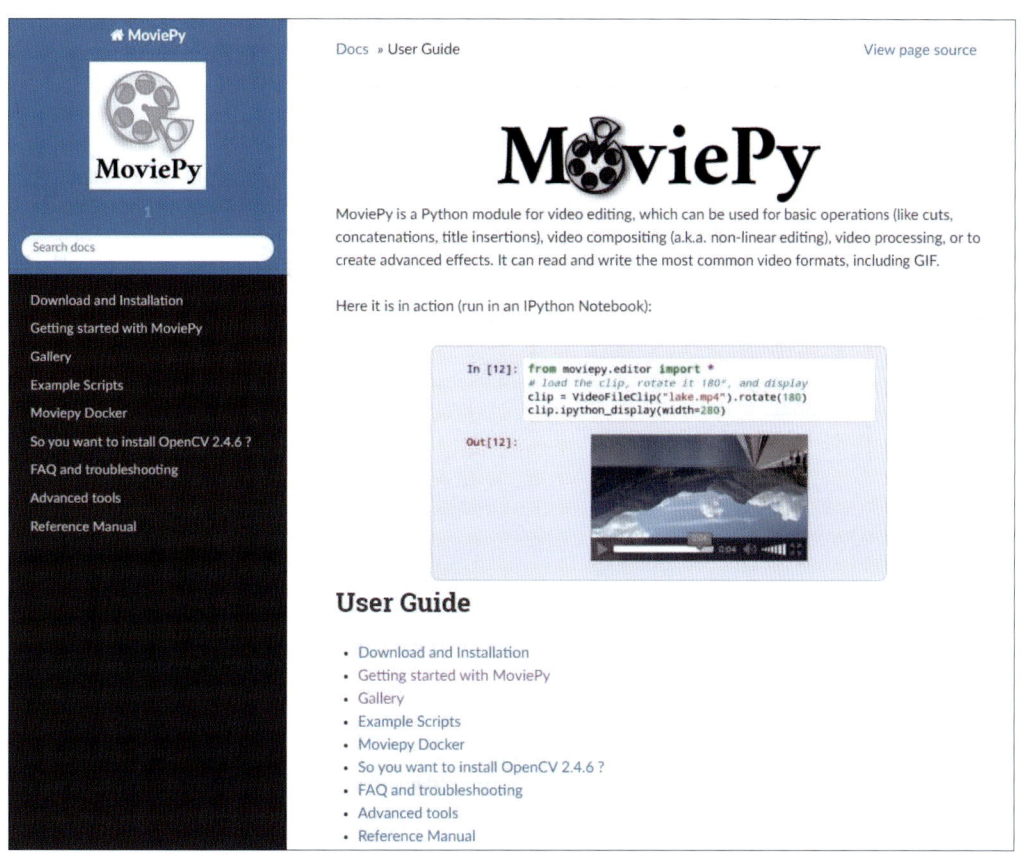

▲ moviepy – https://zulko.github.io/moviepy/

이번에 설명해 드릴 라이브러리는 moviepy라는 동영상 편집 라이브러리입니다. 영상을 편집을 자동화 한다? 그런 기능이 필요할까? 라고 생각하실 수 있습니다. 실제로 우리가 알고 있는 영상은 반복적으로 찍어내는 것이 아닌 창의성이 담긴 형태일 경우가 많기 때문입니다. 하지만, 개인별 맞춤 영상을 만들어야 하는 경우는 다릅니다. 최근 모 통신사에서는 개인의 요금 기록을 영상으로 만들어서 고객에게 보내는 역할을 하는 기술을 사용하고 있습니다. 이런 식으로 영상 편집도 반복작업을 통해 해결할 수 있는 부분이 있으므로 알아두면 좋은 무기가 될 것입니다.

먼저 아래의 코드를 실행합니다.

```
In [44]:  !pip install moviepy
          IMAGEMAGICK_BINARY = "C:\\Program Files\\ImageMagick_VERSION\\magick.exe"
          from moviepy.editor import *

          clip1 = VideoFileClip("myvideo.mp4")
          clip2 = VideoFileClip("myvideo2.mp4").subclip(3.6)
          clip3 = VideoFileClip("myvideo3.mp4")
          final_clip = concatenate_videoclips([clip1,clip2,clip3])
          final_clip.write_videofile("my_concatenation.mp4")
```

아래 그림을 보면 myvideo.mp4 & myvideo2.mp4 & myvideo3.mp4 라는 간단한 영상이 하나씩 있습니다. 이 3개의 영상을 합쳐서 하나의 영상으로 병합해 보도록 하겠습니다.

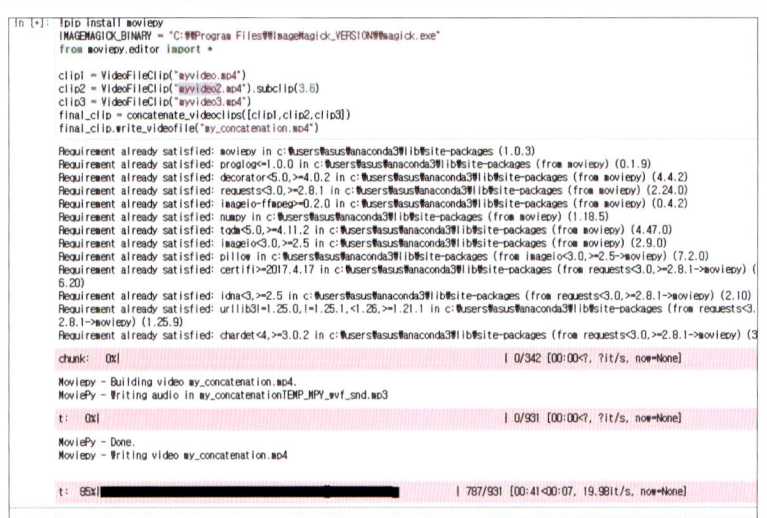

해당 코드를 실행하고 나면, 아래와 같이 새로운 파일이 생성된 것을 알 수 있습니다.

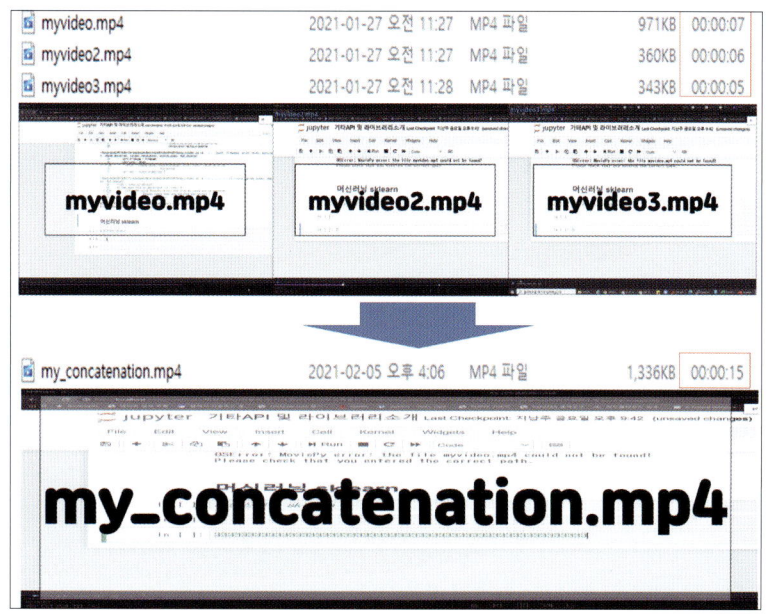

이런 식으로 영상을 합칠 수 있다. 공식 사이트에서 보면 단순히 영상을 합치는 것뿐만 아니라, 화면분할, mix, 교차편집, 자막 등등을 넣을 수 있는 것을 알 수 있는데, 영상을 만드는 업을 가진 사람이라면 꼭 한번 자세히 해당 라이브러리를 검토해보는 것을 추천합니다.

투자에 바로 적용하기

CHAPTER 05

왜 투자에 파이썬 코딩을 적용해야 할까요?
정말 대투자의 시대입니다. 코로나 19의 발발로 인해서, 시장의 유동성이 늘어나고, 내려간 주가가 대폭 회복되었고 가상화폐도 매우 큰 상승이 있었습니다. 그로 인해서 주위에서 소문인지는 모르겠지만 개인 부자들이 탄생했다는 소문이 들리고는 합니다.

꼭 그런 현상이 아니더라도, 더는 노동수익으로는 이 험한(?) 세상을 살아가는 것이 쉽지 않기 때문에 너도나도 투자에 뛰어들고 있는 것이 현재 평범한 회사원들의 상황입니다. 그런데 문제가 있습니다. 투자라는 것이 멘탈 관리도 뛰어나야 하고, 빠른 대응을 하기 위해서는 주가를 주기적으로 봐줘야 하는 특성이 있습니다. 이로 인해서 아침 8시 30분부터 9시까지 회사 화장실은 항상 만원이죠. 필자가 앞에서 말씀드렸죠? 프로그래밍은 인간의 역할을 일부 대신해줄 수 있습니다. 특히 숫자로 구성된 투자시장에서는 특히나 더 그렇죠. 이번 장에서는 요즘 핫한 암호화폐와 주식 투자자동화에 대해서 알아보도록 하겠습니다. 이제 일할 때는 일하고, 잠잘 때는 자는 그런 생활을 꿈꾸며 시작해보겠습니다.

가상화폐(업비트) 자동 투자하기 — Section. 01

해당 프로그램 개발 목적 및 기능 — Unit. 01

요즘 암호화폐 투자하시는 분들이 매우 많으신 것 같습니다. 그런데 코인 시장과 주식 시장의 가장 큰 차이는 코인 시장은 24시간 동안 계속 거래가 가능하고 주식 시장은 장이 열리는 시간이 따로 있습니다. 그러다 보니 코인 투자하시는 분들이 공통으로 가지고 있는 애로사항이 24시간 휴대폰 애플리케이션이나 코인 투자화면을 계속 봐줘야 한다는 것입니다. 그래서 이번 장에서는 여러분들이 가지고 계신 아이디어를 자동화하는 프로그램을 만들어 보려고 합니다. 암호화폐 거래소는 우리나라에서 가장 많이 사용하고 있는 업비트를 활용할 예정입니다.
그 다음으로 암호화폐를 거래하기 위한 기본 기능이 있겠죠? 어떤 기능이 있는지 알아볼까요?

- **기본 기능 1**: 가격조회
- **기본 기능 2**: 잔액조회
- **기본 기능 3**: 매수
- **기본 기능 4**: 매도

크게 이 4가지를 자동으로 할 수 있는 실습을 진행하겠습니다.

그 다음에는 우리가 만들어 낸 그 기능들을 쉽게 가져올 수 있도록 함수를 통해서 단순화해보도록 하겠습니다.

그런데, 먼저 이 실습에 들어가시기 전에 해야하는 기본 작업이 있습니다. 바로 업비트 가입과 API 키 발급인데요, 이 부분을 실습에 들어가기 전에 함께 진행해보겠습니다.

■ 업비트 가입 및 API 발급 실습 시작

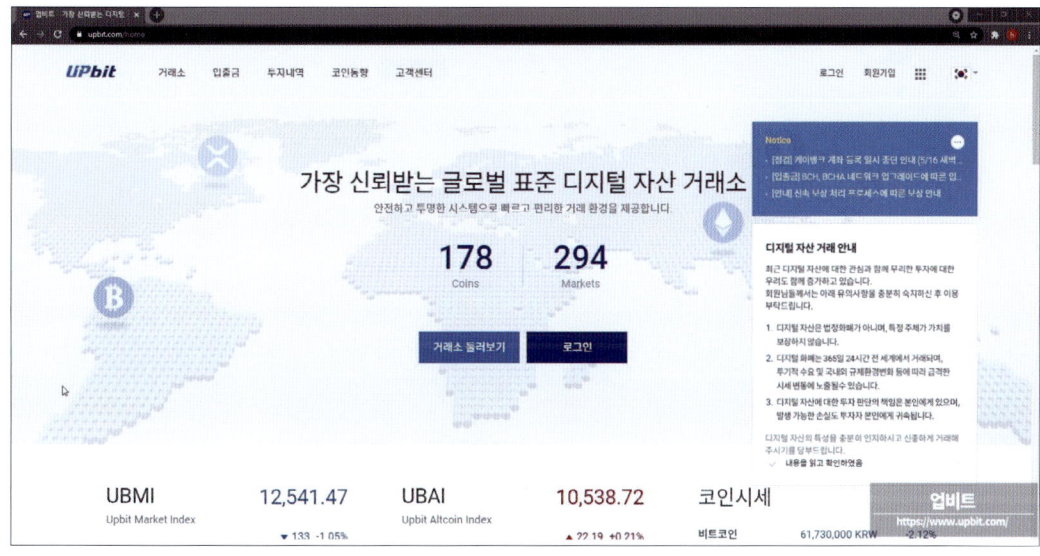

먼저 upbit.com에 접속하고, 로그인을 진행합니다.

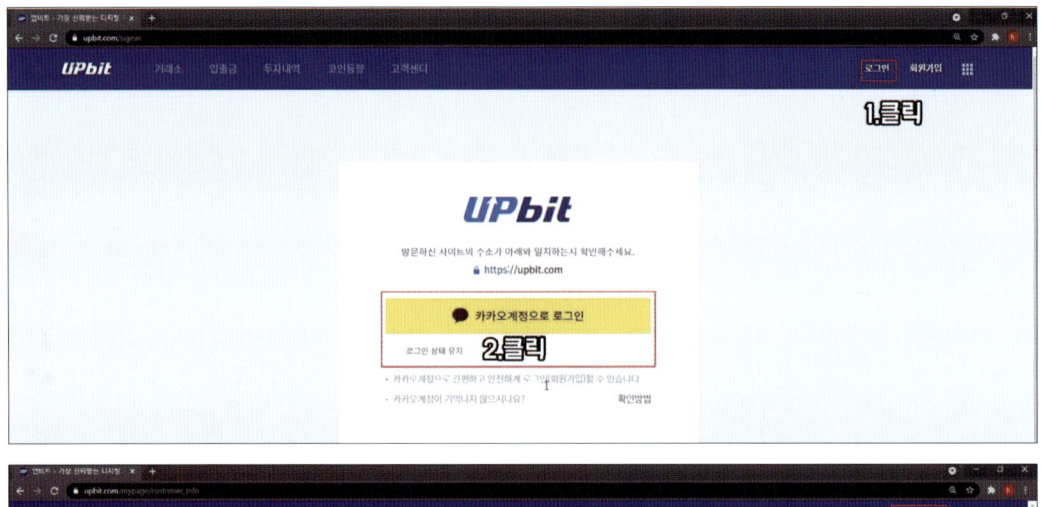

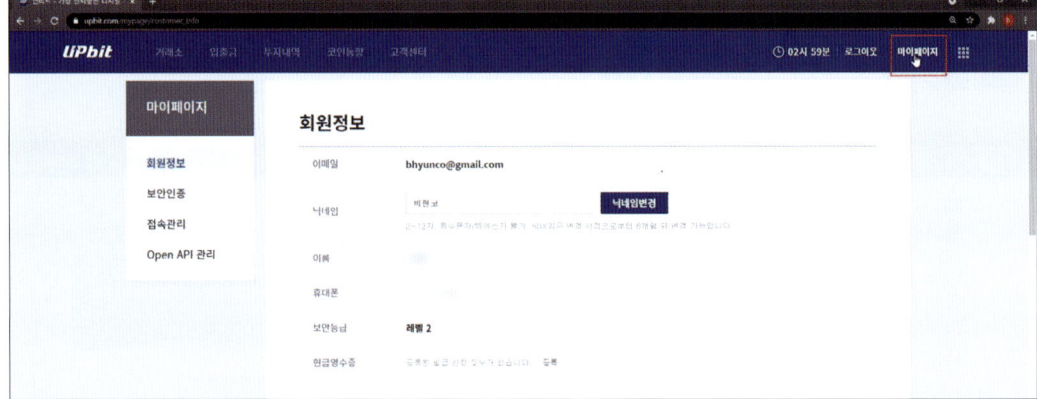

로그인을 마치고 난 뒤, 마이페이지를 눌러서 본인의 정보에 들어갑니다. 그리고 보안인증을 눌러줍니다.

이렇게 보안인증을 보면 기본 휴대폰 본인인증을 진행했다면, 레벨 2로 되어 있습니다. 여기서 추가 인증을 해서 레벨4로 보안등급을 높여야 합니다. 그 이유는 API를 발급받을 수 있는 조건이 바로 레벨 4이기 때문입니다.

순서에 따라서 레벨4까지 등급을 올려줍니다.

이제 등급을 높여주었으면, Open API 관리에 들어가서 이용약관을 읽고 동의한 뒤 발급 버튼을 클릭합니다.

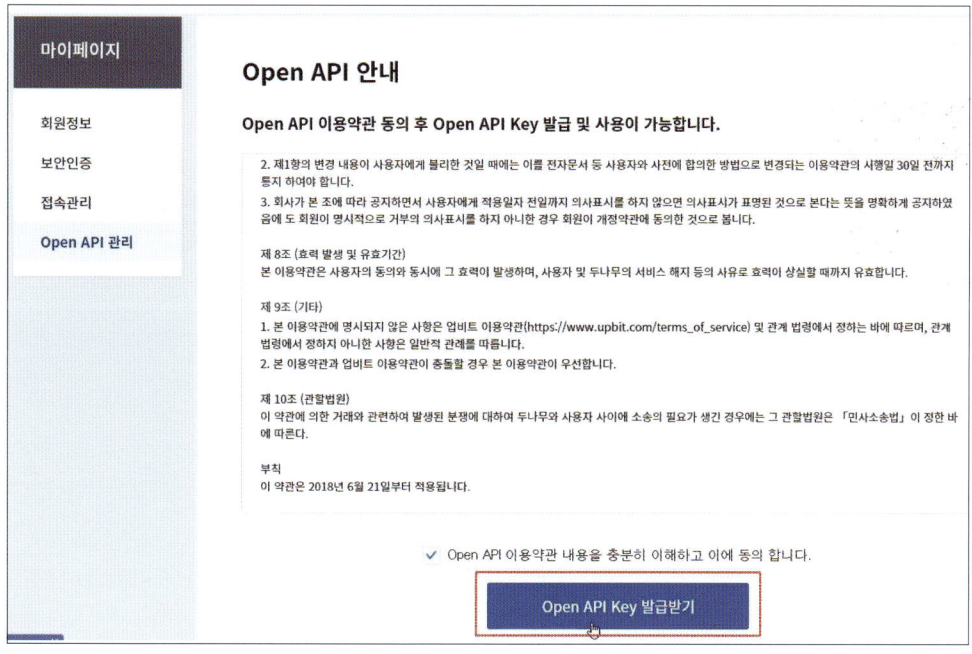

이제 Open API 관리를 보면, 자산조회, 주문조회, 주문하기, 출금 조회, 출금하기, 입금조회, 입금하기 탭이 있습니다. 우리는 모든 부분에서 자동화를 공부할 것이기 때문에 모두 체크해주시길 바랍니다. 체크가 완료된 이후에 IP를 입력해야 하는데, 가장 쉽게 확인할 방법이 왼쪽 메뉴바에 있는 접속관리를 통해서 알아보는 것입니다.

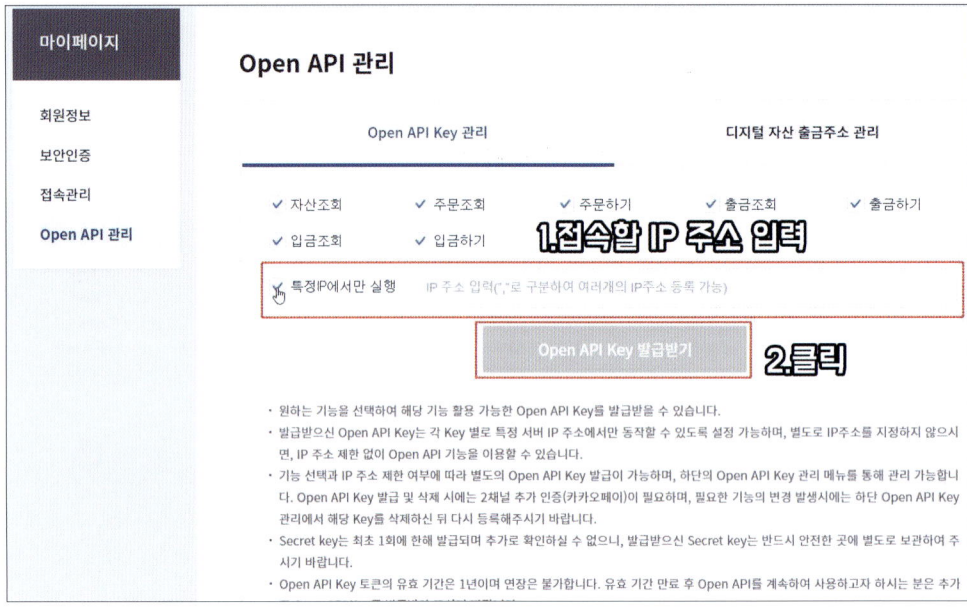

현재 접속하고 있는 PC의 IP를 접속관리 탭을 누르면 알 수 있습니다. 이 IP를 복사해줍니다.

그런 다음 IP를 입력한 이후 발급을 눌러줍니다.

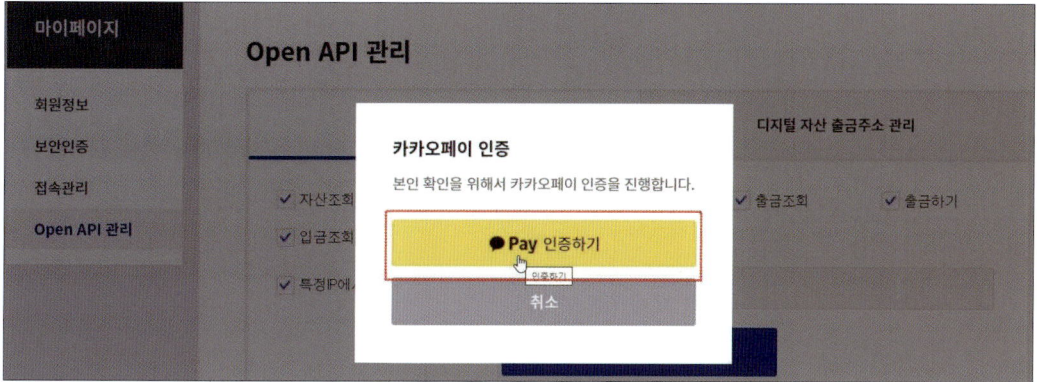

이때 인증이 한 번 더 나오니 인증을 진행해주면 됩니다.

자, 드디어 API 키를 사용하기 위한 Access key와 Secret key가 나오게 됩니다.

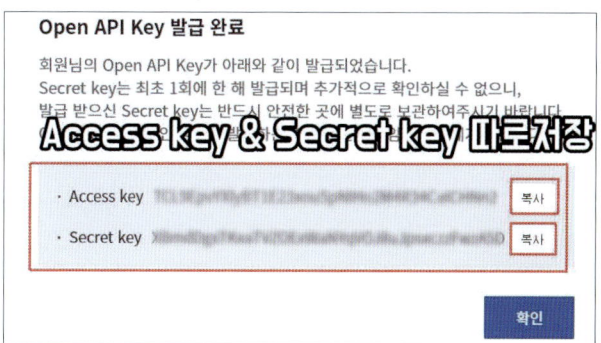

이제 발행된 두 개의 키를 일단 저장해야 합니다. 지금까지의 API 키 사용할 때는 코드에 직접 넣어두고 활용했지만, 앞으로는 .txt 파일에 저장하고 그때그때 꺼내쓰도록 하겠습니다. 아래의 순서에 따라 파일을 만들고 저장해주시길 바랍니다. 특히 파일 제목도 정확히 똑같이 적어주시길 바랍니다.

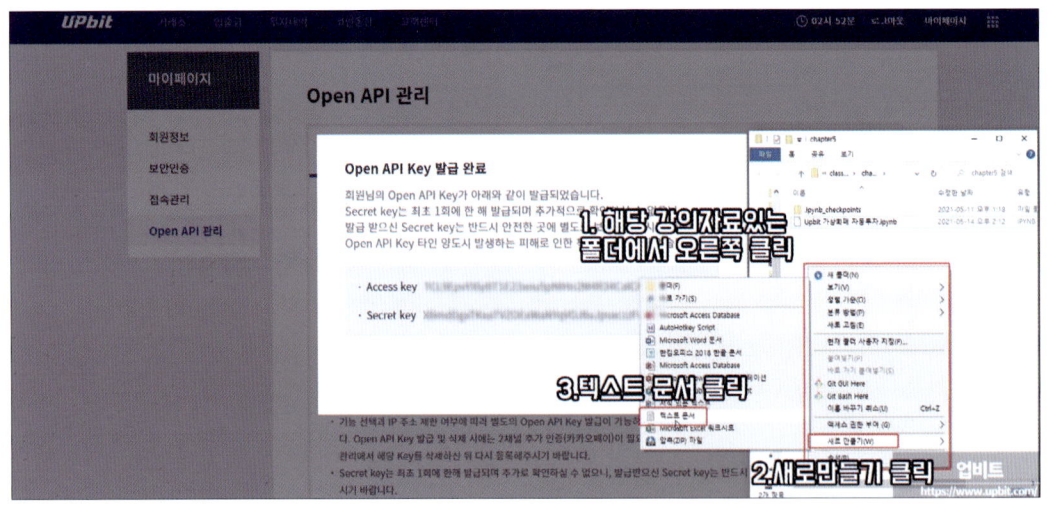

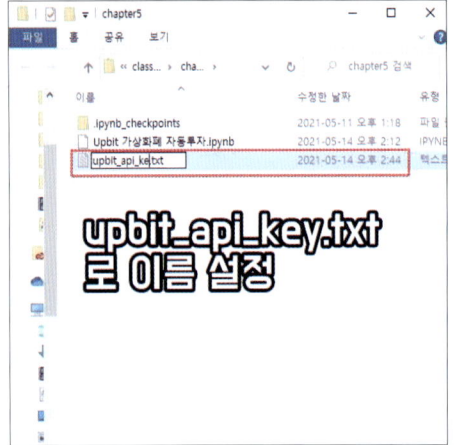

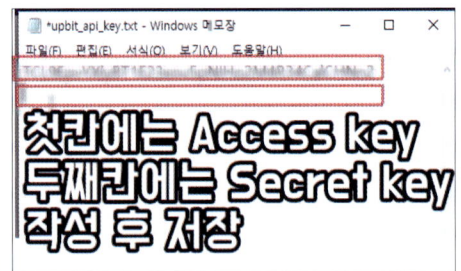

이렇게 실습을 하기 위한 API 발급을 완료했습니다. 파일을 잘 저장해두겠습니다. 그럼, Access key와 Secret key는 어디에 사용해야 할까요?

사실 모든 API 기능에 이 2개의 key가 필요한 것이 아닙니다. 아래 그림은 우리가 앞으로 활용하게 될 API의 사용법이 담긴 사이트입니다. (docs.upbit.com) 왼쪽 메뉴에 보면 2개의 영역(Exchange &Quotation)의 영역이 있는데, Exchange API에서는 개인의 자산을 보거나 구매/판매하는 영역이기 때문에 개인에 특화된 접속코드가 필요합니다. 그래서 우리는 2가지 key를 발급받은 것입니다. 다음 실습에서는 Quotation API를 먼저, 그리고 그 후 실습에서 Exchange API를 살펴볼 예정입니다.

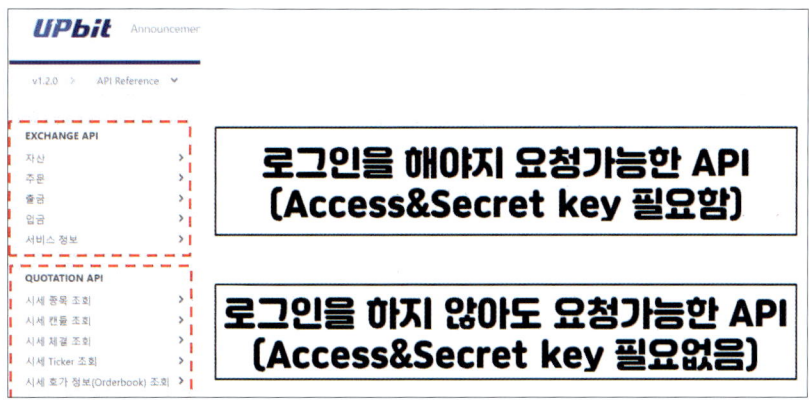

가상화폐 시세/잔액조회   Unit. 02

강의자료를 다운 (http://bit.ly/3yY2CUC) 받아서 갱신해주세요.

이제 API를 통해서 어떤 정보를 가져올 수 있는지 확인해보겠습니다. 먼저, 업비트 개발자 센터(docs.upbit.com)에 접속합니다.

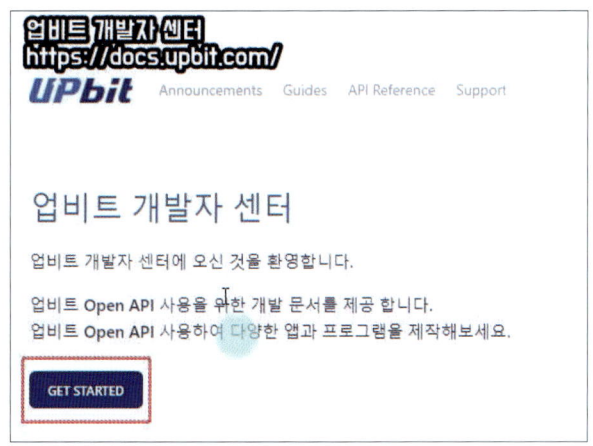

그리고 API reference를 눌러서, 여러 기능이 설명되어 있는 문서를 읽어보도록 하겠습니다.

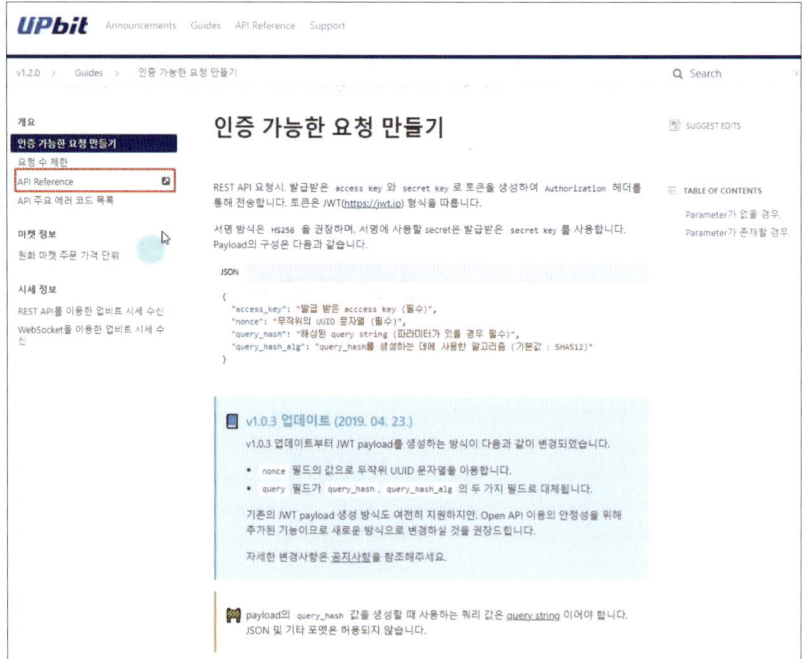

이 문서에서 설명된 내용을 전체적으로 한번 읽어보시길 바랍니다. 제공해주는 Open API를 통해서 우리가 할 수 있는 일에 대한 가/부를 따져볼 수 있으므로 이 부분은 매우 중요합니다.

■ 업비트의 거래할 수 있는 코인 종류 체크

가장 먼저 해야 할 일은 upbit에서 거래할 수 있는 코인의 종류에 대해서 알아봐야 합니다. 아래 코드를 보면 일정한 코드를 함수(def)로 묶어놓은 것을 알 수 있습니다. 우리는 이번 장에서 API에서 가져올 수 있는 코드를 만들고 그 코드를 언제나 활용할 수 있도록 함수로 만드는 연습을 함께 진행할 것입니다. 이렇게 함수로 만들어서 활용하는 연습을 해두면, 추후 개발해야 하는 양이 커지더라도 그런 경험과 학습이 확장되어 더 큰 프로젝트를 진행할 수 있는 역량을 가지도록 여러분을 성장시켜줄 것입니다.

먼저, 아래 코드를 한 번에 설명하기는 길이가 상당합니다. 그 때문에 아래의 긴 코드가 어떻게 나오게 되었는지 하나하나 차분히 설명하고 나아가 보도록 하겠습니다.

■ #1.업비트의 코인 종류 체크

```
>>> import requests
>>> import json
>>> def coins (current):
```

```
>>>     url = "https://api.upbit.com/v1/market/all"
>>>     querystring = {"isDetails":"true"}
>>>     response = requests.request("GET", url, params=querystring)
>>>     response_json = json.loads(response.text)
>>>     KRWticker = []
>>>     BTCticker = []
>>>     USDTticker = []
>>>     for a in response_json:
>>>         if "KRW-" in a['market']:
>>>             KRWticker.append(a['market'])
>>>         elif "BTC-" in a['market']:
>>>             BTCticker.append(a['market'])
>>>         elif "USDT-" in a['market']:
>>>             USDTticker.append(a['market'])
>>>     tickers = {
>>>         "KRW":KRWticker,
>>>         "BTC":BTCticker,
>>>         "USDT":USDTticker
>>>     }
>>>     return tickers[current]
```

먼저 지금까지 다른 실습에서 다루었듯이 코인 이름을 API에서 가져오는 방법을 알아보겠습니다.

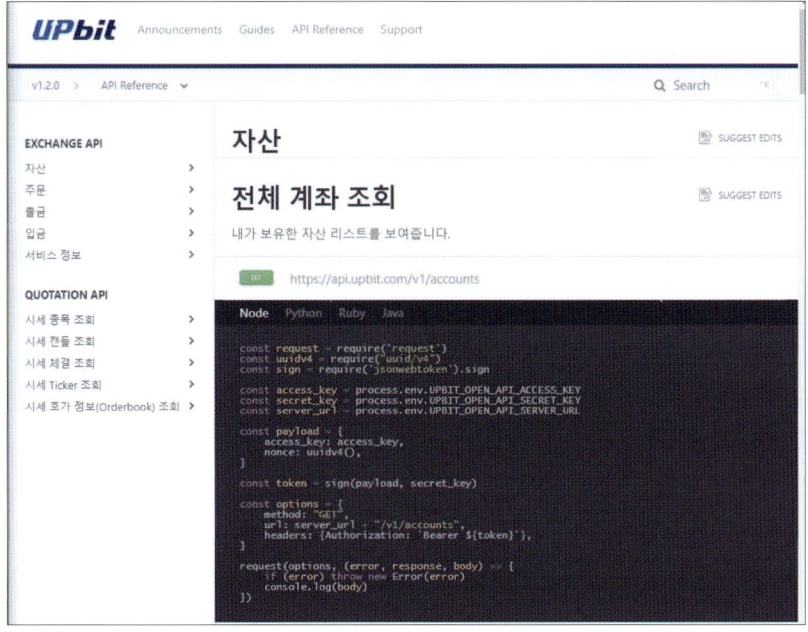

왼쪽 화면에 시세 종목조회를 누른 뒤, python 코드를 클릭하면

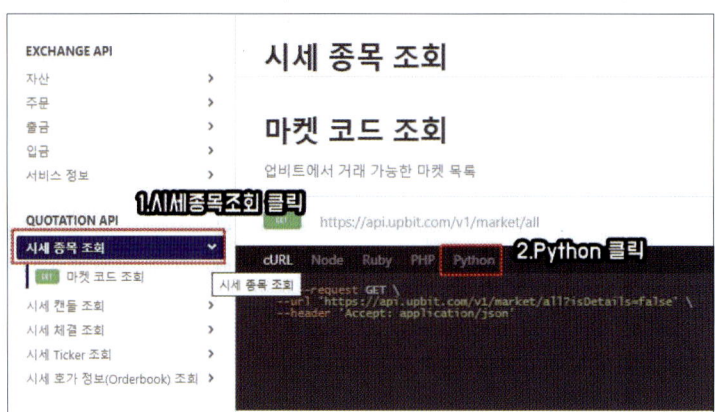

오른쪽 화면과 파이썬 코드가 나오게 됩니다. 이 코드를 복사해서, 쥬피터노트북으로 가져옵니다.

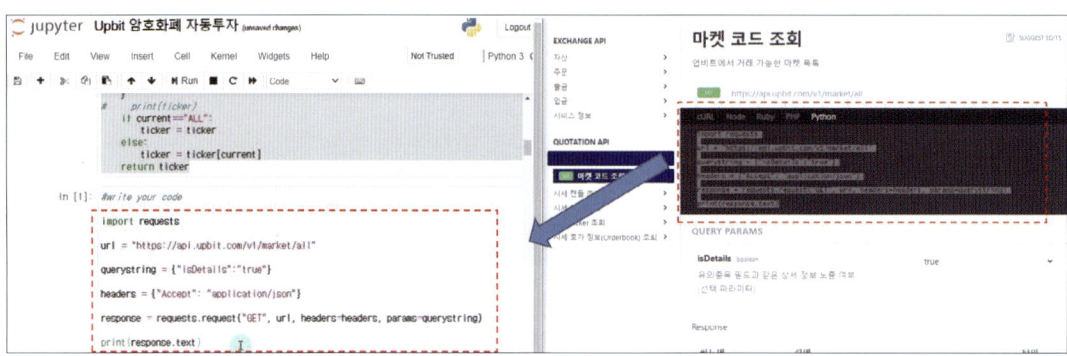

가져온 코드를 출력하고, 그 정보를 쉽게 찾기 위해서 json 구조로 변경을 해줍니다. json 구조로 변경해주는 이유가 궁금하다면 4-2장(블로그 키워드분석)을 확인하시길 바랍니다.

위와 같이 'response_json'이라는 변수에 json으로 변환된 자료를 저장합니다.
그리고 이 변수의 데이터 종류를 알기 위해서 'type'명령을 통해서 알아보면, 해당 변수가 리스트로 출력된 것을 알 수 있습니다.

```
In [5]: type(response_json)
Out[5]: list
```

자 그럼, 이 리스트를 그대로 출력시켜보면 아래와 같이 다양한 요소들이 나오게 됩니다. 우리는 거래가 가능한 코인의 명칭을 하나씩 가져오는 것이 목표입니다. 그러므로 제일 처음 보이는 'KRW-BTC'라는 (원화거래마켓의 비트코인) 명칭을 하나만 출력해 보기로 하겠습니다.

```
In [6]: response_json
Out[6]: [{'market_warning': 'NONE',
  'market': 'KRW-BTC',
  'korean_name': '비트코인',
  'english_name': 'Bitcoin'},
 {'market_warning': 'NONE',
  'market': 'KRW-ETH',
  'korean_name': '이더리움',
  'english_name': 'Ethereum'},
 {'market_warning': 'NONE',
  'market': 'BTC-ETH',
  'korean_name': '이더리움',
  'english_name': 'Ethereum'}
```

앞서 리스트&딕셔너리 자료 구조의 출력 부분을 반복적으로 실습했기 때문에 이번에는 결괏값만 가져와 보도록 하겠습니다. (아시겠지만, 한번 설명해드리면, response_json 리스트의 첫 번째 요소인 딕셔너리를 가져와서, 'market'이라는 key 값에 대응되는 value 값을 출력하라는 의미의 코드입니다.)

```
In [9]: response_json[0]['market']
Out[9]: 'KRW-BTC'
```

이렇게 가져온 value 값이 우리가 원하는 업비트 내에서 거래 가능한 코인의 명칭이 됩니다.
- **KRW-BTC**: 원화마켓에서 거래 가능한 BTC
- **KRW-ETH**: 원화마켓에서 거래 가능한 ETH
- **BTC-ETH**: BTC마켓에서 거래 가능한 ETH

처럼 앞에는 마켓의 이름, 뒤에는 코인의 이름이 나오게 됩니다.

자 그럼 1개를 출력할 줄 알게 되었으니, 모든 코인의 이름을 다 출력해 보겠습니다.

for문을 써서 모든 요소를 위와 같이 동일하게 분해하여 원하는 코인 이름을 모두 출력해 보겠습니다. 여기서 for문을 통해서 a에 순서대로

    response_json[0],response_json[1],response_json[2]......

해서 마지막 요소까지 대응되는 것을 알 수 있습니다.

```
In [9]: response_json[0]['market']
Out[9]: 'KRW-BTC'

In [11]: for a in response_json:
             print(a["market"])
KRW-BTC
KRW-ETH
BTC-ETH
BTC-LTC
BTC-XRP
BTC-ETC
BTC-OMG
BTC-CVC
BTC-DGB
BTC-SC
BTC-SNT
BTC-WAVES
BTC-NMR
BTC-XEM
BTC-LBC
```

그런데 뒤죽박죽입니다. 그래서 조건을 좀 나누어보겠습니다.

KRW 마켓 따로, BTC 마켓 따로, USDT 마켓 따로 구분해서 출력해 보겠습니다. 아래의 코드를 확인해보겠습니다.

```
In [14]: for a in response_json:
             if "KRW-" in a["market"]:
                 print("이 코인은 원화거래가 가능한 코인입니다.")
                 print(a["market"])
             elif "BTC-" in a["market"]:
                 print("이 코인은 비트코인거래가 가능한 코인입니다.")
                 print(a["market"])
             elif "USDT-" in a["market"]:
                 print("이 코인은 USDT거래가 가능한 코인입니다.")
                 print(a["market"])
```

```
KRW-EOS
이 코인은 비트코인거래가 가능한 코인입니다.
BTC-DMT
이 코인은 USDT거래가 가능한 코인입니다.
USDT-TUSD
이 코인은 원화거래가 가능한 코인입니다.
KRW-TRX
이 코인은 비트코인거래가 가능한 코인입니다.
BTC-POLY
이 코인은 비트코인거래가 가능한 코인입니다.
BTC-PRO
```

차분히 해석을 해보면,

각 출력결과에 'KRW-'가 있을 때 if 문의 실행 명령에

각 출력결과에 'BTC-'가 있을 때 첫 번째 elif 문의 실행 명령에

각 출력결과에 'USDT-'가 있을 때 두 번째 elif 문의 실행 명령에

이런 식을 각각이 출력되도록 만들어 두었습니다. 그렇게 실행되는 것을 확인했으면,
이제 해당 코인들의 리스트 변수(KRWticker, BTCticker, USDTticker)를 만들어서 하나씩 저장해줍니다. 리스트에서 요소를 저장해 줄 때는 항상 append를 써야 하는 거 기억나시나요? 만약 이 부분이 조금 이해가 되지 않으신다면 2장의 리스트 기본 학습을 다시 한번 보고 오시면 금방 기억이 나실 것입니다.

```
In [15]: KRWticker = []
         BTCticker = []
         USDTticker = []

         for a in response_json:
             if "KRW-" in a["market"]:
                 KRWticker.append(a["market"])
             elif "BTC-" in a["market"]:
                 BTCticker.append(a["market"])
             elif "USDT-" in a["market"]:
                 USDTticker.append(a["market"])
         print(KRWticker)

['KRW-BTC', 'KRW-ETH', 'KRW-NEO', 'KRW-MTL', 'KRW-LTC', 'KRW-XRP', 'KR
MG', 'KRW-SNT', 'KRW-WAVES', 'KRW-XEM', 'KRW-QTUM', 'KRW-LSK', 'KRW-ST
M', 'KRW-ARDR', 'KRW-KMD', 'KRW-ARK', 'KRW-STORJ', 'KRW-GRS', 'KRW-REP
'KRW-ADA', 'KRW-SBD', 'KRW-POWR', 'KRW-BTG', 'KRW-ICX', 'KRW-EOS', 'KF
C', 'KRW-IGNIS', 'KRW-ONT', 'KRW-ZIL', 'KRW-POLY', 'KRW-ZRX', 'KRW-LOC
'KRW-ADX', 'KRW-BAT', 'KRW-IOST', 'KRW-DMT', 'KRW-RFR', 'KRW-CYC', 'KF
```

이제 이렇게 가져온 각각의 리스트들을 하나의 딕셔너리 변수 안에 집어넣습니다.
'tickers'라는 딕셔너리 변수에 3가지 요소로 나누어 내용물을 집어넣습니다. key 값은 KRW, BTC, USDT 로, value 값은 각각의 코인 이름이 들어있는 리스트로 설정하였습니다. 이렇게 자료 구조를 짠이유는 나중에 우리가 손쉽게 코인 이름을 가져오기 위해서입니다.

```
In [17]: KRWticker = []
         BTCticker = []
         USDTticker = []

         for a in response_json:
             if "KRW-" in a["market"]:
                 KRWticker.append(a["market"])
             elif "BTC-" in a["market"]:
                 BTCticker.append(a["market"])
             elif "USDT-" in a["market"]:
                 USDTticker.append(a["market"])
         tickers = {
             "KRW":KRWticker,
             "BTC":BTCticker,
             "USDT":USDTticker,
         }
         tickers

['USDT-BTC', 'USDT-ETH', 'USDT-LTC', 'USDT-XRP', 'USDT-ETC', 'USDT-OMG'
```

```
In [20]: tickers["KRW"]
          'KRW-ALGO',
          'KRW-ATOM',
          'KRW-TT',
          'KRW-CRE',
          'KRW-SOLVE',
          'KRW-MBL',
          'KRW-TSHP',
          'KRW-WAXP',
          'KRW-HBAR',
          'KRW-MED',
          'KRW-MLK',
          'KRW-STPT',
          'KRW-ORBS',
          'KRW-VET',
          'KRW-CHZ',
```

```
In [23]: tickers["USDT"]
Out[23]: ['USDT-BTC',
          'USDT-ETH',
          'USDT-LTC',
          'USDT-XRP',
          'USDT-ETC',
          'USDT-OMG',
          'USDT-ADA',
          'USDT-TUSD',
          'USDT-SC',
          'USDT-TRX',
          'USDT-BCH',
          'USDT-DGB',
          'USDT-DOGE',
          'USDT-ZRX',
          'USDT-RVN',
          'USDT-BAT']
```

그럼 위에서처럼 'tickers[key 값]'를 집어넣으면 우리가 원하는 거래 가능한 코인들이 한 번에 나오는 것을 알 수 있습니다.

이제 API 공식 코드 & 그리고 코인을 가져올 수 있는 코드를 아래와 같이 합쳐줍니다.

```
In [19]: #write your code
import requests
import json

url = "https://api.upbit.com/v1/market/all"
querystring = {"isDetails":"true"}
headers = {"Accept": "application/json"}
response = requests.request("GET", url, headers=headers, params=querystring)
response_json = json.loads(response.text)

KRWticker = []
BTCticker = []
USDTticker = []

for a in response_json:
    if "KRW-" in a["market"]:
        KRWticker.append(a["market"])
    elif "BTC-" in a["market"]:
        BTCticker.append(a["market"])
    elif "USDT-" in a["market"]:
        USDTticker.append(a["market"])

tickers = {
    "KRW":KRWticker,
    "BTC":BTCticker,
    "USDT":USDTticker,
}
```

이제 완성을 했습니다. 하지만 매번 사용할 때마다 이 긴 코드를 가져와서 사용하는 것은 매우 번거롭습니다. 그래서 우리는 함수를 활용해서 이 코드를 하나의 간단한 명령어로 바꿔줄 것입니다.

이제 만들어진 코드를 함수로 만들어줍니다. 함수의 용법은 간단합니다.

def 함수명(매개변수):
    (들여쓰기)함수가 실행되면 실행되어야 하는 코드
    (들여쓰기) return 함수가 끝날 때 출력되는 값

아래의 그림을 보면 좀 더 이해하기가 편리할 것입니다. 함수는 앞으로 여러분이 조금씩 큰 자동화를 할 때 필요로 하시게 될 것입니다. 그리고 그것이 자연스럽다는 느낌이 올 때 비로소 함수가 필요합니다. 함수를 미리 배우지 않았던 것은 이런 이유입니다. 초기의 프로그래밍을 공부할 때는 함수라는 개념 자체가 우리가 조금 더 혼란스럽게 할 수 있었기 때문에 지금에서야 안내해드립니다.

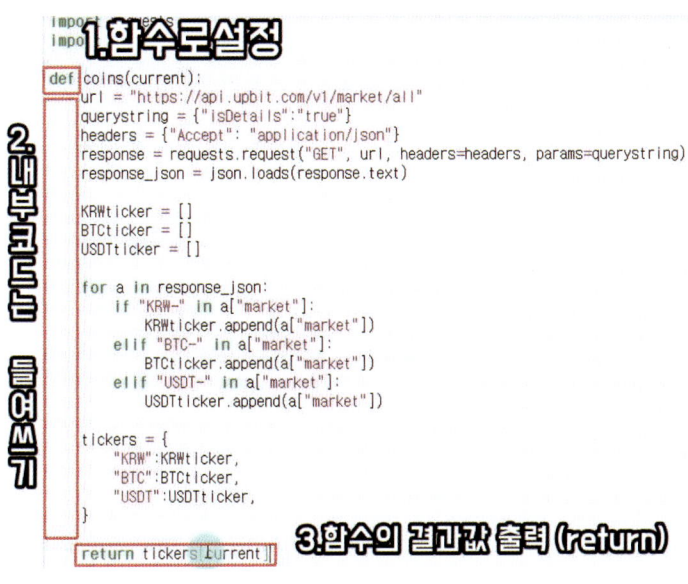

이제 만들어진 함수를 실행해보겠습니다. 간단히 결과가 나오는 것을 알 수 있죠?

이처럼 거래 가능한 코인의 종류를 알 수 있도록 함수로 만들어 보았습니다. 다음 장에서는 암호화폐의 현재 가격을 조회할 수 있는 기능을 만들어 보겠습니다.

■ 암호화폐의 현재 가격(호가)조회

이번에는 코인의 현재 가격을 조회할 수 있는 기능을 만들어 보겠습니다.

■ #암호화폐 현재 가격(호가)조회

```python
>>> import requests
>>> import time
>>> def coin_price (coin):
>>>     url="https://api.upbit.com/v1/orderbook"
>>>     querystring={"markets":coin}
>>>     response=requests.request("GET",url,params=querystring)
>>>     response_json=json.loads(response.text)
>>>     coin_now_price=response_json[0]["orderbook_units"][0]["ask_price"]
>>>     return coin_now_price
```

먼저 업비트 개발자센터에서 '시세 호가 정보조회'를 보면서 문서를 살펴보면 호가 정보조회에 대한 API 요청코드가 나옵니다. 지금까지 했던 방식처럼 가져오면 되는데 한 단계가 더 있습니다. 바로 markets의 string 빈 칸에 아래와 같이 "KRW-BTC"를 적으면 위의 코드가 약간 바뀌는 것을 알 수 있습니다. 그 바뀐 코드를 쥬피터노트북으로 복사해 옵니다.

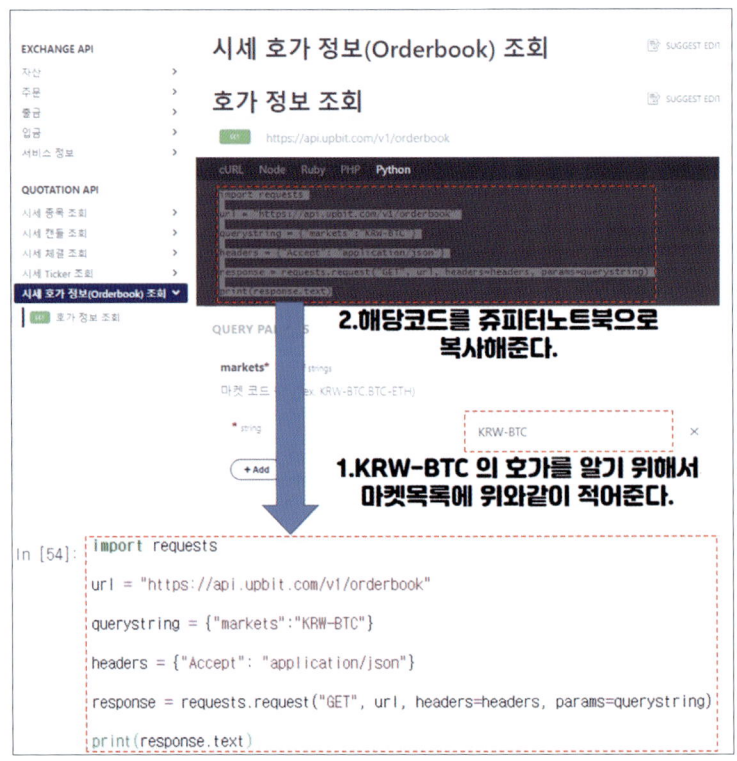

이렇게 가져온 코드를 바로 실행해보면, 아래와 같이 출력되는 것을 알 수 있습니다.

```
In [8]: import requests
        url = "https://api.upbit.com/v1/orderbook"
        querystring = {"markets":"KRW-BTC"}
        headers = {"Accept": "application/json"}
        response = requests.request("GET", url, headers=headers, params=querystring)
        print(response.text)
        [{"market":"KRW-BTC","timestamp":1624264202534,"total_ask_size":6.48891014,"total_bid_size":2.01232686,"orderbook_units":[{"ask_price":3.9
        377E7,"bid_price":3.9367E7,"ask_size":0.00865807,"bid_size":0.00050788},{"ask_price":3.9378E7,"bid_price":3.9366E7,"ask_size":0.0208445
        1,"bid_size":0.07433066},{"ask_price":3.9379E7,"bid_price":3.9365E7,"ask_size":0.21236142,"bid_size":0.35173096},{"ask_price":3.938E7,"bid
        _price":3.9364E7,"ask_size":3.79297443,"bid_size":0.06029045},{"ask_price":3.9382E7,"bid_price":3.936E7,"ask_size":0.00381049,"bid_size":
        0.25993807},{"ask_price":3.9384E7,"bid_price":3.9349E7,"ask_size":0.10571166,"bid_size":0.00096198},{"ask_price":3.9387E7,"bid_price":3.93
        48E7,"ask_size":0.00190577,"bid_size":0.03049528},{"ask_price":3.9398E7,"bid_price":3.9347E7,"ask_size":0.02729585,"bid_size":0.16772619},
        {"ask_price":3.9999E7,"bid_price":3.9346E7,"ask_size":0.2043,"bid_size":0.00990804},{"ask_price":3.94E7,"bid_price":3.9345E7,"ask_size":1.
        23006911,"bid_size":0.4004801},{"ask_price":3.9403E7,"bid_price":3.9344E7,"ask_size":0.07829654,"bid_size":0.00311071},{"ask_price":3.9406
        E7,"bid_price":3.9343E7,"ask_size":0.3496,"bid_size":0.01524939},{"ask_price":3.9407E7,"bid_price":3.9342E7,"ask_size":0.04622074,"bid_siz
        e":0.00330308},{"ask_price":3.9408E7,"bid_price":3.934E7,"ask_size":0.40430689,"bid_size":0.55375455},{"ask_price":3.9409E7,"bid_price":3.
        9339E7,"ask_size":0.00255466,"bid_size":0.08653952}]}]
```

딱 봐도 너무 복잡해 보입니다. 이 문자열(str)을 조금 더 쉽게 보기 위해선 json 구조로 아래와 같이 변경해보겠습니다.

```
In [10]: json.loads(response.text)
Out[10]: [{'market': 'KRW-BTC',
          'timestamp': 1624264202534,
          'total_ask_size': 6.48891014,
          'total_bid_size': 2.01232686,
          'orderbook_units': [{'ask_price': 39377000.0,
            'bid_price': 39367000.0,
            'ask_size': 0.00865807,
            'bid_size': 0.00050788},
           {'ask_price': 39378000.0,
            'bid_price': 39366000.0,
            'ask_size': 0.02084451,
            'bid_size': 0.07433066},
           {'ask_price': 39379000.0,
            'bid_price': 39365000.0,
            'ask_size': 0.21236142,
            'bid_size': 0.35173096},
           {'ask_price': 39380000.0,
```

그러면 자료의 구조가 훨씬 잘 보이게 됩니다. 이제 이 자료 구조가 어떤 type인지 확인해보겠습니다.

```
In [11]: type(json.loads(response.text))
Out[11]: list
```

리스트 자료 구조형입니다. 리스트 자료 구조이기 때문에, 여러 요소로 구성이 되어 있을 것입니다. 일단 첫 번째 요소가 무엇인지 한번 보겠습니다.

```
In [14]: json.loads(response.text)[0]
Out[14]: {'market': 'KRW-BTC',
          'timestamp': 1624264202534,
          'total_ask_size': 6.48891014,
          'total_bid_size': 2.01232686,
          'orderbook_units': [{'ask_price': 39377000.0,
            'bid_price': 39367000.0,
            'ask_size': 0.00865807,
            'bid_size': 0.00050788},
           {'ask_price': 39378000.0,
            'bid_price': 39366000.0,
            'ask_size': 0.02084451,
            'bid_size': 0.07433066},
           {'ask_price': 39379000.0,
            'bid_price': 39365000.0
```

첫 번째 요소를 보니, 딕셔너리로 구성되어 있고, 그중에 여러 keys 값들이 있습니다. 자세히 보니, 'orderbook_units'에 우리가 원하는 ask_price(구매 가능 가격)와 bid_price(판매 가능 가격)가 나옵니다. 여기서 ask_price와 bid_price는 아래의 그림으로 설명해보겠습니다.

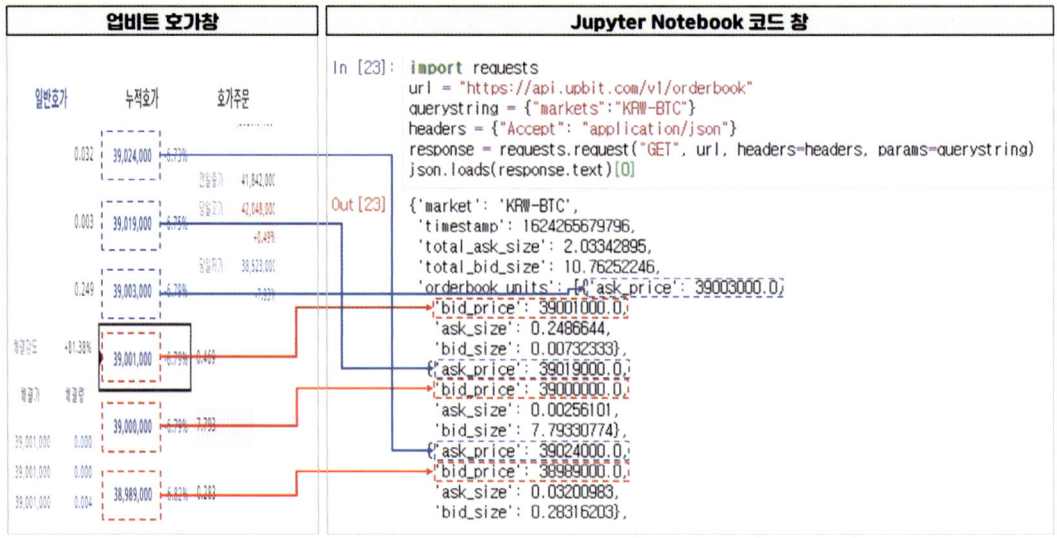

설명보다는 그림이 이해가 빠르시겠죠? 각각을 부르는 명칭은 다양하겠지만 통상적으로 1호가, 2호가, 3호가 등등으로 불립니다. 우리는 현재 코인 가격을 정할 때 "구매할 수 있는 가격인 (ask_price)"로 정하거나 "팔 수 있는 가격(bid_price)"으로 정하기 때문에 현재가는 바로 구매할 수 있는 "ask_price 1호가"로 정하도록 하겠습니다.

이제 그럼 ask_price 1호가를 찾기 위해서 계속 자료 깊이 들어가 보도록 하겠습니다.

```
In [15]: json.loads(response.text)[0]['orderbook_units']
Out[15]: [{'ask_price': 39377000.0,
          'bid_price': 39367000.0,
          'ask_size': 0.00865807,
          'bid_size': 0.00050788},
         {'ask_price': 39378000.0,
          'bid_price': 39366000.0,
          'ask_size': 0.02084451,
          'bid_size': 0.07433066},
         {'ask_price': 39379000.0,
          'bid_price': 39365000.0,
          'ask_size': 0.21236142,
          'bid_size': 0.35173006}
```

'orderbook_units' key 값에 대응되어 있는 value 값을 볼 수 있습니다. 그 다음 우리가 알아야 하는 1호가는 첫 번째 요소에 있으므로 리스트의 첫 요소를 아래와 같이 가져옵니다.

```
In [16]: json.loads(response.text)[0]['orderbook_units'][0]
Out[16]: {'ask_price': 39377000.0,
         'bid_price': 39367000.0,
         'ask_size': 0.00865807,
         'bid_size': 0.00050788}
```

이제 마지막으로 'ask_price'에 대응되는 가격을 아래와 같이 가져옵니다.

```
In [17]: json.loads(response.text)[0]['orderbook_units'][0]['ask_price']
Out[17]: 39377000.0
```

이로써 우리는 하나의 암호화폐의 현재 가격을 가져올 수 있는 코드를 만들어냈습니다.

아래와 같이 말이죠.

```
In [24]: import requests
         url = "https://api.upbit.com/v1/orderbook"
         querystring = {"markets":"KRW-BTC"}
         headers = {"Accept": "application/json"}
         response = requests.request("GET", url, headers=headers, params=querystring)
         json.loads(response.text)[0]['orderbook_units'][0]['ask_price']
Out[24]: 38942000.0
```

이제 가격을 가져오는 방법을 알았으니, 앞에서 했던 것처럼 함수로 만들어 보겠습니다. 이번에는 함수 이름을 'coin_price'라고 정해서 만들겠습니다. 함수를 만들 때 매개변수인 'coin'이 'KRW-BTC' 자리에 치환돼야 하는 것을 기억해주세요.

```
In [25]: #암호화폐 시세조회
         import requests
         import time

         def coin_price(coin):
             url = "https://api.upbit.com/v1/orderbook"
             querystring = {"markets":coin}
             response = requests.request("GET", url, params=querystring)
             response_json = json.loads(response.text)
             coin_now_price = response_json[0]["orderbook_units"][0]["ask_price"]
             return coin_now_price

In [26]: coin_price("KRW-BTC")
Out[26]: 39384000.0
```

이렇게 시세(현재 가격)를 조회할 수 있는 함수도 만들었습니다.

■ 호가 정보조회(코인이 거래된 시가/고가/저가/종가 기록)

이번에는 암호화폐가 그간 거래되었던 기록들을 가져와 보도록 하겠습니다. 앞서 파이썬 맛보기를 진행할 때도 한번 불러와 봤는데 기억이 나실지 모르겠습니다.
해당 기능 또한 API에 잘 구현되어 있기 때문에 우리가 가져와서 활용하면 됩니다.

■ #시세 호가 정보(Orderbook) 조회 // 호가 정보 조회

```
>>> import requests
>>> import pandas as pd
>>> def coin_history (coin ,time1 ='minutes',time2 =""):
>>>     url  = f"https://api.upbit.com/v1/candles/{time1 }/{time2 }"
>>>     querystring  = {"market":coin ,"count":"200"}
>>>     response  = requests .request ("GET", url , params =querystring )
>>>     response_json  = json .loads (response .text )
>>>     df  = pd .DataFrame (response_json )
>>>     return  df
>>> coin_history ("KRW-BTC","minutes",30 )
```

업비트 개발자센터 (docs.upbit.com)으로 들어와서 시세캔들 조회를 확인해보도록 하겠습니다. 그럼 아래와 같은 문서가 있습니다. 여기서 시세캔들이라고 함은 아래의 그림처럼 시/고/저/종가가 나와 있는 자료라고 이해하시면 됩니다.

고가: 정해진 시간동안의 최고가격

종가: 정해진 시간 동안의 마지막 가격

시가: 정해진 시간 동안의 최초 가격

저가: 정해진 시간 동안의 최저가격

이제 이 시세캔들을 가져오기 위해서는 기존 방법과 마찬가지로 코드를 가져오면 됩니다. 그런데, 일부 파라미터들을 웹페이지에서 작성해주면 시세 조회 때와 마찬가지로 변형된 코드를 획득할 수 있습니다.

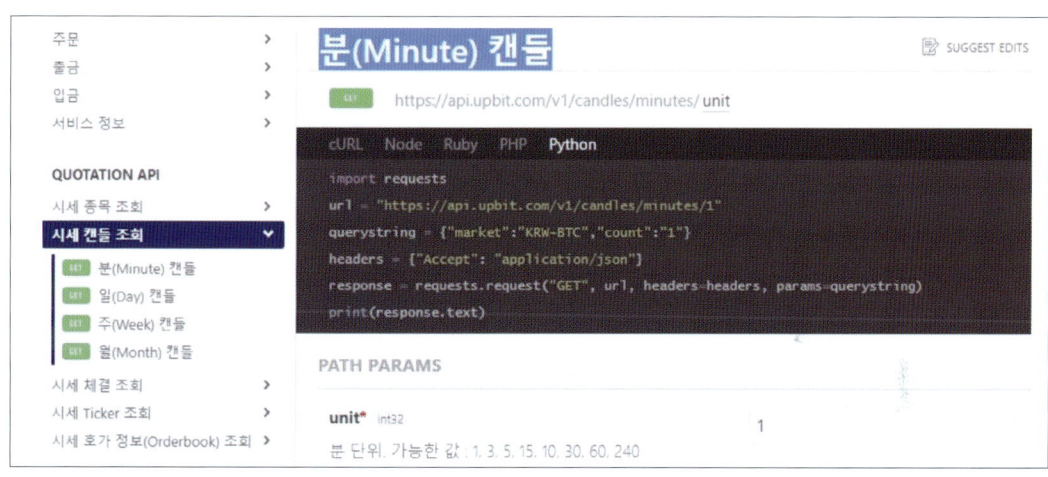

먼저 파라미터 unit는 분 단위로 진행할 경우 숫자를 조정할 수 있습니다.

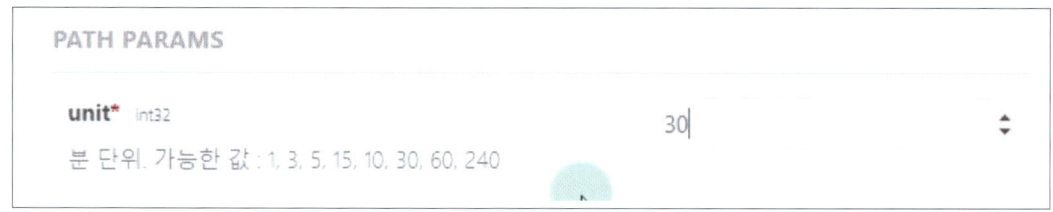

우리는 30분 봉으로 적어보겠습니다. 30분을 넣고 다른 파라미터들을 조금 집어넣으면 아래와 같은 코드가 만들어집니다. 다른 파라미터도 우리의 입맛에 맞게 변경할 수 있습니다. 다양한 방식이 있겠지만 임의의 수치를 넣어서 만든 코드가 아래에 있습니다. 여러분에게 맞는 코드를 넣을 수 있으므로 코드가 잘 이해 안 되실 때 아래의 설명을 참고하시길 바랍니다.

```
1. 출력된 자료를 json 구조로 변경하기 위해 json 라이브러리를 가져온다.
import requests
import json
                        2. 캔들데이터는 시계열(시간의흐름에따른자료)이기 때문에 쉽게 알아보기 위해,
import pandas as pd      pandas dataframe으로 가져올 필요가 있다.
url = "https://api.upbit.com/v1/candles/minutes/30"
                                                    3. 해당부분은 캔들의 단위가 30분단위인것을 의미한다.
                                                    필요하다면 변경하여 다른 캔들도 가져올 수 있다.
querystring = {"market":"KRW-BTC","count":"200"}
                        4. 코인이름          5. 한번에 가져올 수 있는 데이터의 개수( 여기서는 200개가 최대이다)
headers = {"Accept": "application/json"}

response = requests.request("GET", url, headers=headers, params=querystring)

response_json = json.loads(response.text)  6. Response를 json data로 변환한다.
df = pd.DataFrame(response_json)           7. json으로 변환한 데이터를 pandas dataframe으로 전환한다.
df
```

혹시 여기서 하나 색다른 것을 발견하셨나요? 7번째 설명 'json으로 변환한 데이터를 pandas dataframe으로 전환한다.'라는 설명이 있습니다. 조금 생소할 수는 있지만 우리는 앞의 실습에서 pandas를 배웠습니다. pandas dataframe 또한 배웠고요. 조금만 생각하면 왜 이렇게 바꾸었는지 이해하실 수 있습니다. 시/고/저/종가는 숫자 데이터고, 그 데이터들이 200개로 이루어진 방대한 데이터를 우리가 지금까지 활용하던 리스트나 딕셔너리로 가져오면 우리가 직관적으로 보기에 조금 어려울 수 있습니다. 그러므로 pandas 라이브러리를 가져와서 아래와 같은 자료 구조 형태로 바꾼 것입니다.

```
In [67]: #write your code
         import requests
         import json
         import pandas as pd
         url = "https://api.upbit.com/v1/candles/minutes/30"
         querystring = {"market":"KRW-BTC","count":"200"}
         headers = {"Accept": "application/json"}
         response = requests.request("GET", url, headers=headers, params=querystring)
         response_json = json.loads(response.text)
         df = pd.DataFrame(response_json)
```

Out[67]:

	market	candle_date_time_utc	candle_date_time_kst	opening_price	high_price	low_price
0	KRW-BTC	2021-05-18T05:00:00	2021-05-18T14:00:00	55528000.0	55708000.0	55460000.0
1	KRW-BTC	2021-05-18T04:30:00	2021-05-18T13:30:00	55375000.0	55800000.0	55300000.0
2	KRW-BTC	2021-05-18T04:00:00	2021-05-18T13:00:00	54955000.0	55762000.0	54942000.0
3	KRW-BTC	2021-05-18T03:30:00	2021-05-18T12:30:00	55335000.0	55383000.0	54900000.0
4	KRW-BTC	2021-05-18T03:00:00	2021-05-18T12:00:00	55490000.0	55500000.0	55160000.0
...	...	...	...	...	...	...
195	KRW-BTC	2021-05-14T03:30:00	2021-05-14T12:30:00	62636000.0	62650000.0	62144000.0

이제 가져온 자료를 보면 시간 데이터와 시세캔들 데이터가 함께 들어있는 표를 확인할 수 있습니다. 이 자료의 활용은 다음 장에서 조금 더 섬세하게 다루어 보겠습니다.

일단 우리가 만든 이 코드를 함수 'coin_history(코인 이름, 시간기준, 시간 단위)'로 만들어줍니다. 함수의 매개변수가 1개가 아니라, 3개가 되었다는 것에 조금 놀랄 수 있겠지만, 1개일 때와 매개변수가 3개가 되었다는 것 이외에 함수의 역할은 달라진 것이 없습니다. 중간에 들어있는 time1='minutes'는 아무 것도 안 넣었을 때, time1에 'minutes'를 입력하라는 것입니다.

함수는 활용해보면서 그 기능들을 하나씩 익혀나가는 게 편합니다. 좀 더 공부가 필요하신 분은 함수에 대해서 조금 더 학습해보시기를 권장해드립니다. 우리는 투자 프로그램을 완성하기 위해서 앞으로 더 나아가 보겠습니다.

```python
def coin_history(coin,time1='minutes',time2=''):
    url = f"https://api.upbit.com/v1/candles/{time1}/{time2}"
    querystring = {"market":coin,"count":"200"}
    headers = {"Accept": "application/json"}
    response = requests.request("GET", url, headers=headers, params=querystring)
    response_json = json.loads(response.text)
    df = pd.DataFrame(response_json)
    return df

coin_history("KRW-ETH",'minutes','30')
```

	market	candle_date_time_utc	candle_date_time_kst	opening_price	high_price	low_price
0	KRW-ETH	2021-05-18T05:00:00	2021-05-18T14:00:00	4291000.0	4350000.0	4275000.0
1	KRW-ETH	2021-05-18T04:30:00	2021-05-18T13:30:00	4215000.0	4310000.0	4213000.0
2	KRW-ETH	2021-05-18T04:00:00	2021-05-18T13:00:00	4155000.0	4249000.0	4154000.0
3	KRW-ETH	2021-05-18T03:30:00	2021-05-18T12:30:00	4186000.0	4188000.0	4151000.0
4	KRW-ETH	2021-05-18T03:00:00	2021-05-18T12:00:00	4202000.0	4203000.0	4164000.0
...	...	...	...	...	...	...
195	KRW-ETH	2021-05-14T03:30:00	2021-05-14T12:30:00	4823000.0	4824000.0	4771000.0
196	KRW-ETH	2021-05-14T03:00:00	2021-05-14T12:00:00	4782000.0	4832000.0	4781000.0
197	KRW-ETH	2021-05-14T02:30:00	2021-05-14T11:30:00	4770000.0	4835000.0	4768000.0
198	KRW-ETH	2021-05-14T02:00:00	2021-05-14T11:00:00	4849000.0	4860000.0	4760000.0

이제 coin_history라는 함수를 통해 언제든 우리가 원하는 코인의 시세캔들을 가져올 수 있습니다. 이제 로그인하지 않고 가져올 수 있는 기능은 다 만들었습니다. 다음 장에서는 로그인해야지만 할 수 있는 구매/판매 등의 기능을 구현해보겠습니다.

가상화폐 구매/판매 Unit. 03

이번 장에서는 우리가 로그인해야지만 조회/실행할 수 있는 영역(Exchange API)에 대해서 알아보겠습니다. 일단 먼저 실습을 위해서 약 100만 원을 계좌에 입금해 두었습니다. 이제부터 개별 기능 하나씩 알아보겠습니다.

로그인

로그인이라고 거창하게 써놓았지만, 엄밀히 말하면 추후 API 활용에 반복적으로 사용될 변수설정을 할 예정입니다. 아래의 코드는 우리가 앞서 만들어 두었던 'upbit_API_key.txt' 안에 들어있는 access_key와 secret_key를 활용해서 변수설정을 해줄 예정입니다.

- #로그인

```
>>> def login():
>>>     f =open("upbit_API_key.txt")
>>>     lines=f.readlines()
>>>     global access_key
>>>     global secret_key
>>>     access_key=str(lines[0].strip())
>>>     secret_key=str(lines[1].strip())
>>>     f .close
```

2번째 행에서는 f라는 변수에 같은 폴더에 있는 'upbit_API_key.txt'를 읽어옵니다. (이 부분은 배우지 않았으나, 구글링을 통해서 텍스트 파일을 읽어올 방법을 찾을 수 있습니다.)
3번째 행에서는 lines라는 변수에 위에서 설정한 f(텍스트 파일 변수)에 적혀있는 텍스트를 리스트 형태로 가져오게 됩니다. 아래에 나와 있는 명령어를 참고해보면 해당 코드가 어떤 역할을 하는지 이해할 수 있습니다.

```
In [4]: f=open("upbit_api_key.txt")
        lines = f.readlines()
        print(lines)
        print(type(lines))

        ['h■■■■■■■■■■■■■■■■■■■', '■■■■■■■■■■■■■■■■■■■']
        <class 'list'>
```

4, 5번째 행에서는 global 명령어를 활용해서 함수 내에서 사용되는 변수를 해당 파일, 코드(현재 구동되고 있는 쥬피터노트북(jupyter notebook))에서 어디서나 사용할 수 있게 해주는 명령어입니다. 쉽게 이야기해서 이번 코드 한번 실행하고 어디서나 활용할 수 있다는 뜻입니다.

6, 7번째 행에서는 각각의 access_key와 secret_key를 변수에 담아주는 역할을 합니다.

8번째 행에서는 사용하기 위해서 열어둔 파일을 닫아줍니다.

이렇게 API 로그인 (다음부터 사용할 API에서 설정해야 할 변수설정)을 마쳤습니다. 이제 앞으로는 로그인 함수를 아래와 같이 활용하여 Exchange API에 접근할 수 있습니다.

- #로그인하기

```
>>> login ()
```

■ 잔고 조회

이번에는 잔고 조회를 해보도록 하겠습니다.

```
>>> import os
>>> import jwt
>>> import uuid
>>> import hashlib
>>> from urllib.parse import urlencode
>>> import requests
>>> def balance():
>>>     global server_url
>>>     server_url='https://api.upbit.com'
>>>     payload={
>>>         'access_key':access_key,
>>>         'nonce':str(uuid.uuid4()),
>>>     }
>>>     jwt_token=jwt.encode(payload,secret_key)
```

```
>>>    authorize_token='Bearer {}'.format(jwt_token)
>>>    headers={"Authorization":authorize_token}
>>>    res=requests.get(server_url+"/v1/accounts",headers=headers)
>>>    return res.json()
```

위의 코드는 앞서 진행한 API를 가져온 것과 같이 개발자센터에서 가져온 코드를 조금 수정하여 활용합니다. 먼저 개발자센터(docs.upbit.com)로 접속합니다.
그리고 전체계좌 조회를 누르고, Python 코드를 클릭합니다.

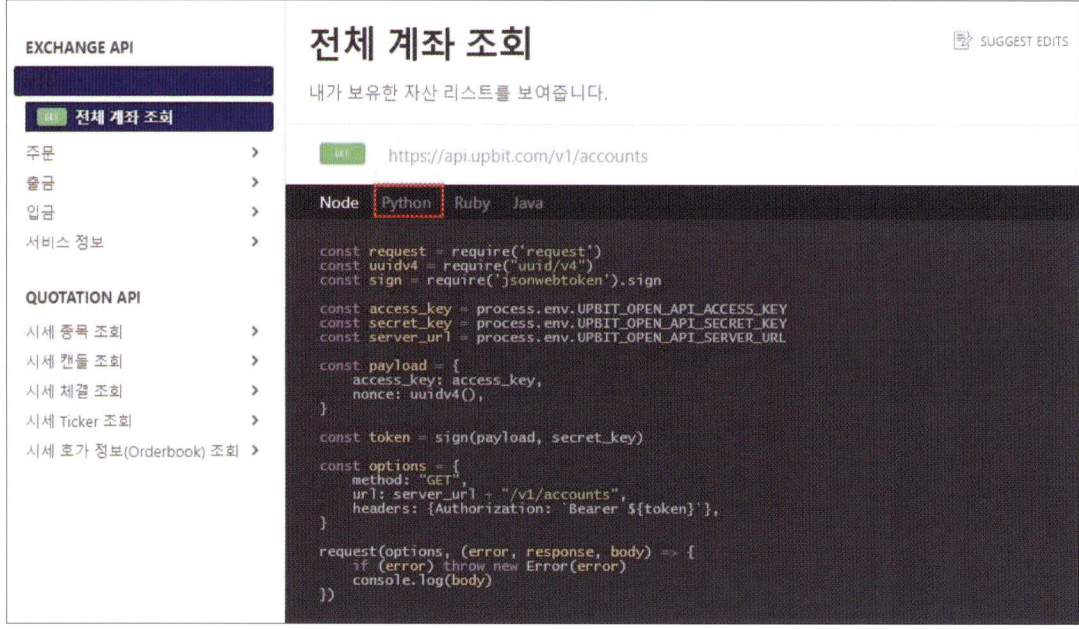

그럼 나오게 되는 코드를 아래와 같이 쥬피터노트북(jupyter notebook)으로 복사하여 가져옵니다.
가져옴과 동시에 몇 가지 작업을 해줘야 합니다. 우리는 기존에 login( ) 함수를 통해서 access_key와 secret_key 변수를 설정해줬습니다. 그러므로 따로 2개의 변수를 새로 지정해줄 필요가 없습니다. 해당 코드는 주석처리 합니다.
추가로, 'server_url' 변수를 아래와 같이 변화시켜주세요. (향후 사용을 위해서 이 또한 global 명령을 통해서 어디에서나 통용되는 변수로 만들어주면 추후 활용하기가 편합니다.)

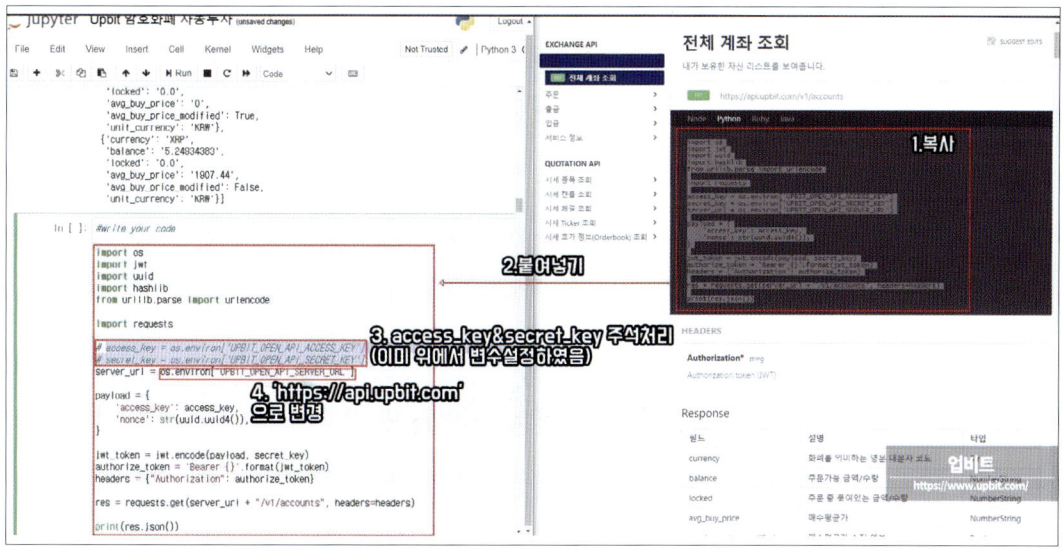

이렇게 코드 변환이 끝나고 나면 아래와 같이 코드가 보입니다.

```python
import os
import jwt
import uuid
import hashlib
from urllib.parse import urlencode

import requests

# access_key = os.environ['UPBIT_OPEN_API_ACCESS_KEY']
# secret_key = os.environ['UPBIT_OPEN_API_SECRET_KEY']
server_url = "https://api.upbit.com"

payload = {
    'access_key': access_key,
    'nonce': str(uuid.uuid4()),
}

jwt_token = jwt.encode(payload, secret_key)
authorize_token = 'Bearer {}'.format(jwt_token)
headers = {"Authorization": authorize_token}

res = requests.get(server_url + "/v1/accounts", headers=headers)

print(res.json())
```

아래와 같이 코드가 되어 있다면 실행시켜 보겠습니다.

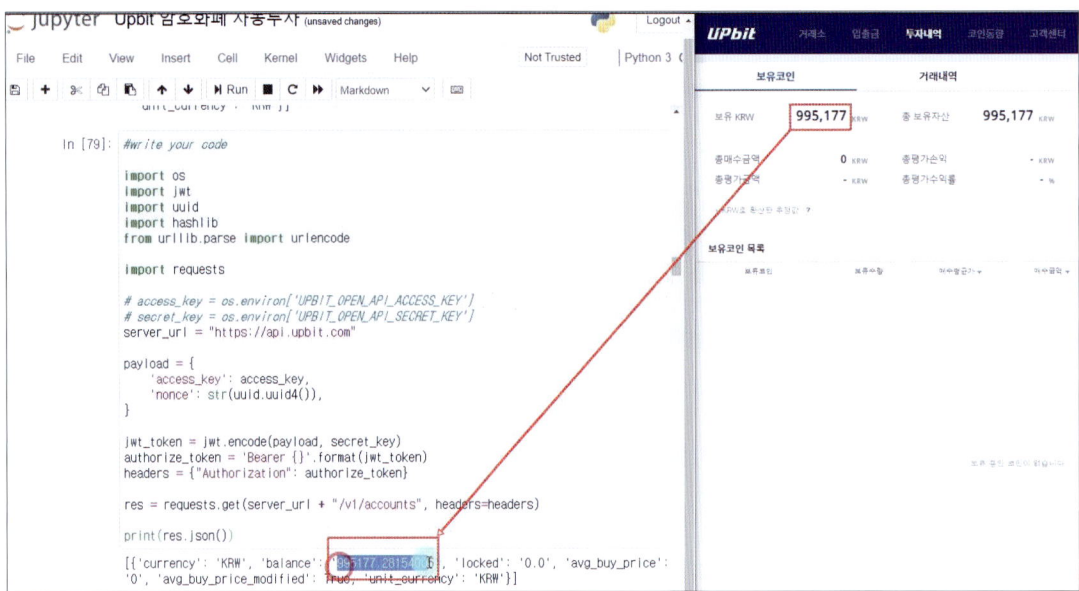

이처럼, 우리가 가지고 있는 잔고가 잘 나오는 것을 확인할 수 있습니다. 이제, 이 코드를 'balance'라는 이름의 함수로 만들어 보겠습니다. 함수로 만드는 방법은 계속 반복하고 있습니다. 조금 적응되셨을까요?

```python
import os
import jwt
import uuid
import hashlib
from urllib.parse import urlencode
import requests

def balance():
    # access_key = os.environ['UPBIT_OPEN_API_ACCESS_KEY']
    # secret_key = os.environ['UPBIT_OPEN_API_SECRET_KEY']
    server_url = "https://api.upbit.com"
    payload = {
        'access_key': access_key,
        'nonce': str(uuid.uuid4()),
    }
    jwt_token = jwt.encode(payload, secret_key)
    authorize_token = 'Bearer {}'.format(jwt_token)
    headers = {"Authorization": authorize_token}
    res = requests.get(server_url + "/v1/accounts", headers=headers)
    print(res.json())
    return res.json()
```

위와 같이 함수로 설정해주고 아래와 같이 실행하면, 데이터가 정상적으로 들어오는 것을 알 수 있습니다.

■ #잔고조회하기

```
>>> balance ()
```

```
In [81]: balance()
         [{'currency': 'KRW', 'balance': '995177.28154005', 'locked': '0.0', 'avg_buy_price':
         '0', 'avg_buy_price_modified': True, 'unit_currency': 'KRW'}]
Out[81]: [{'currency': 'KRW',
           'balance': '995177.28154005',
           'locked': '0.0',
           'avg_buy_price': '0',
           'avg_buy_price_modified': True,
           'unit_currency': 'KRW'}]
```

■ 주문하기

이제 암호화폐를 매수/매도할 수 있는 주문하기 API를 보도록 하겠습니다.

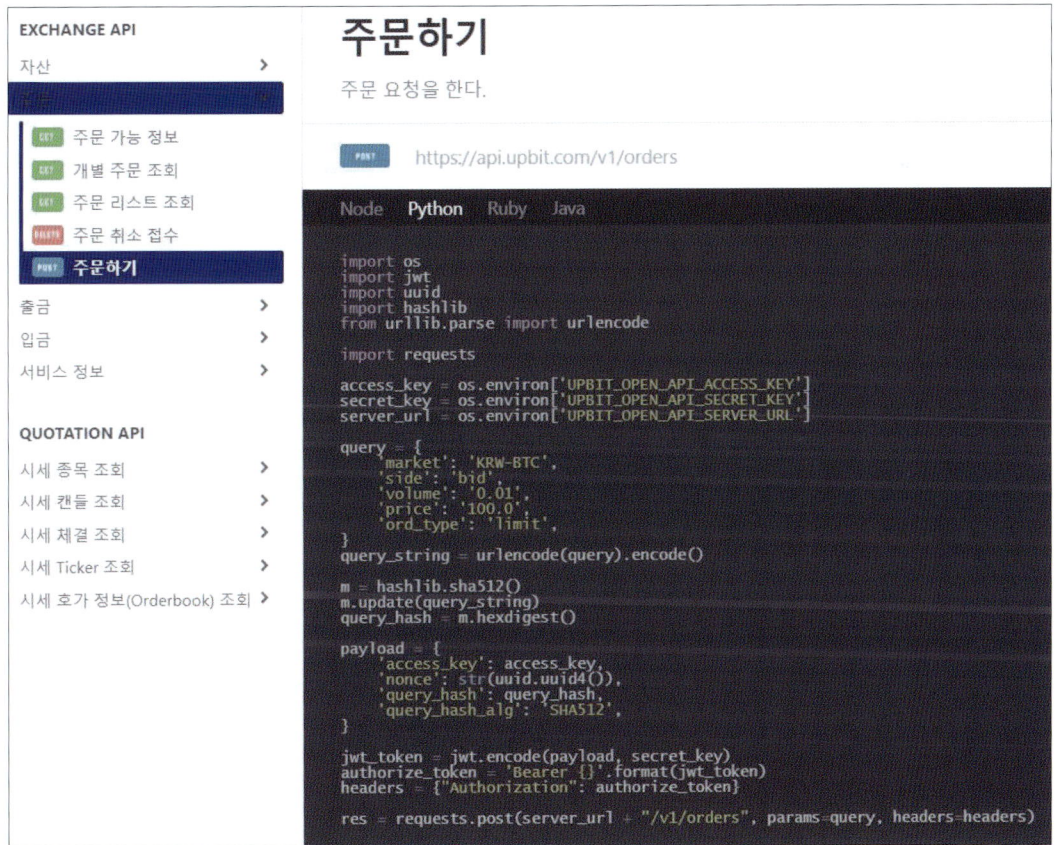

기존처럼 개발자센터에서 '주문하기' 탭을 누르면 위와 같은 코드가 나오는 것을 알 수 있습니다. 암호화폐를 주문하기 위해서는 몇 가지 정보가 필요합니다. 그 정보들을 파라미터라고 하는데, 아래의 내용을 보면 상세한 설명을 볼 수 있습니다.

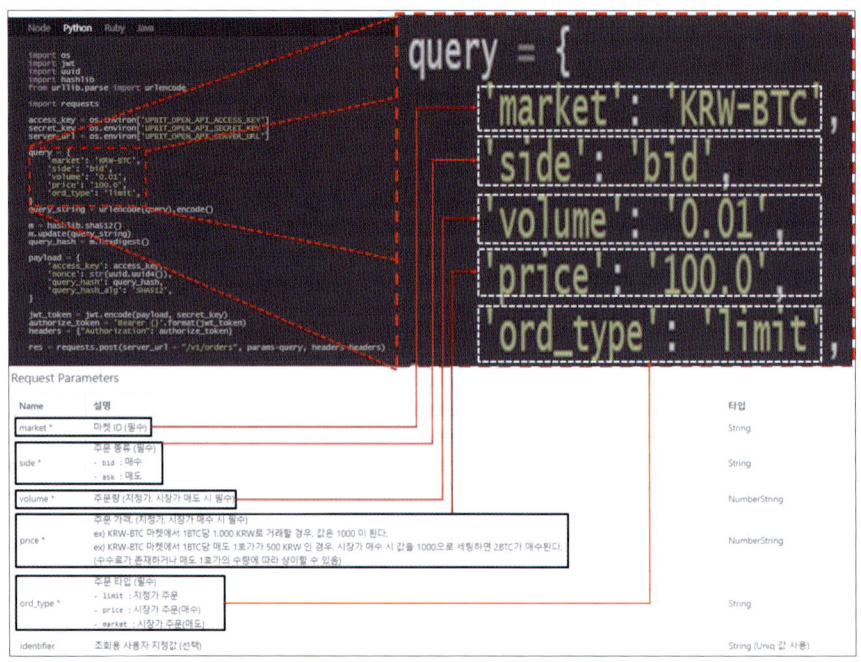

이제 이 파라미터와 우리가 복사해올 코드를 한번 맵핑해보도록 하겠습니다. 그 맵핑만 안다면, 우리는 해당 파라미터만 바꿔줘도 우리가 원하는 기능을 활용할 수 있습니다.

위의 그림을 보면 조금 복잡하긴 하지만, 결국 query 딕셔너리 변수에 들어간 내용만 바꾸면 지정가 매수/시장가매수/지정가 매도/시장가매도를 자유롭게 제어할 수 있습니다.

관련해서 4가지 함수를 만들 예정입니다. 1가지 함수만 만드는 것을 설명하고, 나머지는 여러분이 직접 만들어 보시거나 제가 만들어 놓은 코드를 사용하시길 바랍니다.

■ 주문하기 (지정가 매수)

지정가 매수란, 우리가 정해놓은 가격으로 암호화폐를 구매할 수 있도록 매수를 예약하는 것을 의미합니다.

코드는 지금까지 그래왔듯이 개발자센터에서 가져옵니다. query 딕셔너리 변수에서 지정가 구매를 위해 설정해줘야 하는 것은 아래 그림과 같습니다.

파라미터	의미	지정가 매수	시장가 매수	지정가 매도	시장가 매도
market	마켓ID (코인의이름)	KRW-BTC 와 같은 코인 이름	KRW-BTC 와 같은 코인 이름	KRW-BTC 와 같은 코인 이름	KRW-BTC 와 같은 코인 이름
side	주문종류	bid	bid	ask	ask
volume	주문량	지정해줘야함	-	지정해줘야함	판매를 원하는 코인의 총개수
price	주문가격	지정해줘야함	구매를 원하는 금액의 총액	지정해줘야함	-
ord_type	주문타입	limit	price	limit	market

```python
#매수(지정가)
import os
import jwt
import uuid
import hashlib
from urllib.parse import urlencode

import requests

# access_key = os.environ['UPBIT_OPEN_API_ACCESS_KEY']
# secret_key = os.environ['UPBIT_OPEN_API_SECRET_KEY']
# server_url = os.environ['UPBIT_OPEN_API_SERVER_URL']

def buy_limit(coin,volume,price):
    query = {
        'market': coin,
        'side': 'bid',
        'volume': volume,
        'price': price,
        'ord_type': 'limit',
    }
    query_string = urlencode(query).encode()

    m = hashlib.sha512()
    m.update(query_string)
    query_hash = m.hexdigest()

    payload = {
        'access_key': access_key,
        'nonce': str(uuid.uuid4()),
        'query_hash': query_hash,
        'query_hash_alg': 'SHA512',
    }

    jwt_token = jwt.encode(payload, secret_key)
    authorize_token = 'Bearer {}'.format(jwt_token)
    headers = {"Authorization": authorize_token}

    res = requests.post(server_url + "/v1/orders", params=query, headers=headers)
    print(res.json())
    return res.json()
```

```python
#지정가 구매 - 리플을 1900원에 5개 구매
buy_limit("KRW-XRP",5,1900)
```

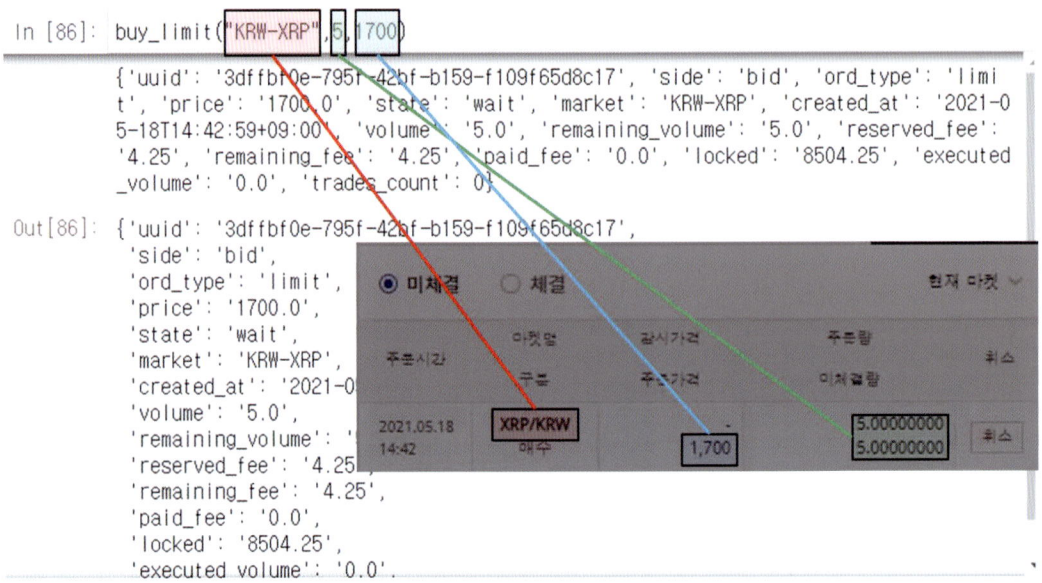

이런 식으로 'buy_limit('코인 이름', '구매량', '구매단가')'라는 형태로 함수를 설정해주고 실제로 지정가 구매를 실행해보면 아래와 같이 구매가 완료된 것을 알 수 있습니다.

이런 방식으로 다른 기능도 구현해보겠습니다. 다른 기능구현은 지정가 매수와 매우 비슷하므로 관련 자료를 첨부해 놓겠습니다. 직접 위에서 실습한 것과 같이 기능들을 만들어 보시길 바랍니다.

■ 주문하기(시장가매수)

```python
In [10]: #매수(시장가)
import os
import jwt
import uuid
import hashlib
from urllib.parse import urlencode

import requests

# access_key = os.environ['UPBIT_OPEN_API_ACCESS_KEY']
# secret_key = os.environ['UPBIT_OPEN_API_SECRET_KEY']
# server_url = os.environ['UPBIT_OPEN_API_SERVER_URL']

def buy_market(coin,price):
    query = {
        'market': coin,
        'side': 'bid',
        'volume': '',
        'price': price,
        'ord_type': 'price',
    }
    query_string = urlencode(query).encode()

    m = hashlib.sha512()
    m.update(query_string)
    query_hash = m.hexdigest()

    payload = {
        'access_key': access_key,
        'nonce': str(uuid.uuid4()),
        'query_hash': query_hash,
        'query_hash_alg': 'SHA512',
    }

    jwt_token = jwt.encode(payload, secret_key)
    authorize_token = 'Bearer {}'.format(jwt_token)
    headers = {"Authorization": authorize_token}

    res = requests.post(server_url + "/v1/orders", params=query, headers=headers)
    print(res.json())
    return res.json()

In [ ]: #시장가구매 리플을 10000원어치 구매
buy_market("KRW-XRP",10000)
```

파라미터	의미	지정가 매수	시장가 매수	지정가 매도	시장가 매도
market	마켓ID (코인의이름)	KRW-BTC 와 같은 코인 이름	KRW-BTC 와 같은 코인 이름	KRW-BTC 와 같은 코인 이름	KRW-BTC 와 같은 코인 이름
side	주문종류	bid	bid	ask	ask
volume	주문량	지정해줘야함	-	지정해줘야함	판매를 원하는 코인의 총개수
price	주문가격	지정해줘야함	구매를 원하는 금액의 총액	지정해줘야함	-
ord_type	주문타입	limit	price	limit	market

■ 주문하기(지정가 매도)

```python
In [11]: #매도(지정가)
import os
import jwt
import uuid
import hashlib
from urllib.parse import urlencode

import requests

# access_key = os.environ['UPBIT_OPEN_API_ACCESS_KEY']
# secret_key = os.environ['UPBIT_OPEN_API_SECRET_KEY']
# server_url = os.environ['UPBIT_OPEN_API_SERVER_URL']

def sell_limit(coin,volume,price):
    query = {
        'market': coin,
        'side': 'ask',
        'volume': volume,
        'price': price,
        'ord_type': 'limit',
    }
    query_string = urlencode(query).encode()

    m = hashlib.sha512()
    m.update(query_string)
    query_hash = m.hexdigest()

    payload = {
        'access_key': access_key,
        'nonce': str(uuid.uuid4()),
        'query_hash': query_hash,
        'query_hash_alg': 'SHA512',
    }

    jwt_token = jwt.encode(payload, secret_key)
    authorize_token = 'Bearer {}'.format(jwt_token)
    headers = {"Authorization": authorize_token}

    res = requests.post(server_url + "/v1/orders", params=query, headers=headers)
    print(res.json())
    return res.json()
```

```python
In [ ]: # 지정가판매 - 리플을 2000원에 5개 판매
sell_limit("KRW-XRP",5,2000)
```

파라미터	의미	지정가 매수	시장가 매수	지정가 매도	시장가 매도
market	마켓ID (코인의이름)	KRW-BTC 와 같은 코인 이름	KRW-BTC 와 같은 코인 이름	**KRW-BTC 와 같은 코인 이름**	KRW-BTC 와 같은 코인 이름
side	주문종류	bid	bid	**ask**	ask
volume	주문량	지정해줘야함	-	**지정해줘야함**	판매를 원하는 코인의 총개수
price	주문가격	지정해줘야함	구매를 원하는 금액의 총액	**지정해줘야함**	-
ord_type	주문타입	limit	price	**limit**	market

■ 주문하기(시장가매도)

```python
In [12]: #매도(시장가)

import os
import jwt
import uuid
import hashlib
from urllib.parse import urlencode

import requests

# access_key = os.environ['UPBIT_OPEN_API_ACCESS_KEY']
# secret_key = os.environ['UPBIT_OPEN_API_SECRET_KEY']
# server_url = os.environ['UPBIT_OPEN_API_SERVER_URL']

def sell_market(coin,volume):
    query = {
        'market': coin,
        'side': 'ask',
        'volume': volume,
        'price': '',
        'ord_type': 'market',
    }
    query_string = urlencode(query).encode()

    m = hashlib.sha512()
    m.update(query_string)
    query_hash = m.hexdigest()

    payload = {
        'access_key': access_key,
        'nonce': str(uuid.uuid4()),
        'query_hash': query_hash,
        'query_hash_alg': 'SHA512',
    }

    jwt_token = jwt.encode(payload, secret_key)
    authorize_token = 'Bearer {}'.format(jwt_token)
    headers = {"Authorization": authorize_token}

    res = requests.post(server_url + "/v1/orders", params=query, headers=headers)
    print(res.json())
    return res.json()

In [ ]: #시장가 판매 - 리플을 시장가에 10.33333333개 판매
sell_market("KRW-XRP",10.33333333)
```

파라미터	의미	지정가 매수	시장가 매수	지정가 매도	시장가 매도
market	마켓ID (코인의이름)	KRW-BTC 와 같은 코인 이름	KRW-BTC 와 같은 코인 이름	KRW-BTC 와 같은 코인 이름	KRW-BTC 와 같은 코인 이름
side	주문종류	bid	bid	ask	ask
volume	주문량	지정해줘야함	-	지정해줘야함	판매를 원하는 코인의 총개수
price	주문가격	지정해줘야함	구매를 원하는 금액의 총액	지정해줘야함	-
ord_type	주문타입	limit	price	limit	market

자 이제 거래를 하기 위한 모든 기능을 구현해냈습니다.

정리를 좀 해보겠습니다. 많은 함수가 나왔으니, 이번 실습에서 우리가 만든 함수의 사용법을 정리한 표를 참고하시길 바랍니다.

함수이름	기능	파라미터 설명
coins(current)	구매가능한 코인 확인	current - KRW/BTC/USDT 중 하나 선택 ex) coins('KRW')
coin_price(coin)	구매가능한 코인 확인	coin - 코인의 마켓ID ex) coins_price('KRW-BTC')
coin_history(coin,time1,time2)	코인 거래내역	coin - 코인의 마켓ID time1 - 시간의 기준 'minutes','days','weeks','months' time2 - minutes일때, 1, 3, 5, 15, 10, 30, 60, 240 ex) coins_history('KRW-BTC','minutes',15)
login()	로그인	반드시 같은 폴더안에 upbit_api_key.txt 안에 access_key(첫번째 줄) 와 secret_key(두번째 줄) 가 들어 있어야 한다. ex) login()
balance()	잔액조회	login() 실행후 사용할 수 있다. ex) balance()
buy_limit(coin,volume,price)	지정가 매수	coin - 코인의 마켓ID volume - 매수를 원하는 개수 price - 매수를 원하는 단가 ex) buy_limit('KRW-XRP',5,2000)
buy_market(coin,price)	시장가 매수	coin - 코인의 마켓ID price - 시장가로 매수하고 싶은 총 금액 ex) buy_market('KRW-BTC',10000)
sell_limit(coin,volume,price)	지정가 매도	coin - 코인의 마켓ID volume - 매도를 원하는 개수 price - 매도를 원하는 단가 ex) sell_limit(['KRW-BTC',5,2000)
sell_market(coin,volume)	시장가 매도	coin - 코인의 마켓ID price - 시장가로 매도하고 싶은 총 코인개수 ex) sell_market('KRW-BTC',10)

이렇게 API를 통해서 많은 기능을 구현해보았습니다. 어떠셨나요? 비전공자에게 너무 무겁다고 느껴지지는 않으신가요? 이런 기능들을 하나하나 개발하고, 개발한 것을 활용해서 투자 아이디어에 접목하기까지 시간이 조금 걸릴 수 있다는 것은 이해합니다. 사실 이런 기능들을 쉽게 사용할 수 있는 라이브러리가 이미 나와 있기도 합니다. 구글링을 검색하면 'pyupbit'이라는 라이브러리나 다른 다양한 라이브러리가 있습니다.

그런데도 우리가 이렇게 기능을 만들어 본 것은 우리가 API를 통해서 기능을 만들어 볼 줄 알아야 한다는 것입니다. 만일이지만 누군가가 익명으로 만들어 놓은 라이브러리를 개인의 투자에 잘 활용하다가, 어느 시점에 해당 코드가 변경돼서 나도 모르는 악성 코드가 있다면 어떻게 될까요? 가령 구매를 누르게 되면, 나도 모르는 사이에 이상한 코인이 하나 구매가 되는 그런 형태로 코드를 바꾸게 된다면? 우리는 아무 것도 못 한 채 자동투자로 인해 발생하는 피해를 고스란히 받게 됩니다.

우리는 앞으로 많은 API를 다룰 것입니다. 그 API를 활용할 수 있는 능력이 있는 것과 있지 않은 것은 정말 큰 차이가 있습니다. 힘들게 구현해놓으신 것 다른 라이브러리를 보시더라도 실망하지 마시고 공부했다는 생각으로 받아들이시길 바랍니다.

추가로 배포된 쥬피터노트북 맨 끝부분을 보면 우리가 개발해 놓은 모든 코드를 한 번에 실행할 수 있도록 제가 onecode로 합쳐놓은 것이 있습니다. 재부팅 할 때마다 모든 코드를 실행시킬 것 없이 이 코드를 한 번에 실행시켜서 지금까지 설정한 함수를 활용하시길 바랍니다.

다음 장에서는 드디어 자동투자를 시작해보도록 하겠습니다.

투자 아이디어 설정 Unit. 04

[투자자 주의]
앞으로 설명해 드릴 투자 아이디어는 교육 실습을 위해 누구나 이해할 수 있는 매우 단순한 방법으로 투자하는 방식을 설계해 보았습니다. 그러므로 해당 아이디어를 통해서 투자에 활용할 경우 치명적인 손실을 볼 수 있습니다. 모든 투자는 투자자에게 책임이 있다는 것을 잊지 마시고 이 장을 읽어주시길 부탁드립니다.

여러분들께서는 어떤 투자 아이디어를 자동화시키고 싶으신가요? 시중에 나와 있는 유료 프로그램들을 보면 정말 다양한 방식의 자동화를 안내하고 있습니다. 하지만 어떤 프로그램이 수익성이 좋다고 명확하게 이야기하는 것은 매우 위험합니다. 그래서 투자를 올바르게 하기 위해서는 많은 전문가가 투자의 철학이 있어야 한다는 것입니다. 여러분들이 가진 투자 철학을 자동화하기 위해서 저와 같이 이번 장에서는 정말 기본적인 자동 투자를 만들어 보겠습니다.

암호화폐를 구매할 수 있는 여러 사이트가 있지만, 우리가 다루고 있는 업비트의 가상화폐는 매우 다양합니다. 최근 일시에 25종의 코인이 상장 폐지되기는 했지만 정말 많은 코인이 있다는 것은 변화하지 않는 사실입니다.

필자는 이번 장에서 매우 단순한 논리를 하나 정해보도록 하겠습니다.

- **1단계**: 1분 봉으로 200분 안에 제일 하락을 많이 한 코인을 찾기
- **2단계**: 잔고의 10%로 찾아낸 코인에 투자한다.
- **3단계**: 구매한 코인이 2% 오르면 전량매도한다.
- **4단계**: 이 프로그램을 3분마다 반복한다.

생각보다 간단하지만, 이걸 사람이 한다면 종일 휴대폰을 잡고 살아야 할 것 같습니다. 그 시간으로부터 독립을 위한 첫걸음을 시작해보겠습니다.

투자 아이디어 프로그램 제작   Unit. 05

■ **1단계: 1분 봉으로 200분 안에 제일 하락을 많이 한 코인을 찾기**

일단 우리의 목표는 전체 원화 거래가 가능한 모든 코인을 하나씩 조사해야 합니다. 그러므로 그 전에 1개의 코인을 조사하는 방법부터 알아보겠습니다.

가장 먼저, 원화 거래가 가능한 코인을 모두 가져오고 – coins("KRW"), 그중에 첫 번째 요소를 1개의 코인으로 정합니다.

```
In [10]: test_coin = coins("KRW")[0]
         print(test_coin)

KRW-BTC
```

그리고 정한 코인을 기반으로 최근 200분간의 시세 캔들을 가져옵니다. 그리고 1minutes라는 의미로 coin_1_m이라는 변수에 해당 데이터를 저장해줍니다.

```
In [11]: coin_1_m = coin_history(test_coin,'minutes',1)
         coin_1_m
```

	market	candle_date_time_utc	candle_date_time_kst	opening_price	high_price	low_price	trade_price	timestamp	candle_acc_trade_price	candle
0	KRW-BTC	2021-06-22T18:30:00	2021-06-23T03:30:00	37866000.0	37866000.0	37817000.0	37849000.0	1624386632371	1.444510e+08	
1	KRW-BTC	2021-06-22T18:29:00	2021-06-23T03:29:00	37925000.0	37928000.0	37850000.0	37855000.0	1624386597923	1.874832e+08	
2	KRW-BTC	2021-06-22T18:28:00	2021-06-23T03:28:00	37898000.0	37940000.0	37872000.0	37933000.0	1624386537759	2.684361e+08	
3	KRW-BTC	2021-06-22T18:27:00	2021-06-23T03:27:00	37898000.0	37900000.0	37784000.0	37899000.0	1624386478563	1.624774e+08	
4	KRW-BTC	2021-06-22T18:26:00	2021-06-23T03:26:00	37850000.0	37900000.0	37850000.0	37867000.0	1624386418749	1.825306e+08	

그럼, 정말 다양한 항목들이 나오는 것을 알 수 있습니다. 여기서 우리는 모든 것을 볼 필요가 없습니다. 딱 2가지만 비교해보면 됩니다.

high_price 컬럼의 최고금액 vs 현재의 가격

이 2가지를 비교해보면, 3시간 20분(200분) 동안 최고가 대비 얼마나 떨어졌는지를 비율로 알 수 있고, 그 방식을 모든 코인에 적용하면 가장 많이 떨어진 코인을 찾을 수 있습니다.

그럼 하나씩 찾아보겠습니다. 먼저 high_price 컬럼의 최고금액을 찾아보고, 그 액수를 max_high_price 라는 변수에 담겠습니다.

```
In [17]: max_high_price = coin_1_m["high_price"].max()
         max_high_price

Out[17]: 38355000.0
```

여기서 사용한 방식은 pandas dataframe에서 활용할 수 있는 메쏘드를 이용하였습니다.

데이터 프레임[컬럼명].max( ) → 데이터 프레임의 컬럼의 값 중 가장 큰 값을 출력

두 번째는 현재의 가격을 알아보는 것입니다. 현재의 가격은 우리가 앞에서 개발했던 함수를 활용하면 쉽게 나오게 됩니다.

```
In [19]: now_price = coin_price(test_coin)
         now_price
Out[19]: 38305000.0
```

이제 이 2개의 코인을 가격 차이를 계산해서 최고가 대비 현재 가격이 얼마나 내려갔는지를 알아보고, 해당 수치를 decrease_percent 라는 변수에 담아두도록 하겠습니다.

```
In [20]: decrease_percent = round(((1-(now_price/max_high_price))*100),3)
         decrease_percent
Out[20]: 0.13
```

먼저 하락률을 계산하기 위해서는 아래와 같은 계산방식을 활용해야 합니다.

$$하락률 = \frac{최고가격 - 현재가격}{최고가격} * 100$$

해당 코드가 바로 (1-(now_price/max_high_price))*100을 의미합니다.
그런데, 위의 코드에서 새롭게 보이는 명령어가 있습니다. 바로 round 명령어인데요, round 명령어는 반올림을 해주는 기능이 있습니다. 잠깐 알아보고 가겠습니다.

```
In [33]: #ex1) 105.1123을 소수점 2번째 자리까지만 보여준다.(3번째 자리에서 반올림)
         round(105.1123, 2)
Out[33]: 105.11

In [34]: #ex2) 105.1123을 소수점 -1번째 자리까지만 보여준다.(일의 자리에서 반올림)
         round(105.1123, -1)
Out[34]: 110.0
```

이렇게 활용하는 방법이 있습니다. 파이썬에서 연산 되는 기본 계산은 소수점이 매우 길게 출력이 되기 때문에 이런 반올림 기능을 알고 있으면 데이터를 깔끔하게 관리하는 데 도움이 됩니다.
이제 우리는 1개의 코인의 200분 동안의 최고가 대비 하락률을 계산할 수 있게 되었습니다. 이제, 반복문을 통해서 원화 거래가 가능한 모든 코인을 조사해보겠습니다.

```
>>> tickers=coins("KRW")
>>> decrease_top_score=0.001
>>> for a in tickers:
>>>     time.sleep(1)
>>>     coin_1_m=coin_history(a,'minutes',1)
>>>     max_high_price=coin_1_m["high_price"].max()
>>>     now_price    = coin_price (a)
>>>     decrease_percent=round(((1-(now_price/max_high_price ))*100),3)
>>>     if decrease_percent>decrease_top_score :
>>>         decrease_top_score=decrease_percent
>>>         decrease_top_score_ticker=[a,max_high_price,now_price,
(-1 )*decrease_percent]
>>> print (decrease_top_score_ticker)
['KRW-IOST', 20.8, 19.7, -5.288]
```

1번째 행은, 모든 원화 거래가 가능한 코인의 종류를 tickers 라는 변수에 저장해줍니다.

3번째 행은, 반복문을 통해서 tickers에 저장된 모든 코인을 하나씩 a에 대입해가면서 아래의 코드를 실행합니다.

4~8번째 행은 위에서 하나씩 본 것을 그대로 복사해왔습니다.

9~11번째 행은 차분히 잘 읽어주시길 바랍니다.

해당 코드는 if문을 통해서 하락률이 가장 높은 코인을 분별해내는 역할을 합니다. 4~8번째 행의 코인 조사를 통해서 찾아낸 하락률(decrease_percent)과 이전에 2번째 행에서 만들어 두었던 decrease_top_score 라는 변수를 비교합니다.

그리고 둘 중 코인 조사를 통해서 찾아낸 하락률(decrease_percent)이 더 높을 때, decrease_top_score는 decrease_percent로 치환되고, decrease_top_score_ticker라는 리스트 변수에 [코인 이름, 최고가, 현재가, -하락률]을 저장하게 됩니다.

그렇게 3~11번째 행의 코드가 원화 거래가 가능한 코인의 개수만큼 반복된 다음, 최종적으로 선택받은 코인을 12번째 행에서 출력하게 됩니다. 이번 조사에서는 IOST라는 코인이 3시간 20분 동안 최고가 20.8원을 찍었고, 현재가는 19.7원이기 때문에 5.288%만큼 하락했다는 것을 알 수 있습니다.

이렇게 우리는 3시간 20분(200분) 동안 최고가 대비 가장 많이 떨어진 코인을 찾아냈습니다.

■ **2단계:** 잔고의 10%로 찾아낸 코인에 투자한다.

이번 단계에서는 잔고를 확인하고 거기에 원화를 얼마나 보유하고 있는지를 확인하는 것이 2단계의 중요한 원리입니다. 그러므로, 우리가 불러오는 balance( )를 통해 출력되는 데이터가 어떻게 구성되어 있는지 확인해보겠습니다.

가장 먼저 login( )을 통해서 로그인해줍니다.

```
In [48]: login()
```

그런 다음 balance( )의 데이터를 자세히 조사해보겠습니다.

```
In [47]: print(type(balance()))
         print(len(balance()))
         for a in balance():
             print(a)
             print("!!!!!!!!!!!!!!!!")
<class 'list'>
4
{'currency': 'KRW', 'balance': ■■■■, 'locked': '0.0', 'avg_buy_price': '0', 'avg_buy_price_modified': True, 'unit_currency': 'KRW'}
!!!!!!!!!!!!!!!!
{'currency': 'BTC', 'balance': ■■■, 'locked': '0.0', 'avg_buy_price': ■■■, 'avg_buy_price_modified': False, 'unit_currency': 'KRW'}
!!!!!!!!!!!!!!!!
{'currency': 'ETH', 'balance': ■■■, 'locked': '0.0', 'avg_buy_price': ■■■, 'avg_buy_price_modified': False, 'unit_currency': 'KRW'}
!!!!!!!!!!!!!!!!
{'currency': 'USDT', 'balance': ■■■, 'locked': '0.0', 'avg_buy_price': ■■■, 'avg_buy_price_modified': True, 'unit_currency': 'KRW'}
!!!!!!!!!!!!!!!!
```

지금 필자의 계좌에는 KRW, BTC, ETH, USDT 이렇게 4개의 자산이 들어가 있습니다.
balance( )는 list 형태로 출력되는 것을 확인할 수 있고,
이 list의 요소는 4개로 구성되어 있습니다.
이제 이 list의 요소를 하나씩 a에 대입해서 a를 출력해 보면, 4가지의 자산 및 코인들의 잔고가 나오는 것을 확인할 수 있습니다. balance 이외의 다른 key 값을 알고 싶다면 업비트 개발자센터를 참고하시길 바랍니다.

중요한 것은, 우리는 여기서 'KRW'의 'balance'만 추출하면 됩니다. 지금 상황에서는 'KRW'가 리스트의 제일 첫 요소이지만, 항상 그렇다고 가정할 수는 없습니다. 그래서 if문을 통해서 'currency' key 값에 대응되는 'KRW' value 값을 찾은 다음 그 요소에 포함된 'balance' key 값의 value 값을 가져올 계획입니다.

```
>>> login()
>>> for a in balance():
>>>     if a['currency']=='KRW':
>>>         print(a['balance'])
>>>         buy_amount=float(a['balance'])*0.10
>>>         print(round(buy_amount,-2))
>>>         buy_amount=round(buy_amount,-2)
```

1행 가장 먼저 login( )을 통해서 로그인해줍니다.
2행 반복문을 통해 balance( ) 리스트에 속해 있는 요소들을 하나씩 a에 대입합니다.
3행~7행 a에 대입된 요소는 딕셔너리 자료 구조입니다. 그중에서 a의 key 값인 'current'에 대입

되는 value 값이 'KRW'인 요소를 찾습니다. 만약 'KRW' 요소를 찾게 된다면, 해당 요소의 key 값인 'balance'에 대응되어 있는 value 값인 원화 잔고의 0.1을 곱해서 buy_amount라는 변수에 저장해줍니다. 소수점이 발생할 가능성이 있으므로 float(실수) 형태로 변환해 주는 것을 잊지 않습니다. 이제 round 명령어를 사용해서, 십의 자리에서 반올림해줍니다.

이제 buy_amount 라는 변수에 우리가 구매할 총액이 정해졌습니다.

바로 구매를 진행하겠습니다.

```
>>> buy_market (decrease_top_score_ticker[0],buy_amount)
```

decrease_top_score_ticker[0]는 1단계에서 조사한 하락률이 가장 높은 코인의 마켓ID(코인 이름)입니다.
buy_amount 는 우리가 가지고 있는 잔고의 10%에 해당하는 금액입니다.
그럼 시장가로 buy_amount 만큼 구매를 진행하겠습니다. 일단 구매가 완료된 코인은 balance()를 통해서 확인할 수 있습니다. 구매된 것을 확인했다면, 다음 단계로 넘어가겠습니다.

■ **3단계:** 구매한 코인이 2% 오르면 전량매도한다.

2단계와 마찬가지로 해당 코인의 현재 가격에 2%를 더해서 sell_limit 함수를 활용해서 매도가 가능합니다. 하지만, 그렇게 개발하다 보면 오류가 자꾸 발생합니다. 그 이유는 아래와 같습니다.

UPBIT 코인가격 기준

코인 1개당 가격 단위			구매가능금액 단위
- 원 이상	~	10 원 미만	소수점 둘째자리
10 원 이상	~	100 원 미만	소수점 첫째자리
100 원 이상	~	1,000 원 미만	1원단위
1,000 원 이상	~	10,000 원 미만	5원단위
10,000 원 이상	~	100,000 원 미만	10원단위
100,000 원 이상	~	500,000 원 미만	50원단위
500,000 원 이상	~	1,000,000 원 미만	100원단위
1,000,000 원 이상	~	2,000,000 원 미만	500원단위
2,000,000 원 이상	~		1000원단위

우리가 구매 가능한 코인을 구매하게 되면 최소단위라는 것이 나옵니다. 그 최소단위는 위의 표와 같은 기준으로 단위가 나눠지게 됩니다. 이것을 확인하고 싶다면 아래와 같이 거래소에서 검사해보면 알 수 있습니다.

위의 표를 코드로 정리한 부분이 아래입니다.

아래의 내용은 if/elif 문으로 반복적인 코드이기 때문에 깊게 설명하지 않겠습니다.

이렇게 암호화폐의 단가를 설정해주는 코드를 'price_trim'이라는 함수로 만들어주겠습니다.

```
#판매가격을 설정한다. 업비트 기준으로 구매 가능한 단위로 바꿔준다.
# ex- 35432원에 구매를 하고싶더라도, 해당 가격으로는 구매하지 못한다. 35430원 VS35440원 둘중에 하나를 골라야 한다.
>>> def price_trim (price_trim ):
>>>     if price_trim <10 : #~10원 미만[소수점 둘째자리]
>>>         price_trim = round (price_trim ,2 )
>>>     elif price_trim <100 : #10~100원 미만 - [소수점첫째자리]
>>>         price_trim = round (price_trim ,1 )
>>>     elif price_trim <1000 : #100~1,000원 미만 - [1원단위]
>>>         price_trim = round (price_trim )
```

```
>>>     elif price_trim <10000 : #1,000~10,000원 미만[5원단위]
>>>         price_trim = round (price_trim *2 ,-1 )/2
>>>     elif price_trim <100000 : #10,000~100,000원 미만[10원단위]
>>>         price_trim = round (price_trim ,-1 )
>>>     elif price_trim <500000 :#100,000~500,000원 미만 [50원단위]
>>>         price_trim = round (price_trim *2 ,-2 )/2
>>>     elif price_trim <1000000: #500,000~1,000,000원 미만[100원단위]
>>>         price_trim = round (price_trim ,-2 )
>>>     elif price_trim <2000000 :#1,000,000~2,000,000 [500원단위]
>>>         price_trim = round (price_trim *2 ,-3 )/2
>>>     else : #2,000,000 이상 [1000원단위]
>>>         price_trim = round (price_trim ,-3 )
>>>     return  price_trim
```

그럼 구매한 코인이 2% 상승했을 때 판매 코드를 만들어 보겠습니다.

```
#구매한 코인이 2% 상승했을 때 판매
#판매해야하는 가격
>>> sell_price=price_trim(coin_price(decrease_top_score_ticker[0])*1.02)
#가지고있는 코인갯수
>>> for a in balance():
>>>     if a['currency']==decrease_top_score_ticker[0].replace("KRW-",""):
>>>         sell_balance=a['balance']
#지정가에 판매
>>> sell_limit(decrease_top_score_ticker[0],sell_balance,sell_price)
```

1행 판매하고 싶은 단가를 설정합니다. decrease_top_score_ticker[0]는 가장 하락률이 낮은 코인인데, 이 코인의 현재 가격의 2% 상승한 금액을 판매단가로 정합니다. 단가를 정할 때는 항상 price_trim 함수를 활용해서 마지막 단위를 조정해줍니다.

2행~4행 앞에서 'KRW'의 잔고를 확인할 때 썼던 방식과 마찬가지로, 이번에는 해당 코인의 잔고를 확인하기 위한 코드입니다. 약간의 변형이 있지만 .replace 메쏘드만 이해할 수 있다면 이 코드는 위에서 KRW의 잔고를 확인했던 코드와 크게 다를 것이 없습니다.

[.replace 메쏘드 사용법]

문자열.replace("기존문자열", "대체되는 문자열")

```
In [54]: 'behyunco'.replace('be','b')
Out[54]: 'bhyunco'
```

5행

하락률이 가장 높은 코인을 -decrease_top_score_ticker[0]

현재 가지고 있는 잔고만큼 - sell_balance

현재 가격보다 2% 높은 가격으로 - sell_price

지정가 매도를 진행합니다. (해당 가격에 도달하면 자연스럽게 팔리게 될 것입니다.)

이렇게 한 번의 루틴을 만들어냈습니다. 이제 이 루틴을 반복하기 위한 코드를 만들어 보겠습니다.

■ 4단계: 이 프로그램을 3분마다 반복한다.

이제 모든 과정을 하나의 코드로 만들고, 만드는 과정 중에 time.sleep도 적절히 줘서 오류가 나지 않게 만들어 보겠습니다. 기존의 코드를 모두 이용할 것이기 때문에, 거의 이해가 되겠으나 전체 코드를 보면 제가 자세히 알려드리지 않았던 코드가 하나 있습니다.

바로 try-except 예외처리 구문입니다. 아래에서 try-except 예외처리에 대해서 간단히 알아보겠습니다.

여기서 잠깐 : try-except 예외처리 구문

그림을 보면, 위의 코드와 밑의 코드의 차이점을 확인할 수 있습니다.
위의 코드는 1을 0으로 나누는 과정에서 오류가 발생합니다.
아래의 코드는 1을 0으로 나누는 과정에서 오류가 발생하지 않고 '오류발생'이라는 문자열이 출력되는 것을 알 수 있습니다. 정리해보면 try: 아래의 코드가 실행되다가, 오류가 발생하게 되면 except: 아래의 코드가 실행된다는 것을 알 수 있습니다.

```
In [3]: print(1)
        print("!")
        print(1/0)

1
!
---------------------------------------------------------------------------
ZeroDivisionError                         Traceback (most recent call last)
<ipython-input-3-2247061841d5> in <module>
      1 print(1)
      2 print("!")
----> 3 print(1/0)

ZeroDivisionError: division by zero
```

```
In [2]: try:
            print(1)
            print("!")
            print(1/0)
        except:
            print('오류발생')

1
!
오류발생
```

이제 전체 코드를 한번 해석해보겠습니다.

```python
while True :
    try :
        tickers=coins("KRW")
        decrease_top_score=0.001
        for ticker in tickers:
            coin_1_m=coin_history(ticker,'minutes',1)
            max_high_price=coin_1_m["high_price"].max()
            now_price=coin_price(ticker)
            decrease_percent=round(((1-(now_price/max_high_price ))*100),3)
            if decrease_percent>decrease_top_score:
                decrease_top_score=decrease_percent
                decrease_top_score_ticker=[ticker,max_high_price,now_price,(-1)*decrease_percent]
        print(decrease_top_score_ticker)
        for a in balance():
            if a['currency']=='KRW':
                print(a['balance'])
                buy_amount=float(a['balance'])*0.10
                print(round(buy_amount,-2))
                buy_amount=round(buy_amount,-2)
        buy_market(decrease_top_score_ticker[0],buy_amount)
        time.sleep (3)
        sell_price=price_trim(coin_price(decrease_top_score_ticker[0])*1.02)
        for a in balance():
            if a['currency']==decrease_top_score_ticker[0].replace("KRW-", ""):
                sell_balance=a['balance']
        sell_limit(decrease_top_score_ticker[0],sell_balance,sell_price)
        time.sleep(180)
    except :
        time.sleep(180)
```

while True: 는 무한반복문입니다. while True: 안에서 코드는 강제적으로 멈춰주지 않으면 계속해서 코드가 실행됩니다. try: 아래 코드에서 모든 기본 코드가 진행되고 정상적으로 코인 찾기 〉 코인구매 〉 코인판매 예약까지 정상적으로 진행될 경우, 180초 동안 time.sleep을 진행하고 나서 다음 루프가 진행됩니다. 만약 여기서 오류가 발생할 경우, except: 밑으로 넘어와서 180초 동안 잠시 쉬는 타임을 가진 다음 처음부터 루프가 진행됩니다.

지금까지 배웠던 코드를 단순 나열한 것밖에 없는데 매우 멋진 형태의 긴 코드가 된 것을 알 수 있습니다. 이처럼, 코드 전체를 보면 눈이 돌아가고 이해가 안 되었지만, 하나하나 분리해가며 실행을 하다 보면 이 부분이 충분히 이해할 수 있습니다.

이제 이 정도 하셨으면 기본적인 자동화는 대부분 해낼 수 있게 되셨습니다. 집에 스페어 노트북이 있다면 본인이 개발한 프로그램을 무한으로 구동시켜놓고 여러분이 원하시는 일을 해나가시면 됩니다. 하지만 돌리는 프로그램이 여러 개가 된다면? 이렇게 스페어 노트북으로 처리하기가 쉽지 않을 것 같습니다. 다음 장에서는 완전한 자동화의 마지막 단계 바로, 서버연동에 대해서 알아보도록 하겠습니다.

서버에 자동연동(24시간 진행 가능) Unit. 06

이제 마지막 단계입니다. 지금까지 개발한 모든 내용을 이제 온전히 온라인 클라우드 서버에서 구동시키는 단계입니다. 지금까지 개발한 모든 프로그램은 사실 내가 가진 컴퓨터에서 활용하는 방식을 안내해드렸습니다. 하지만 진정한 의미의 자동화란 내가 어디에 있든 어떤 상황에 있든 항상 구동되는 것입니다. 그래서 이번 장에서는 AWS 클라우드 서버를 통한 코드 자동 진행을 구축해보도록 하겠습니다.

그런데, 클라우드 컴퓨팅이라는 것이 처음 접하게 되면 어떤 원리인지 알기는 어렵습니다. 그리고 그 내용을 알려면 하나하나 다 공부를 해야하는데 이건 파이썬의 시작보다도 더 어려운 느낌이 있습니다. 비현코는 항상 넓고 얕은 게릴라식 지식이 중요합니다. 매우 단순하게 아래와 같이 도식화해보겠습니다.

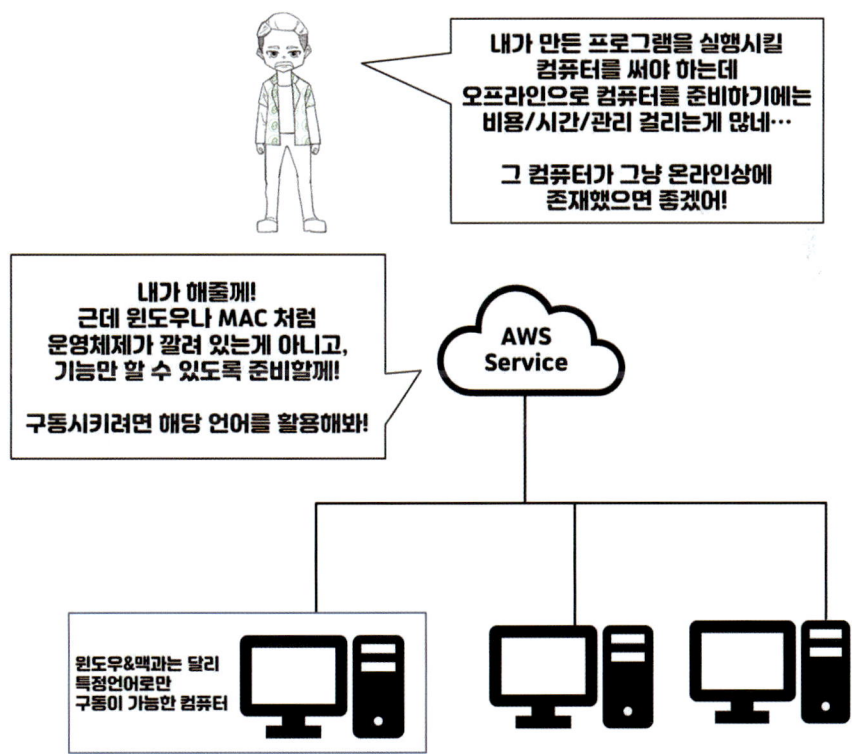

기술적인 설명을 제외한다면, 위와 같은 이유로 개발된 서비스가 바로 클라우드 컴퓨팅 서비스인데, 해당 기술을 활용하고 사용하기 위해서는 준비단계가 조금 필요합니다. 그럼 지금부터 같이 준비해보겠습니다. 이번 장에서는 기술에 대한 설명보다는 코드의 구동 목적성을 두고 설명했기 때문에 이해보다는 해당 과정을 따라와 주시길 바랍니다.

■ **1단계:** AWS 가입

구글에서 AWS를 검색하고 접속합니다.

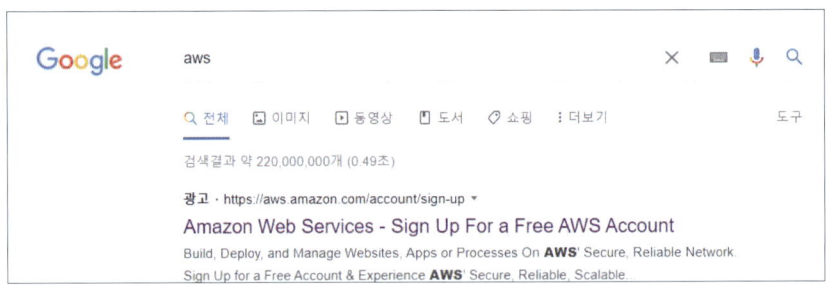

접속 후 '콘솔에 로그인'을 클릭합니다.

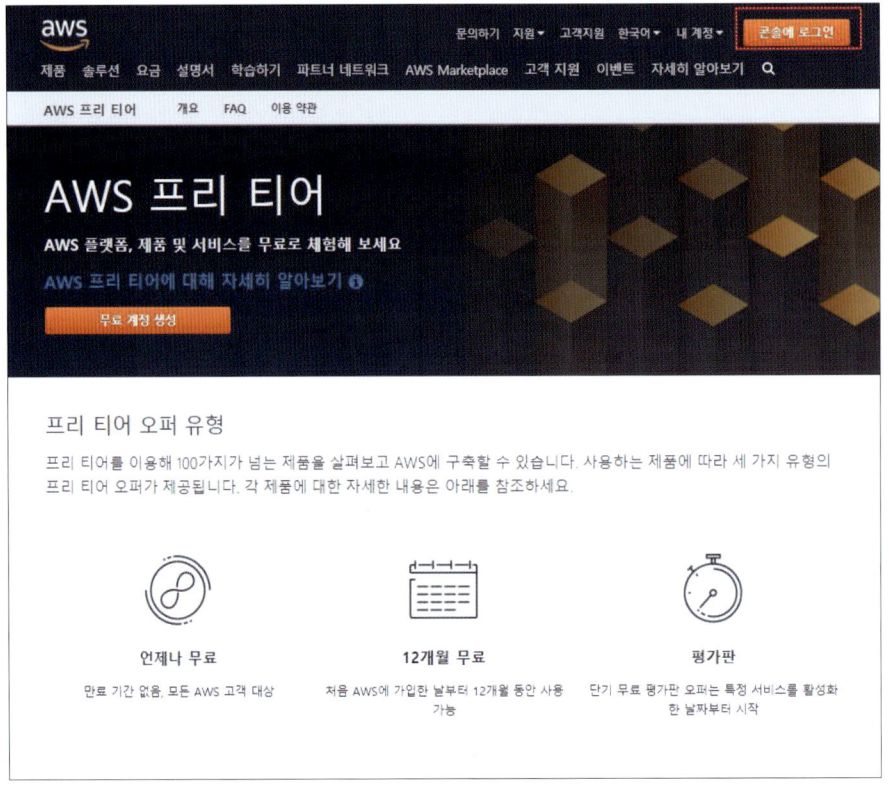

그럼 아래와 같은 화면이 나오는데, 아래를 클릭하여 계정을 생성합니다.

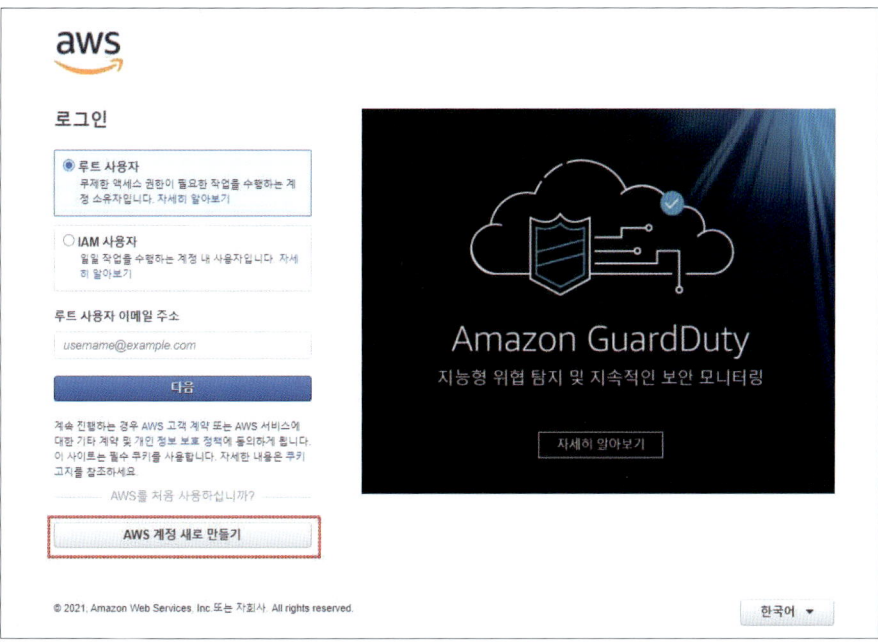

로그인은 루트 사용자로 선택하고 진행합니다.

로그인 완료 후 아래와 같이 EC2를 클릭하여 들어가 줍니다.

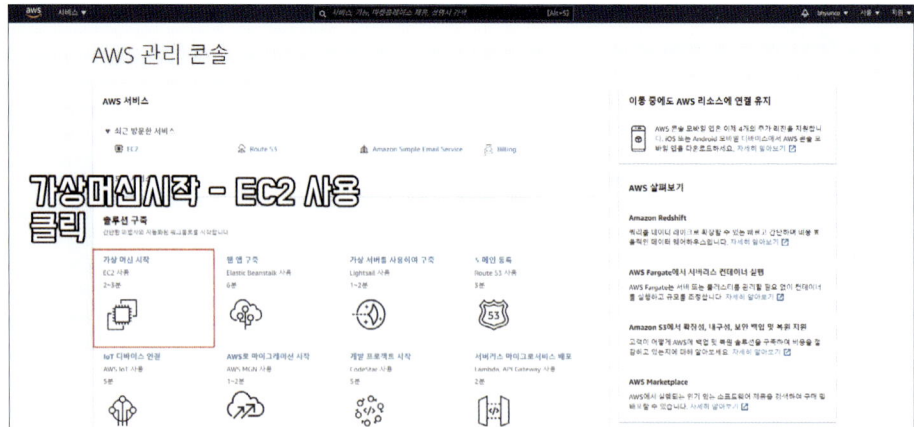

이제 들어오면 인스턴스라는 탭이 있습니다. 클릭하고 들어간 다음 인스턴스 시작 탭을 눌러서 Ubuntu server를 선택해서 생성해주세요.

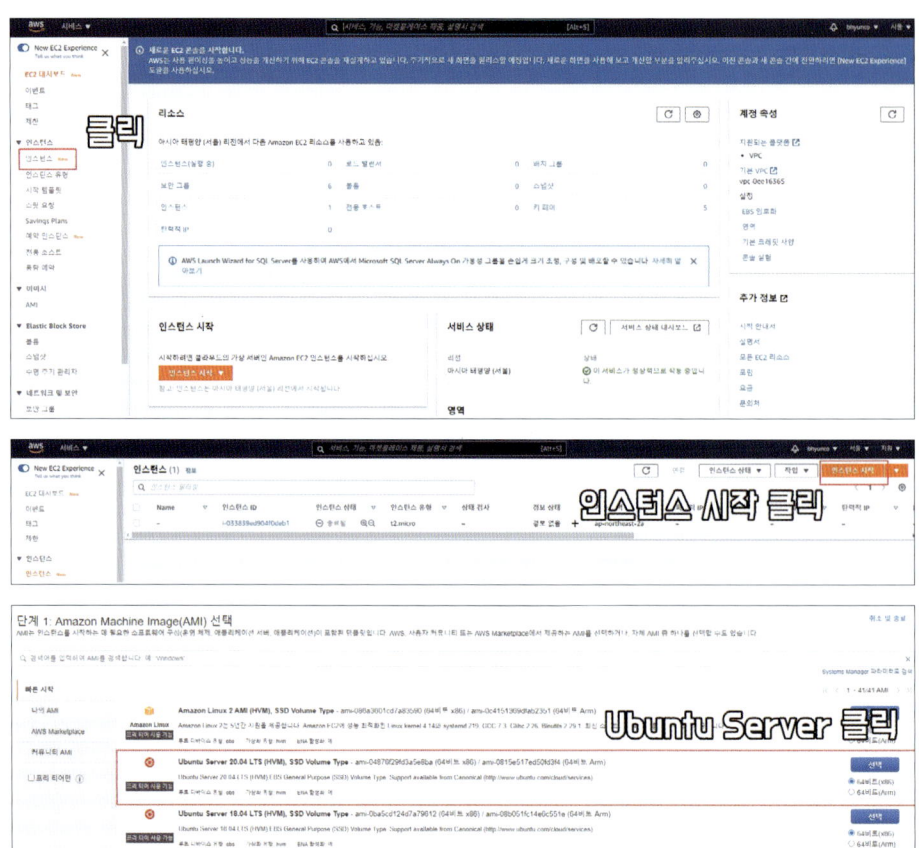

그리고 유형을 t2.nano 나 t2.micro를 선택해 주세요. 일정 기간 무료로 활용할 수 있습니다만, 정책이 변경될 수 있으므로 매월 약간 금액이 들어갈 수 있다고 생각하면 됩니다. (현재는 프리티어를 통한 무료 사용이 12개월 동안 가능합니다.)

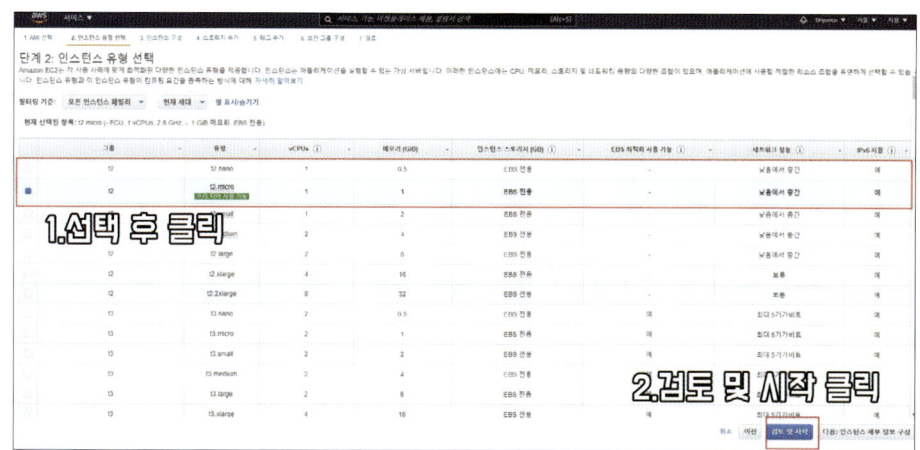

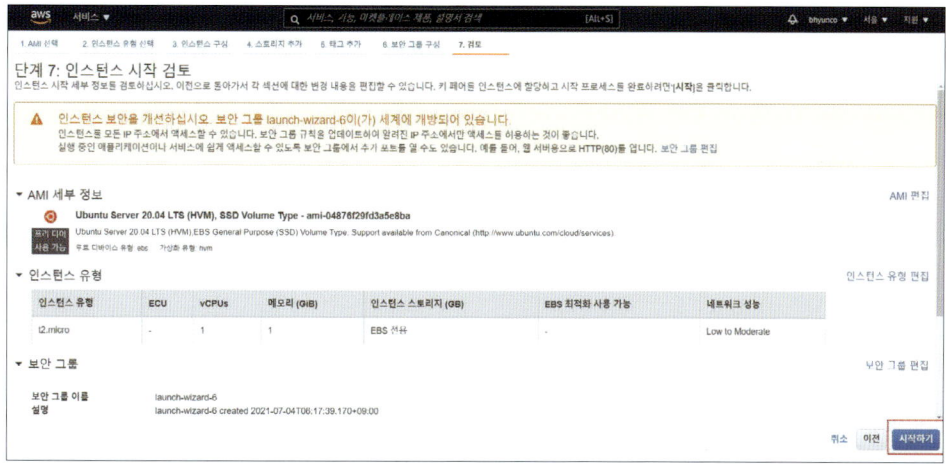

그럼, 키페어를 저장하라는 메시지가 나옵니다. 아래의 그림처럼 세팅하고 다음으로 넘어갑니다. (키페어 이름은 원하는 대로 적어도 문제없습니다.)

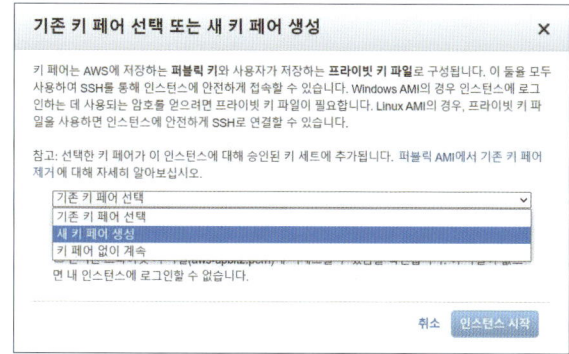
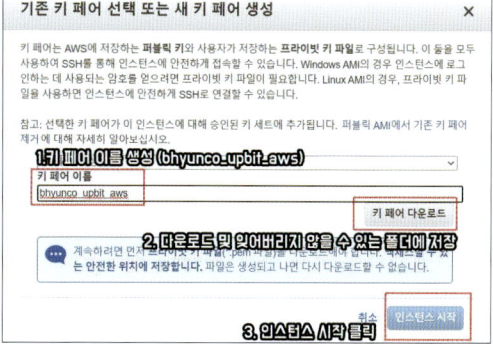

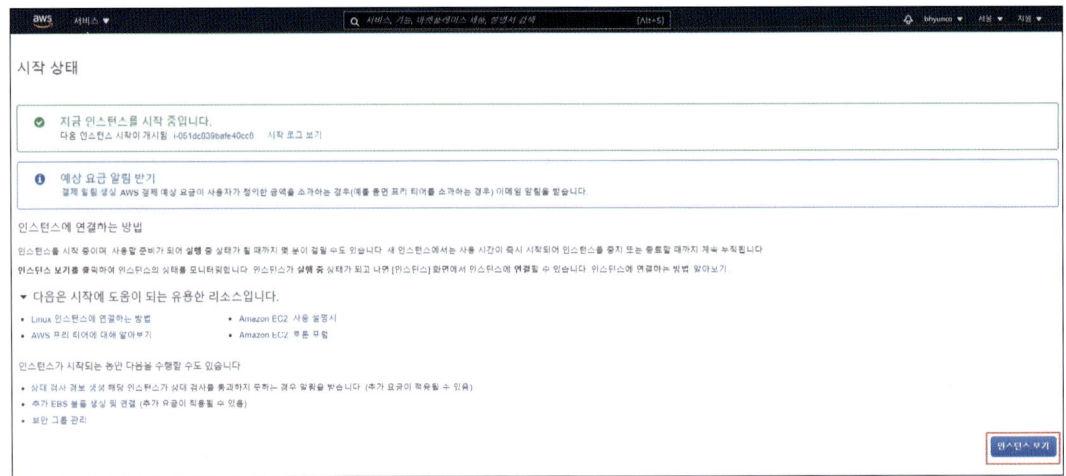

이렇게 설정하면, 인스턴스 보기 버튼을 눌러서 현재 우리가 구동시키고 있는 인스턴스를 볼 수 있습니다. 여기서 발생하는 IP가 바로 아래의 그림에 나오는 주소가 됩니다.

앞서 설명해 드렸듯이, 업비트 API는 특정 IP에서만 구동될 수 있는 기능들이 많습니다. 그러므로 여기서 나온 IP를 업비트 API에 추가시켜줍니다. IP를 추가시킬 때는 ,를 통해서 추가하면 좋습니다. 업비트 접속 〉 마이페이지 〉 Open API 관리까지 들어갑니다.

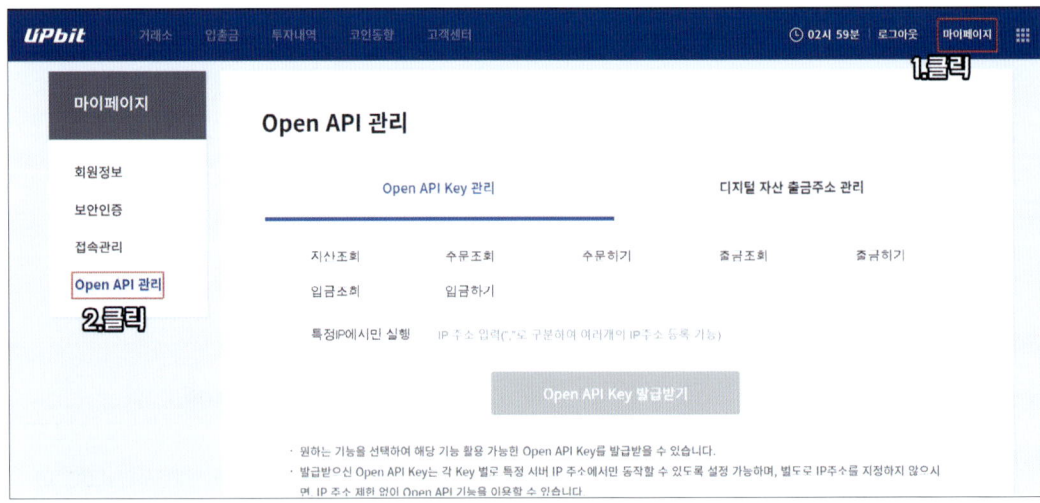

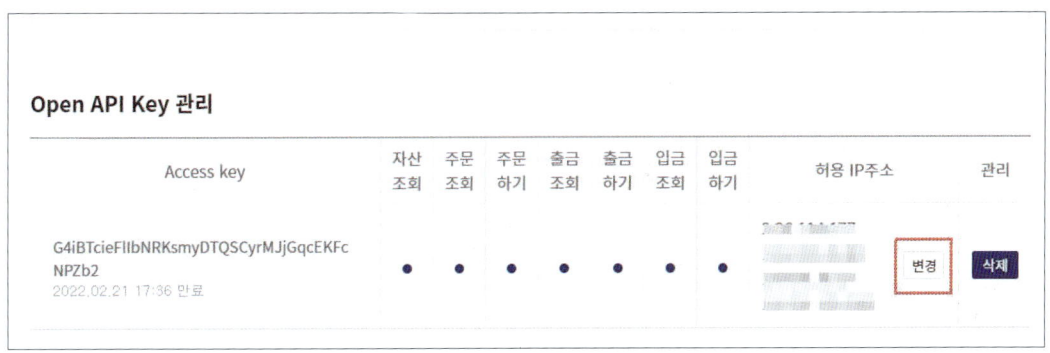

허용 IP주소를 클릭한 후 우리가 아까 새로 만든 AWS의 IP주소를 추가합니다. 여러 개의 주소를 한꺼번에 넣을 수 있다는 점 잘 기억하시길 바랍니다. 훗날 복잡해질 여러 투자 프로그램을 활용할 때 매우 유용합니다.

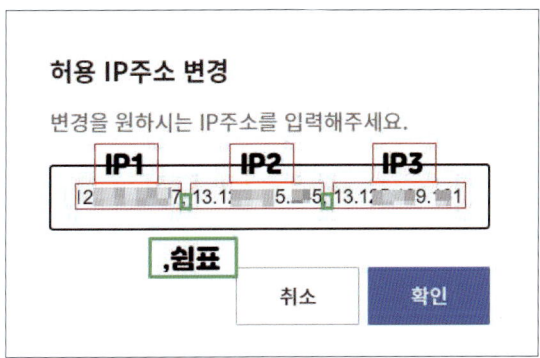

그럼 새로운 인터넷상의 컴퓨터는 준비가 되었습니다. 이제, 우리가 만들었던 코드를 가져와 보겠습니다. 코드를 가져오는 방식은 github이라는 사이트에 우리가 만든 코드를 업로드 시켜놓고 가져오는 방식을 취할 것입니다. 해당 방식에 대해서는 다음 단계에 알아보도록 하겠습니다.

■ **2단계:** Github 가입

github서비스는 많은 개발자가 활용하고 있습니다. 이 서비스는 코드의 생성/조회/수정/삭제 등을 관리가 매우 쉽게 만들어져 있고 매우 다양한 기능들이 있습니다. 우리는 단순히 아이디를 만들고, 해당 사이트에 직접 우리의 코드를 업로드 하도록 하겠습니다.

일단 먼저 https://github.com/ 에 가입하고 로그인을 진행합니다.

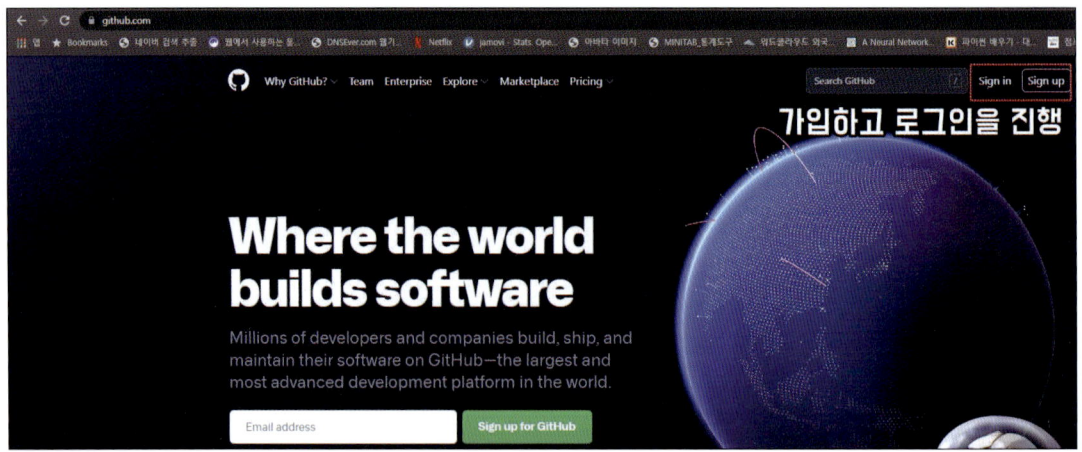

로그인 완료 후 우리가 만들고 싶은 여러 코드를 이곳에 업로드 할 수 있습니다. 해당 방식에 관해서는 이 책에서 깊게 다루지는 않겠습니다. 이후 여러분께서 만든 코드를 활용할 때 이 서비스를 이용할 수 있다는 것에 초점을 맞추겠습니다.

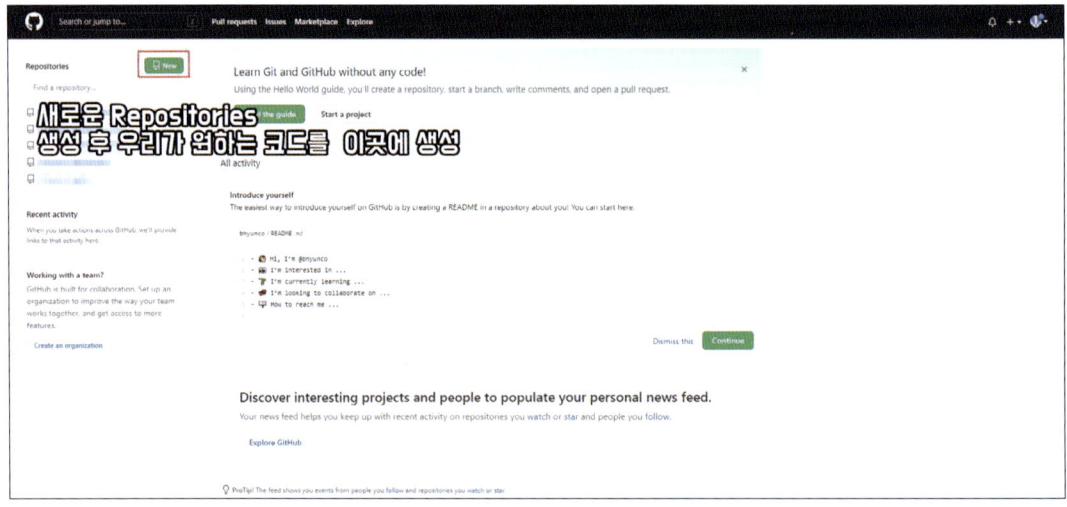

위와 같이 활용해서 우리가 원하는 코드를 넣을 수 있습니다.

실습을 위해서 투자자동화를 위한 코드를 만들어서 업로드 해두었습니다. 아래의 링크를 통해서 코드가 업로드된 것을 확인해보겠습니다.

https://github.com/bhyunco/upbit_aws_test.git

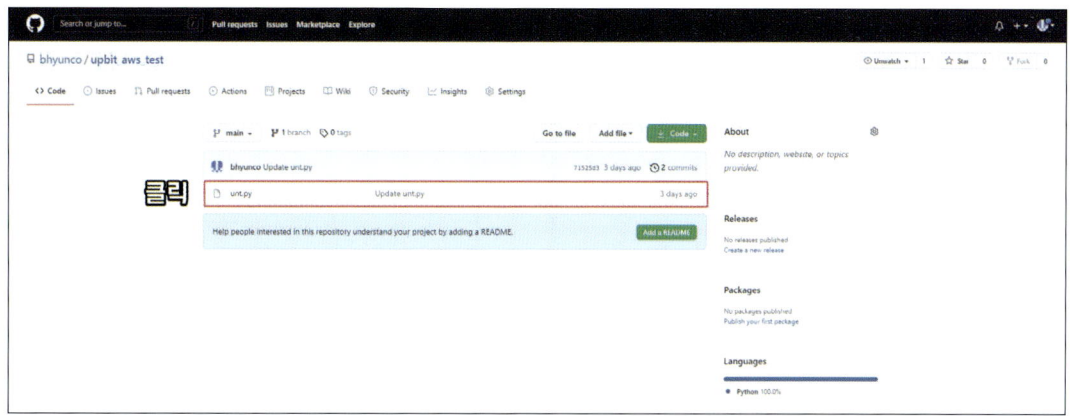

unt.py를 클릭하면 우리가 만든 코드가 들어있는 것을 알 수 있습니다. 몇 가지 코드 변경이 있는데 하나는 Access key와 Secret key를 직접 입력할 수 있도록 만든 코드입니다.

```
73    # 로그인
74
75
76    def login():
77        global access_key
78        global secret_key
79        access_key = input("access_key : ")
80        secret_key = input("secret_key : ")
```

이렇게 코드를 변경해준 이유는, 우리가 실습할 때 사용하였던 텍스트 파일을 가져오는 것보다는 직접 입력해주는 것이 편하기 때문입니다.

두 번째는 코드와 코드 사이에 시간 기간을 조금 더 여유 있게 주기 위해서 time.sleep(--)을 중간중간 넣어주었습니다. 이를 기반으로 이제 AWS를 통해 구동해보도록 하겠습니다.

■ **3단계:** AWS를 통한 구동

AWS 사이트에 다시 접속하여, 콘솔에 로그인을 진행합니다. 그리고, 미리 만들어 둔 인스턴스에 아래와 같이 접속합니다.

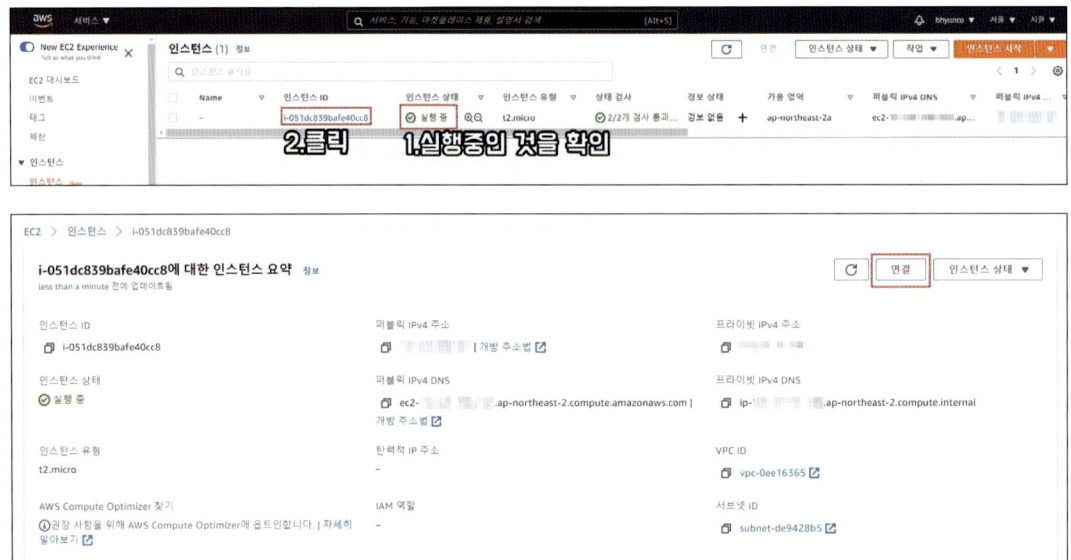

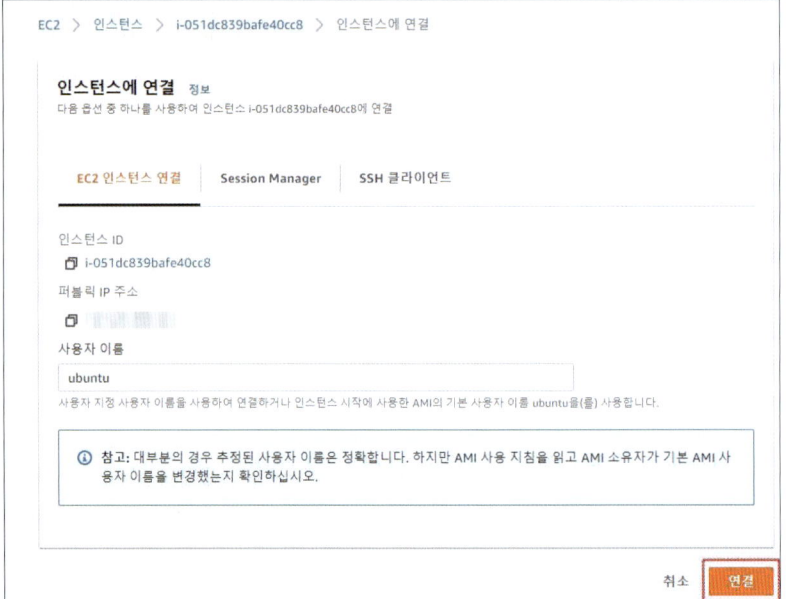

이렇게 진행하고 나면 아래와 같은 검정화면의 창이 하나 뜨게 됩니다. 이렇게 우리는 AWS를 통해서 대여한 컴퓨터에 드디어 접속하게 되었습니다.

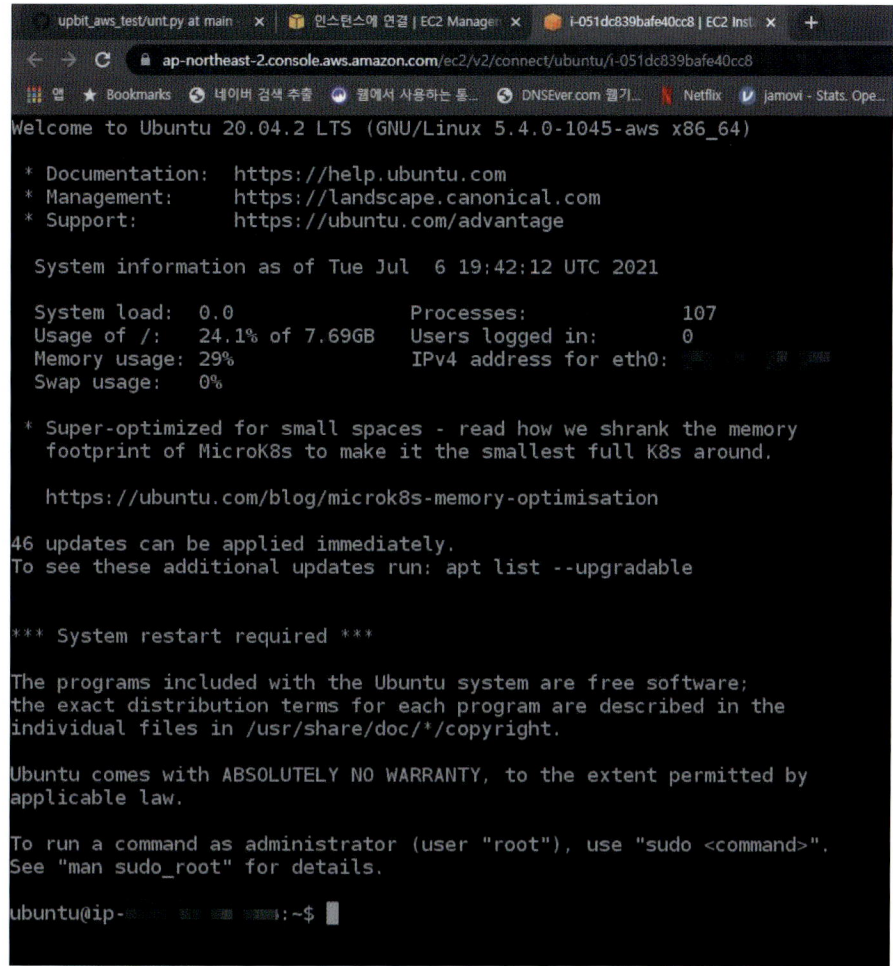

자 그럼 지금부터 저와 함께 코드를 그대로 따라 작성해보겠습니다.

- **1) github 에 있는 파이썬 코드를 불러오기**

```
ubuntu@ip-1    6:~$ git clone https://github.com/bhyunco/upbit_aws_test.git
```

해당 코드를 치고 엔터를 눌러줍니다. 이를 통해서 아까 보여드린 코드를 일단 AWS의 컴퓨터로 복사해서 가져옵니다.
그리고 ls라고 치고 엔터를 치게 되면 우리가 가져온 코드가 들어있는 폴더가 나오게 됩니다. 다음에 활용하면 됩니다.

- **2) 사전 세팅**
  - **pip3 설치**: 파이썬 라이브러리를 설치할 수 있는 명령어가 구동될 수 있도록 환경설정 진행합니다. 해당 코드가 진행될 때 Y/N 등의 설치 여부를 물어보는데 그때는 엔터를 한번 눌러주면 됩니다.

    ```
    ubuntu@ip-1      6:~$ sudo apt install python3-pip
    ```

  - **pandas 라이브러리 설치**: 해당 AWS 컴퓨터에 pandas 라이브러리를 설치

    ```
    ubuntu@ip-1      6:~$ pip install pandas
    ```

  - **PyJWT 업그레이드 진행**: upbit API 활용을 위해 PyJWT의 버전을 업그레이드해서 코드가 구동되게 진행

    ```
    ubuntu@ip-1      6:~$ pip install PyJWT --upgrade
    ```

- **3) 구동 확인**

이제 설치가 완료되었으니, 우리가 github에서 가져온 코드를 실행시켜보겠습니다.

먼저 코드가 있는 폴더로 들어가기 위해서 cd upbit_aws_test/를 작성 후 폴더에 접속하고, ls를 작성 후 엔터를 실행하여 내부에 있는 unt.py가 있는 것을 확인합니다.

이제, 아래와 같이 해당 파일을 실행하여 서버에서 우리의 코드를 구동시켜 보겠습니다.

```
ubuntu@ip-1      6:~/upbit_aws_test$ python3 unt.py
access_key :
```

그럼 위와 같이 access_key와 secret_key를 입력하라고 나오는데, 입력하면 코드가 실행됩니다.

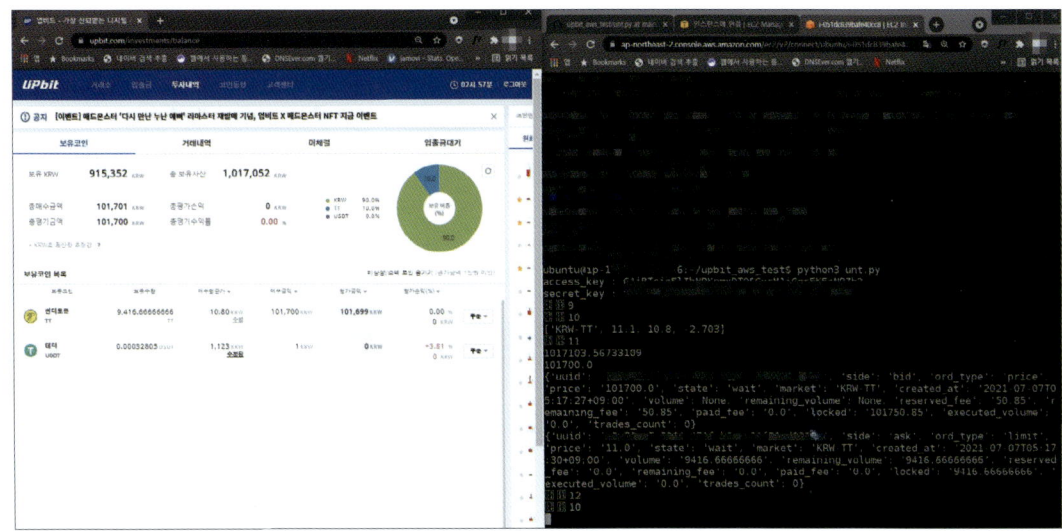

그럼 구매가 정상적으로 이루어지는 것을 알 수 있습니다.

- **4) nohup을 이용한 background 서버 구동**

자 하지만, 이 방식은 컴퓨터를 꺼버리면, 다시 서버가 구동되는 것이 아닙니다. 그러므로 컴퓨터가 꺼져도 실행될 수 있도록 작업을 진행해보겠습니다. 먼저, 구동되는 코드를 정지시키기 위해서 Ctrl + C를 누른 다음 Enter↵를 눌러줍니다.

이제 빠져나왔으니, 백그라운 실행을 위해서 우리의 코드를 nohup을 통해 실행시켜줍니다.

그런데, 우리가 만든 코드는 input 명령어를 통해서 access_key와 secret_key를 입력했기 때문에, 완전한 자동화를 위해서는 이제 이 서버에 있는 unt.py를 수정해서 그 코드 안에 두 개의 key를 입력하지 않아도 바로 실행될 수 있도록 코드 안에 넣어보도록 하겠습니다.

먼저 unt.py를 수정하기 위해서 아래와 같이 코드를 작성하고 [Enter↵]를 누릅니다.

```
ubuntu@ip-1    6:~/upbit_aws_test$ vim unt.py
```

그럼, unt.py 가 적혀있는 코드가 나오게 되는데

```python
# 종목 정보 조회를 위한 코드

# 업비트 공식 참조 https://docs.upbit.com/docs
# 원화마켓 / BTC마켓 / USDT마켓
# 1.전체종목 조회 함수 작성

from urllib.parse import urlencode
import hashlib
import uuid
import jwt
import os
import pandas as pd
import time
import requests
import json


def coins(current):
    url = "https://api.upbit.com/v1/market/all"
    querystring = {"isDetails": "true"}
    response = requests.request("GET", url, params=querystring)
    response_json = json.loads(response.text)

    KRWticker = []
    BTCticker = []
    USDTticker = []

    for a in response_json:
    #     print(a['market'])
        if "KRW-" in a['market']:
            KRWticker.append(a['market'])
        elif "BTC-" in a['market']:
            BTCticker.append(a['market'])
        elif "USDT-" in a['market']:
            USDTticker.append(a['market'])
    ticker = {
        "KRW": KRWticker,
"unt.py" [dos] 354L, 9939C                                         1,1           Top
```

여기서 'i'를 누르면 수정할 수 있는 상태로 변경됩니다.

```python
# 암호화폐 거래소 업비트 https://docs.upbit.com/docs
# 원화마켓 / BTC마켓 / USDT마켓
# 1. 전체코인 티커 가져오기

from urllib.parse import urlencode
import hashlib
import uuid
import jwt
import os
import pandas as pd
import time
import requests
import json

def coins(current):
    url = "https://api.upbit.com/v1/market/all"
    querystring = {"isDetails": "true"}
    response = requests.request("GET", url, params=querystring)
    response_json = json.loads(response.text)

    KRWticker = []
    BTCticker = []
    USDTticker = []

    for a in response_json:
    #         print(a['market'])
        if "KRW-" in a['market']:
            KRWticker.append(a['market'])
        elif "BTC-" in a['market']:
            BTCticker.append(a['market'])
        elif "USDT" in a['market']:
            USDTticker.append(a['market'])
```

i 를 누르면 Insert 모드로 변환됨
이제부터 수정이 가능

수정 모드에서는 키보드로만 제어할 수 있는데, 방향키를 아래로 하고, 쭉 내려가다 보면 아래와 같은 코드를 만나게 됩니다. input 명령어 부분을 다 지우고 그냥 단순히 문자열로 만들어주겠습니다. 우리가 가지고 있는 2개의 access_key와 secrest_key로 작성하여 수정해줍니다.

```python
def login():
    global access_key
    global secret_key
    access_key = input("access_key : ")
    secret_key = input("secret_key : ")
```

➡

```python
def login():
    global access_key
    global secret_key
    access_key = "..."
    secret_key = "..."
```

이제 수정이 완료되었으면, Esc 를 눌러준 다음 " : w q ! " 라고 입력해줍니다. 이는 우리가 수정한 코드를 강제저장한다는 것을 의미합니다.

```
def login():
    global access_key
    global secret_key
    access_key = "..."
    secret_key = "..."

# 잔고 조회 함수 만들기

def balance():
    global server_url
    server_url = 'https://api.upbit.com'
    payload = {
        'access_key': access_key,
```
:wq! **ESC 누른 이후 :wq! 를 입력후 엔터**

그럼 이제 백그라운 실행을 해보도록 하겠습니다.

```
ubuntu@ip-1        6:~/upbit_aws_test$ nohup python3 unt.py > output.log &
```

그리고 실행되고 있는지를 확인하기 위해서는 아래와 같이 적어서 확인해줍니다.

```
ubuntu@ip-1        6:~/upbit_aws_test$ ps ax | grep .py
  462 ?        Ss     0:00 /usr/bin/python3 /usr/bin/networkd-dispatcher --run-startup-triggers
  615 ?        Ssl    0:00 /usr/bin/python3 /usr/share/unattended-upgrades/unattended-upgrade-shutdown --wait-for-signal
48247 pts/2    R      0:04 python3 unt.py
48272 pts/2    S+     0:00 grep --color=auto .py
```

시간이 조금 지나고, 코드가 정상적으로 작동되는 것을 확인했다면 이제 모든 것은 완성이 되었습니다.

다음에 이 코드 실행을 정지시키고 싶다면, 아래와 같은 코드를 넣어서 정지할 수 있습니다.

```
ubuntu@ip-1        6:~/upbit_aws_test$ ps ax | grep .py
  462 ?        Ss     0:00 /usr/bin/python3 /usr/bin/networkd-dispatcher --run-star
  615 ?        Ssl    0:00 /usr/bin/python3 /usr/share/unattended-upgrades/unattend
48247 pts/2    R      0:04 python3 unt.py
48272 pts/2    S+     0:00 grep --color=auto .py
ubuntu@ip-        :~/upbit_aws_test$ kill -9 48247
```

코드를 따라오시다가 어려운 부분이 있으시면 github에 이 코드를 하나씩 넣어두도록 하겠습니다. 고생 많으셨습니다. 이렇게 우리는 인터넷에 우리가 만든 코드를 업로드를 완료하였습니다. 이제 컴퓨터 끄더라도 우리의 분신이 코드가 우리 대신 계속 일하게 되었습니다.
여러분께서 직접 만든 새로운 코드를 활용해서 만들어 보시길 추천해 드립니다. 길고 긴 암호화폐 투자 실습을 이렇게 마치도록 하겠습니다. 수고 많으셨습니다.

Outro

변화의 시대, 우리가 기억해야 할 것

첫 시작부터 끝까지 오시느라 고생 많으셨습니다.

요즘 세상이 너무 빠르게 변합니다. 그리고 그 속도를 따라가는 것이 가끔 버거울 때가 있습니다. 여러분도 혹시 그러신가요? 그리고 노력해서 그 속도를 따라가게 되더라도, 우리가 중요하게 생각하는 가치 있고 의미 있는 일을 놓치고 살 때도 잦은 것 같습니다.

필자가 마지막으로 독자분들께 당부드리고 싶은 이야기는 이제부터는 여러분들만의 이야기를 써 내려가셔야 한다는 것입니다. 누구나 그들만이 가지고 있는 경험과 노하우가 있습니다. 아마 여러분도 마찬가지일 것입니다. 그 삶을 살아보지 않은 사람은 절대로 알 수 없는, 당신만이 가지고 있는 세상에서 유일한 당신만의 무기. 이제 여러분들께서는 여러분들만이 가지고 있는 그 무기를 이 책에서 배운 파이썬 코딩의 지식과 결합하셔야 합니다.

물론 쉽지는 않을 수 있습니다. 하지만 이 책을 모두 습득한 여러분이라면 충분히 할 수 있습니다.

만약 훗날 그 결과를 만들어낸다면 앞서 책의 초반부에서 말씀드렸던, 코드로 만들어진 또 다른 내가 옆에 든든히 서 있다는 것을 느끼게 될 것입니다. 그 든든한 나의 분신이 하나둘 늘어나는 것을 느끼게 될 때쯤이면 여러분은 자연스럽게 시간의 자유를 얻게 되실 것입니다.

빠르게 변하는 시대에서 시류를 따라서 동분서주하고, 편승하는 방법도 좋은 방법이겠지만, 앞서 말씀드린 개인화된 자동화만이 나를 지킬 수 있고, 시류에 흔들리지 않는 나를 만들어 낼 수 가장 효과적인 방법일 것입니다.

저도 여러분의 성장과 함께하기 위해서 유튜브 채널을 통해서 꾸준히 새로운 정보를 공유해 나가도록 하겠습니다.

끝으로 어려운 상황 속에서 항상 나를 믿고 도전할 환경을 만들어준 사랑하는 아내와 노력의 동력이 되어준 두 아이 그리고 그런 힘을 만들 수 있게 묵묵히 믿고 물심양면 도와주신 양가 부모님께 감사의 말씀을 전하고 싶습니다.

마지막으로 저의 아버지께서 항상 저에게 강조해왔고 여전히 제 삶의 좌우명인 이 격언을 공유 드리며 이 책을 마무리 짓겠습니다.

"하늘은 스스로 돕는 자를 돕는다"

1판 1쇄 인쇄 2021년 10월 5일   1판 1쇄 발행 2021년 10월 10일
1판 2쇄 인쇄 2022년 10월 25일   1판 2쇄 발행 2022년 10월 30일

지 은 이 비현코
발 행 인 이미옥
발 행 처 디지털북스
정   가 18,000원
등 록 일 1999년 9월 3일
등록번호 220-90-18139
주   소 (03979) 서울 마포구 성미산로 23길 72 (연남동)
전화번호 (02)447-3157~8
팩스번호 (02)447-3159

ISBN 978-89-6088-380-2 (93000)
D-21-08
Copyright ⓒ 2022 Digital Books Publishing Co., Ltd